教育部 财政部高等学校特色专业教材建设

教育学 易连云 总主编

比较教育学

JIAOYUBU CAIZHENGBU GAODENG XUEXIAO TESE ZHUANYE
JIAOCAI JIANSHE JIAOYUXUE

陈时见 主 编

西南大學出版社
SWUP 国家一级出版社 全国百佳图书出版单位

内容简介

该书由西南大学陈时见教授主编，全书共分六章，包括：第一章，比较教育学的概念；第二章，比较教育学的历史发展；第三章，比较教育学的研究方法；第四章，国别教育；第五章，区域教育；第六章，国际教育。该书较为全面地探讨了比较教育学的学科概念，以及学科的性质、定义、目的及特点和功能特征等。书中还系统地回顾了比较教育学的历史发展，总结了比较教育研究的主要方法。

本书适合作为高等学校教育学专业教材，也可供广大相关专业研究人员作为参考资料选用。

图书在版编目(CIP)数据

比较教育学/陈时见主编.—重庆：西南师范大学出版社，2012.7

教育部 财政部高等学校特色专业教材建设·教育学

ISBN 978-7-5621-5869-1

Ⅰ.①比… Ⅱ.①陈… Ⅲ.①比较教育学—高等学校—教材 Ⅳ.①G40—059.3

中国版本图书馆 CIP 数据核字(2012)第 157843 号

教育部 财政部高等学校特色专业教材建设·教育学

比较教育学

陈时见 主编

责任编辑：杨 萍 张浩宇

责任校对：刘 佳 张笑盈 田思思

封面设计：雷 桥 梅木子

出版、发行：西南大学出版社(原西南师范大学出版社)

(重庆·北碚 邮编：400715

网址：www.xdcbs.com)

排版制版：重庆新综艺图文广告有限责任公司

印 刷：重庆紫石东南印务有限公司

幅面尺寸：185mm×260mm

印 张：12.25

字 数：320 千字

版 次：2012 年 9 月第 1 版

印 次：2024 年 1 月第 8 次印刷

书 号：ISBN 978-7-5621-5869-1

定 价：48.00 元

《教育部 财政部高等学校特色专业教材建设·教育学》

丛书编写指导委员会

主　任:靳玉乐

副主任:易连云

委　员:(以姓氏笔画为序)

王德清　代光英　朱德全　陈时见

陈恩伦　杨晓萍　易连云　谢长法

丛书总编委会

总主编:易连云

编　委:(以姓氏笔画为序)

王德清　代光英　刘电芝　李林静

李　静　李姗泽　朱德全　杨　挺

陈时见　陈恩伦　杨晓萍　易连云

赵　斌　唐智松　谢长法　彭泽平

总　序

西南大学教育学院发展历史悠久，学术渊源深厚。其前身西南师范学院教育系始建于1950年。1952年全国院系调整时，复旦大学相辉学院教育系、四川大学教育系、重庆大学教育系、国立女子师范学院教育系、四川省立教育学院教育系、川东教育学部教育系和公民训育系、华西协和大学家政系、昆明师范学院教育系、贵州师范学院教育系等9个高校教育类专业相继并入。2011年7月，为了建设一批国内一流、国际上有影响的高水平学科，推动高水平、研究型综合性大学的建设进程，学校以教育学院为主干、联合教育科学研究所、高等教育研究所、教育部西南基础教育研究中心等教育类教学科研机构进行整合成立了以研究型发展为特色的西南大学教育学部。

2007年原教育学院教育学专业被获准为教育部财政部（教高函[2007]25号）第一批特色专业，教育学这个历史悠久的专业从此具有了新的发展契机进而进入到一个新的发展阶段。4年来，原教育学院认真落实特色专业建设规划，立足学院优秀学术传统，以高水平的教育教学研究为平台，不断铸造新的本科培养模式，彰显出鲜明特色。

经过半个多世纪的发奋图强，教育学部在人才培养、科学研究和学科建设方面取得了卓越的成就。现拥有5个本科专业；教育学博士后科研流动站；教育学一级学科博士学位授权点，涵盖了近20个教育学与心理学二级学科博士学位授权点。

在近几年的特色专业建设中，教育学部成功申报了课程与教学论国家重点学科；重庆市教育学一级学科重点学科；课程与教学论国家级教学团队，教育学、课程与教学论、教师教育基础课程3门重庆市教学团队；课程与教学论、比较教育学、课程教学技术与艺术3门国家级精品课程，课程与教学论、比较教育学、课程教学技术与艺术、大学生心理健康教育、高校美育等5门重庆市精品课程；西南基础教育研究中心、心理健康教育研究中心2个重庆市人文社会科学重点研究基地。

西南大学教育学专业在人才培养方面积累了丰富的经验且取得了较为突出的成绩。在半个多世纪的发展历程中，教育学部构建了从本科生到博士后的人才培养体系，不仅走出了一大批享誉中外的学人大家，而且为国家培养了众多优秀的人民教师、高水平教育管理干部和教育科学研究专门人才，同时也积累了丰富的教育教学经验，探索了一系列教师职前培养与职后培训的新模式。

根据专业建设与发展的需要，学院鼓励教师从事高水平的教育教学科研，特别注重教学科研的成果转化，着力建设高水平的教材、精品课程、高水平的教学团队，同时注意学生的科研意识培养与科研能力的提高。我们组织编写了以教师为主的本科特色专业教材建设和以免费师范生科研为主的学生科研论文系列两套丛书。

本套丛书主要针对特色专业教材建设，我们选择了教育学大类中重要的基础课程进行教材建设和改革，从指导思想到编写体例均试图有所创新，以期适应现代教育理论发展和学生自身发展的需要，同时也为了满足高水平职后教师培养的需要。

我们深深的知道，目标虽然清楚，可要达到它却未必轻松，已经作出的努力也未必尽如人意。瑕疵自然在所难免，望广大同行指正，是为序。

易连云

前　言

改革开放以来，我国在政治、经济、文化、教育等领域都取得了快速的发展和长足的进步，从而对教育提出了越来越高的要求。特别是近些年来，随着我国高等教育大众化的逐步实现，人们对高等学校的教育教学改革和人才培养质量提出了更加迫切的期望。在这样的大背景下，国家教育部实施了本科教学改革与质量工程，以更好地推动高等学校教育教学改革和更有效地提升高等学校人才培养质量。特色专业就是本科教学改革与质量工程中的重要内容。西南大学教育学部为了推动教育学国家特色专业的建设，组织相关专家深入调研教育学专业发展的现状，深入了解社会发展对教育学专业人才的需求，深入研讨教育学专业的内涵和课程体系，并在此基础上组织编写和出版教育学特色专业系列教材。《比较教育学》就是西南大学教育学部专门针对教育学特色专业建设而编写的系列教材之一。

比较教育最早出现在19世纪初期。经过近两百年的发展演变，比较教育已发展成为一门教育学科领域中异常活跃而又影响深远的学科。随着比较教育学科的不断发展，比较教育研究成果不断丰富，比较教育研究对我国教育理论的繁荣和教育实践的变革起到了非常重要的建设性作用。因此，在高等学校教育学专业课程体系当中，比较教育学往往同教育学原理、课程与教学论、中外教育史等学科一起，成为高等学校教育学专业的核心基础课程。比较教育学对于教育学专业的人才培养无疑起着不可替代的积极作用。因为通过比较教育学这门课程的学习，不仅可以深入了解国际教育发展的背景、不同国家的教育发展类型以及世界教育的发展趋势，培养国际视野、多元教育理念和开放的教育观，而且可以全面学习比较教育学的基本理论、比较研究的方法运用和各国教育资料的系统整理，培养国际教育知识、教育理论素养和教育实际研究能力。

虽然人们对比较教育学的知识体系说法不一，但我们认为，比较教育学应该包括三个方面的内容：一是关于比较教育学的基本理论，具体涉及比较教育学的基本概念、历史发展、主要思想、研究方法等内容；二是关于国别教育和区域教育，具体涉及世界各国和各区域教育发展的基本现状、主要特征、发展经验和未来走向等内容；三是关于教育问题的专题比较，具体涉及学前教育、中小学教育、高等教育、职业技术教育、教师教育等领域的国际比较。前两个方面可以说是比较教育学所独有的研究内容，而后一个方面则是比较教育学与教育学其他学科相交叉的研究内容。鉴于比较教育学科的特殊意义，本教材只选择了前两个方面的内容。

为了让学生能够更好地了解多元文化世界中不同的教育发展类型及其相互之间的影响关系，本教材改变了长期以来比较教育学教材只选择少数国家进行重点介绍的传统，而是在国别教育中全面介绍了世界的不同国家类型及其教育发展特征，同时对日益兴起的一体化发展区域及其教育特征进行了介绍。一方面，我们是基于对比较教育学知识体系不断变革的认识，更加强调多元文化世界中国家平等的观念和相互影响的意义，另一方面，我们也希望通过本课程的学习让学生能够全面地了解当今世界不同国家和不同区域的发展类型，进而增强对不同国家或者区域教育发展的兴趣，并根据自己的兴趣选择适合的国家或者区域开展深入的研究，从而增强国际教育研究的能力和水平。

本教材由陈时见教授主编，由编写小组集体完成。其中，西南大学陈时见、陕西师范大学袁利平编写了第一章，西南大学王涛、广西师范大学杨茂庆编写了第二章，西南大学姚琳、广西师范学院杨素萍编写了第三章，西南大学覃丽君、石隆伟编写了第四章，西南大学覃丽君、云南大理学院褚远辉编写了第五章，西南大学覃丽君、北京师范大学赵玉池编写了第六章。在写作过程中，我们参考了大量的比较教育学教材和比较教育学的研究成果，但由于我们水平有限，加上作者队伍参差不齐，因而教材中还存在很多的不足，敬请学界前辈、好友和广大读者不吝指教。

陈时见

2012 年 5 月 12 日于西南大学

目录 MU LU

第一章

比较教育学的概念

比较教育学诞生于19世纪初期。法国著名教育家朱利安(Jullien)于1817年发表《比较教育的研究计划与初步意见》,被誉为比较教育学的奠基人。在此后的近200年发展历程中,比较教育学不断发展壮大,现已发展成为教育科学中影响深远的重要学科。它不仅具有独立的学术体系,而且拥有庞大的世界性学术组织;不仅是全世界众多高等教育机构的重要教育课程,在高等教育研究机构的研究计划中占有重要地位,而且是影响世界各国教育政策制定和改革发展的重要学术力量,为人类认识教育提供了不可替代的学术视野。但对于比较教育学的概念,人们却一直争论不休。历史绵延至今,比较教育学概念的界定愈发多元。

第一节 比较的意蕴与意义

当我们讨论比较教育学的逻辑起点时,就不能不讨论人们对比较的认识过程,因为这一过程在一定意义上正好阐明了比较这一概念某种特定的存在功能及其学理价值。明晰比较的内涵、应用及其生成逻辑,有助于我们更好地认识比较教育学的学科性质和存在基础,也有助于我们更好地理解比较教育学的基本概念。

一、比较方法及其运用

从词源学来讲,"方法"指的是人活动的法则,是"行事之条理和判定方形之标准"。[①]通常而论,"方法"就是要到达一定的目的而必须遵循的程序和行为。简言之,方法是一种手段、工具,是主体与客体的中介,是客体的对应物。尽管比较在成为一种系统的学术研究方法之前,也作为一种思维方式体现在学科研究之中,但是,比较方法在各学科中的运用成为一种时尚,则是比较主义思潮兴起带来的结果。

比较教育是作为一个具体的具有实际内容的"存在者"而存在的,而比较则是在方法论上作为一种具体的技术方法而存在的,因此它们两者不在共同的边界内。比较作为一种技术方法进入教育研究领域,自然与它和教育之间的内在联系有关。一方面,教育研究需要比较。由于教育更多地根植于文化传统之中,因此可以通过横向的跨文化比较,对"可比性

① 陈向明.质的研究方法与社会科学研究[M].北京:教育科学出版社,2000:5.

的情形”进行对照，找出不同文化背景中教育发展的共同性和差异性，从而扩大教育研究的文化基础，揭示教育的普遍特征。另一方面，比较也适用于教育。因为比较不同于实验，它无须严格的量化工具，可以通过在比较中共同影响因素的相互抵消来消除误差，而且通过对多种教育差异的分析与描述，可以凸显不同教育的特质，亦可以探寻教育发展的内在源由。因此，比较方法在教育研究中的运用是教育科学发展到一定阶段的自然产物，既是比较主义倡导的结果，又符合教育研究的实际需要。

当然，比较方法与教育研究的关联，并不意味着比较方法为教育研究所独有，更不能说明因为比较方法在教育研究中的运用而产生了比较教育学。特别是在研究方法的使用日益通行化的今天，我们几乎找不出哪种方法是为某个学科所专有，这就意味着，研究方法是不足以成为奠定一门学科独立的基石的，当然更不可能成为一门学科的主体。比较作为一种方法，无论是从最抽象的哲学方法论层面，还是从最具体的实际操作甚至表述层面，都是任何一种学科能够、必然且必须使用的方法，它绝不属于比较教育所专有，而比较教育也绝不可能单纯使用比较方法。事实证明，随着比较教育学的不断发展，比较教育学不断引入和借鉴社会科学的各种研究方法，这些方法的广泛运用不仅提升了比较教育研究的层次和水平，而且推动了比较教育学科的多样化发展。

从比较教育发展的历史来看，应用于比较教育研究之中的比较恰如阿尔特巴赫所说：“比较是一种有用的工具，但它是一种需要运用审慎思考与分析来使用的工具。”①在朱利安时代，“牛顿力学等一系列自然科学的卓越成就使许多人文学者集合在唯科学主义哲学思潮的旗帜下，自然科学的观点与方法成了衡量社会科学，包括教育学是否科学的权威尺度。各种社会科学领域纷纷进行探索式的效仿。”②朱利安便是这样一位教育领域里的探索者，他提出成立国际教育组织，用问卷的方式收集外国教育资料，传播教育改革经验。因此，比较教育学从一开始更偏向于实证科学，它的产生并不完全是基于比较方法的运用。

20 世纪初，萨德勒开始转向对造成各国教育制度差异的根本因素进行研究，从而开创了比较教育学的因素分析时代。后来，康德尔进一步完善了因素分析法。从康德尔“民族性”的单因素分析到汉斯对教育的自然的、宗教的、世俗的多因素分析，都体现了历史学方法在因素分析中的支配地位，他们实际上并未使用作为技术层面的比较方法。20 世纪 60 年代，贝雷迪在他的《教育中的比较法》一书中尝试用研究方法给比较教育学进行界定，并提出了“描述—解释—并列—比较”四阶段法。在贝雷迪的四阶段法中，“比较”是“表示两个或两个以上的同种现象间的统一性、相似性和异质性的关系概念”，“是观察、分析、整理等活动交织在一起的智力劳动”。③同一时代，诺亚和埃克斯坦、霍姆斯、埃德蒙·金在他们的著作《比较教育的科学探索》、《教育问题：一种比较的方法》、《教育研究和教育决策》中，也都分别探讨了比较教育方法论的问题，但诺亚和埃克斯坦主张运用科学的方法，即在研究过程中，大量收集数据、提出假说并验证假说、形成理论。霍姆斯在杜威思维五步法的基础上，独辟蹊径建立了“问题研究法”。埃德蒙·金探讨了有关教育研究的客观性，注重系统地收集各国教育制度及其背景资料，他还认为比较教育的“研究方法本身只有暂时的和

---

① [美]菲利普·阿尔特巴赫. 比较高等教育：知识、大学与发展[M]. 北京：人民教育出版社，2001：3.

② 王长纯. 教育的国际理解与国际视野[J]. 外国教育研究，1994(5)：25－31.

③ [日]冲原丰. 比较教育学[M]. 刘树范，李永连译. 长春：吉林人民出版社，1984：86－87.

有条件的意义，并且它总是要过时的”。[①]埃德森认为，比较教育学的研究可根据它的内容——学校与社会的关系，借鉴历史学和社会科学的研究方法。

综观不同学者关于比较教育研究方法的论述，可以看出，他们大多都不是将“比较”局限在具体的技术方法层面。虽然原因是多方面的，但有一点可以肯定，比较教育学作为一门跨越性很强的学科，具有跨文化和多学科的性质，它的任务是从不同的社会文化背景中研究学校与社会的关系，揭示教育的发展规律和发展趋势。这样的一门学科，任何一种单一的研究方法都是无法胜任的。因此，我们认为，在比较教育学中，比较是对所比对象进行分析的思维过程，它甚至将多种多样的研究方法融入其中，它不是在技术方法层面而是从思维过程层面成为比较教育学科的基本属性的。

比较教育研究中的比较是异质对象的比较。这样的认识为我们区别了在同一文化背景中教育比较与在跨文化背景中教育比较的差异性。前者是以比较作为具体的研究手段，后者是以比较作为本质特征，它不仅关注不同文化背景下教育存在之间的同一与差异，更关注教育发展本身，并由此开拓教育的深厚土壤和丰富资源。从某种意义上说，“教育比较”侧重在方法层面，注重比较方法的具体运用，强调微观的研究过程，而“比较教育”则是侧重在教育层面，注重对教育的思维过程，强调宏观的分析范式。“教育比较”通常是描述性的，我们可以在不同的东西之间作比较，明确同一与差别是任何一门学科甚至任何一种叙述方式的基本前提。相对于当代中国的教育，比较研究已经融汇在教育研究之中了，因为就这一学科而论，中国的教育从一开始就是在以西方教育为主要参照系的基础上形成发展的。不过就此而论，如果局限于教育比较，只是简单地指出中西教育的同一与差别，不过是经验性的归纳和描述。

“就比较教育而言，比较的方法之所以成为它最基本的研究方法，其最重要的内在学理依据便是它的跨文化特性，由于比较教育研究先天地要在跨文化的视野中审视不同民族国家的教育现象，这就决定了它必然要以比较的方法作为其最基本的研究方法。”[②]除了这个最基本的研究方法之外，不同的比较教育学者在不同的理论框架内，根据不同的情况，自然可以运用不同的研究方法来从事其比较教育研究，但这些不同的理论框架和相应的研究方法必然与教育、文化、社会等比较教育面对的基本事实有着内在的联系，也就是说，这些研究方法在比较教育学研究中总是拥有其内在的学理依据。所以，“比较教育”虽然注定了要坚持和运用“教育比较”，但它却远远超越了方法层面的“教育比较”，而进入到一种科学层面的发展范式。

二、比较研究的内涵

人类在认识、适应与改造客体世界，并不断地创造自己的生存方式的过程中，“比较”一直作为人类认知客体世界的“方法”，从而与人类的思维模式和行为模式并存，它几乎是一切理解与思维的基础。我们正是通过比较来了解客观世界的。但人类的认识是有层次的，根据认识反映对象的深浅程度，可以划分为经验认识和理论认识两个层次。经验认识是人

① 徐辉，王英杰．比较教育纵横谈[J]．教育研究，1991(7)：58.

② 项贤明．比较教育学的立足点和方法论[J]．比较教育研究，2001(9)：1－8.

在同客观对象的直接接触过程中,对客观对象的现象和外部联系的反映。理论认识是指人的思想深入到客观对象的本质之中,是对客观对象的本质和内部联系的反映。在经验层次,思维形式是知性的。在理论层次,思维形式是理性的。思维一旦达到理性,就涉及到事物的内在本质,认识就进入了理论层次。①

如果说比较法主要是一种研究方法或手段,那么,比较研究则强调了研究的标准或规范。既然前者是后者的主要方法,可见后者的出现和形成是以前者为基础的。同前者一样,后者也并非教育科学所独有,诸如中西文化的比较研究等等,就是明证。从学理上且就语义清晰的角度论,比较研究是运用比较法为主而形成的研究模式;换言之,它具有自身特定的标准和规范。比较研究已经被广泛地运用于自然科学和社会科学的各个学科领域。

(一)比较研究的演进历程

比较研究蓬勃发展的显著标志是比较学科的兴起和比较科学研究理论体系的不断扩充和成熟。从比较研究的发展历程来看,有以下几个主要阶段:②

从古代至15世纪,是比较研究的萌芽时期。大约从公元前4000年开始,在世界不同地区先后独立形成了各具特色的科学文化体系,进而逐渐发展成三大文化系统,即中国文化系统、印度文化系统、欧洲文化系统。随着各系统之间的文化交流,出现了不同文化的早期比较。公元1-2世纪,印度出现了早期研究印度与希腊宗教的著作《弥兰陀王问经》。中国哲学与印度哲学的早期比较则始于公元64年佛教传入中国之时。但是由于地理条件的限制及其他因素的影响,这种文化交流时断时续,不成系统,相应的有关不同文明的比较也是间断和零散的。早期比较研究主要出现在各科学文化系统内部。与古代科学发展同步,早期比较研究缺乏科学性和系统性,带有思辨和猜测的性质,但是作为一种科学研究形式的萌芽,早期比较对后来的比较教育的创立和发展产生了深远的历史影响。

15世纪下半叶至18世纪上半叶,是近代自然科学发展的早期阶段,也是比较研究创立前的准备时期。早期自然科学是以搜集材料为主的经验自然科学,在对各种材料分门别类的整理分析中,比较方法首先在天文、生物等领域被人们自觉应用并取得成果,科学的比较研究从此拉开了序幕。在社会文化领域,伴随美洲和东印度航路的开通,欧洲资产阶级为掠夺财富、开辟市场,向美洲、澳洲及东方各国进行了大规模的殖民运动。传教士们在传教的同时,客观上起到了不同文化传播者的作用。他们一方面将欧洲的科技文化传播到世界各地,另一方面又把东方和其他地区的文明介绍到欧洲大陆,促成了历史上空前的东西文化的交流和沟通。这时出现了一批比较研究中西文化的欧洲学者。

19世纪初,欧洲各国的各个学科都兴起了"比较"热。自然科学中以比较解剖学为发端,陆续形成了比较生理学、比较胚胎学,直接波及了人文科学和社会科学,出现了多种比较学科,如比较文学、比较宗教学、比较语言学等等。这些比较学科一方面在研究上有着共同的倾向,即注意研究群体间在某种关系下被人们忽视的种种现象,目的在于揭示以前被认为毫无相干的群体相互间有着亲缘关系和发展中的联系。另一方面,这些比较学科不是以形式逻辑的比较方法作为学科成立的依据的,它产生的根源只能从时代的思维方式和研

① 齐振海. 认识论新论[M]. 上海:上海人民出版社,1988:197-199.

② 徐家宁. 比较学科发展史初探[J]. 天津师范大学学报,1990(4):27-32.

究方法范型的转变去理解，也只能从它所产生时代的新辩证观念中发现原型。

（二）比较研究的涵义

比较研究，在英文中通常表述为 comparative study，它是人们分析和认识事物的一种科学工具和方法。也可以说，比较研究是把两个或两类事物加以对照，从而确定它们的相同点和不同点的逻辑方法。这种比较方法，能够使人们通过把未知的事物同已知的事物进行比较而认识未知的事物；通过把一种现象同另一种现象进行比较而弄清楚这种现象。还有一种被称为比较研究（contrastive study）的研究方法，它是比较研究方法的一种，它主要只是罗列不同点或对立点，因此使用面极狭窄。法国学者 J. M. Carree 有这样一句名言，"比较 X 学不是 X 学的比较，不是 X 的比较研究"。① 这一观点似乎适应一切比较学科，比较教育学者们应该重视这一基本原则。这里需要重点探讨的是比较研究这种模式的标准或规范的内涵以及进一步凸现比较法与比较研究的区别与联系。对此，可从以下几个方面加以剖析。

第一，比较研究的方法多种多样，大致可分为逻辑思维方法和具体操作方法两类。前一类方法侧重解决"怎样想"的问题，它主要包括比较分析法与比较综合法，后一类方法侧重解决"怎样做"的问题，它包括描述法、统计法、历史法、社会学法、归纳法和演绎法等等，但最核心的是比较法本身，这是比较研究在方法上的突出特点。

第二，比较研究涉及研究对象的学科领域，如文学领域的比较研究、政治领域的比较研究或教育领域的比较研究等，而比较法则不具有构建某个学科领域的属性或特点。并且，比较研究还涉及研究对象的具体问题及其时间、地域三个要素，这些要素随着研究对象的变化而各有不同的具体内容，从而也使比较研究这种模式从内容到形式都显得多姿多彩。

第三，比较研究的目的是寻求共同性发展规律和发展方向。我国古代思想家王充曾经有过"两刃相割，利钝乃知；两论相订，是非乃见"②的论述。近代大学者梁启超曾说，"凡天下事，必比较然后见其真，无比较则非唯不能知己之所短，并不能知己之所长"，"不知己之所长，则无以增长光大之，不知己之所短，则无以采择补正之"。③比较研究的认识功能主要体现在通过对相关对象的异同的比较，"异中求同"探寻普遍性或"同中求异"辨明特殊性，并发展、检验和修正理论，以及对事物现象的"共性"和"通则"进行理论论说。④ 而"求同"与"求异"相比较，应当经由"求异"而注重"求同"，就此而言，比较教育研究探寻的是富有普遍意义的、甚至全人类教育发展的共同方向。我们虽然不能忽视不同民族、国家和地区之间的教育特殊性以及教育价值判断的区别，但人类教育的共同利益应是高于这些特殊性和差异性的。

第四，比较研究要在正确选择具体研究对象的基础上，通过包括比较方法在内的多种研究方法的运用，最终达到认识具体对象及其规律的目的。这些方法的选用则是这种研究流程结构的一个环节和实现研究目的的具体方法，虽然任何方法的运用本身都有一定的目的，但这类目的一般是较浅近、较具体的。同时，就实现目的的价值判断而言，比较研究直

---

① 杨昌英，张少雄. 比较方法与比较 X 学[J]. 有色金属高教研究，1999(1)：33－36.

② 王充. 论衡·案书[M]. 北京：中华书局，1954：279.

③ 梁启超. 论中国与欧洲国体异同[A]饮冰室合集(第 1 册)[C]. 北京：中华书局，1989：67.

④ 朱旭东. 民族国家与比较教育研究[C]. 合肥：安徽教育出版社，2008：77.

接指向“认识规律”这一深层次目的，具有较高层次的认识功能，而比较等其他研究方法往往是“认识规律”的具体手段，其认识价值的层次相对偏低。

从以上分析可以看出，如果不是一般地把比较作为理解的主观“工具”，而是像黑格尔所指明的将比较直接作为对象，即“自己内容的内部自己运动”的环节来对待，那么，比较研究在比较教育中所形成的视界就非同一般了。不过，这里的关键是确立“对象的先在”是“对象的比较”的前提。这样一来，开展比较教育研究的基本要求就是研究者要返回到铸造事实过程的总体和事实自身呈现的基本特性上来说明。

三、比较视域及其意义

比较，作为确定事物同异关系的思维过程和方法，属于人类最基本的思维方式之一，因此，它顺理成章地成为了人们最常用的研究方法之一。然而，在现代性视域下，“比较”已超越简单字面意义上的浅表含义，成为一个需要进一步科学界定的学术概念，在本质上代表着一种“现代文化需求和学术精神的方法取向”。[①] 比较研究的意识，深刻地影响着当今文化与现代学科。我们在科学研究特别是比较学科学理上所讲的比较，既非“比较”古义上那种将两种事物在方法意义上的对比，也不是其另一层面的“齐同”或“并列”，而是将两者融合而成的一种具学理性、专业化的学术术语——视域，它拒绝将两种事物进行一种非此即彼的对立观念的比较，也非将两种事物进行漫无边际的硬性撮合，而是一种将多种具广义关联的异质事物进行汇通融合、互照互识的比较视域（comparative perspective）。

我们正处于一个多元参照和学科整合的时代。历史事实告诉我们，无论你的学科研究有多么精深，它也只能透视事物的某些方面，而事物本身却具有多方面的性质和意义。引入一个新的参照系，就意味着有新的性质显现出来，参照无限则性质无限。因此，只有对同样的对象事实加以多学科、多文化的所谓参照性比较研究，才有可能接近所谓的“真相”。这里所谓现代意义上的“比较视域”，其实是“对人的认识有限性和历史性的一种认可，是一种平等的、理性的、在外来参照系映照下的、不断有各种性质显现出来的学科认识论”。[②] 进而言之，这是具有平等参照系的比较研究，是对所谓绝对真理、所谓理论的普遍有效性以及对终极价值的强烈质疑和拆解。而真正要展开这样的比较，一定而且必须建立在一个重要的前提之下，那就是有各种可以把握和具有比较价值的参照系的引入和它们之间互为参照的比较性对话。只有清楚了这一点，才会避免那种“拉郎配式”的单纯方法论上的简单比较，也只有了解了这一点，才能真正理解为什么比较的方法并不是比较教育所特有的，而是普遍应用于一切社会科学和自然科学的，“比较法”不等同于“比较研究”，比较教育不可能只通过单一的比较法来研究复杂的教育现象，而且比较作为方法是普遍的，不可能成为比较教育作为学科安身立命的依据。我们应从“视域”和精神实质的角度来理解“比较”概念的内涵。只有这样，才能更好地捍卫和阐释比较教育学的性质与价值。对“比较”一词的一般认识，只需通过词源学和语义学便可达到，而对“比较”概念的理解，那就非得结合它所代表的那一种研究的视域和精神实质。

---

① 陈跃红. 现代性视域与文学“比较”的多重意蕴[J]. 中国比较文学，2007(2)：1－13.

② 陈跃红. 现代性视域与文学“比较”的多重意蕴[J]. 中国比较文学，2007(2)：1－13.

“比较”这个术语在比较教育的学科场域中有其专业意义,我们不能从日常用语的角度对其进行望文生义的解读。“比较”在第一种基本意义上所引申出的意义链契合于“视域”的内在透视,它是比较教育研究主体对多个民族国家教育异同的一种内在透视,这种透视的性质本身就是一种汇通性(Communicating)比较。因此,在比较教育学的专业语境下,“比较”与“视域”在同义互训的基础上整合为“比较视域”,从而构成比较教育学的本体。当比较教育研究者用这样一种视域对“教育事实”进行透视时,实际上就是一种内在的、深层次的比较。规范地说,在学理上这就是比较教育在学科意识上所强调的比较。在比较教育的学科术语中,“比较”是一个具有相当学理性的术语,如果我们仅从日常用语的层面上对其进行浅表的理解,就很容易也很自然地把比较教育解读为教育比较。

尽管一直以来比较都被看成是比较教育的一个重要特征,但正如法国著名学者巴尔登斯伯格(Fernand Baldensperger)所指出的那样:“仅仅对两个不同的对象同时看上一眼就作比较,仅仅靠记忆和印象的拼凑,靠一些主观臆想把可能游移不定的东西扯在一起来找类似点,这样的比较决不可能产生论证的明晰性”。① “从我国比较教育研究的现状看,方法问题是个关键问题。不用一定的方法对研究对象进行处理,就谈不上比较。抓住国外一点什么,翻译介绍一番,最后总说对我国的教育改革有‘借鉴’意义,这并不是比较教育研究”。② 这就是说,我们往往只是把比较作为一种具体的研究方法,而实际上,比较教育研究中的比较不仅仅是一种方法,更是一种视域。这种作为一种视域的“比较”与日常生活中作为一般思维方式的“比较”和普通学术研究中作为方法的“比较”有着本质上的区别。尽管这种视域在其他比较学科中也存在,但其独特之处在于它以教育事实和教育现象为关注点。因此,我们可以这样认为,比较是科学研究中独特的研究视域,比较视域则是比较教育学区别于教育其他学科的一个根本性特征,甚至可以说是上升到学科层面的本体特征。

第二节 比较教育学概念的历史考察

一般而言,一门学科的概念是认识该学科的重要途径,也是该学科成熟的标志。因为一门学科的概念不仅涉及该学科的目的、对象、方法等核心问题,而且涉及该学科的研究范围和学科边界等基本范畴。事实上,每一门学科都是人类某种实践活动的总结,都在一定意义上反映了人们对于客观世界某一领域事物、活动及其规律的认识。随着客观世界和人类实践活动的不断发展,人们的认识水平和认识能力会不断提高,因此,一门学科的概念会随着人们认识的不断深化而不断发展与变革。为了更好地理解比较教育学的概念,我们有必要对比较教育学概念的历史演变进行分析,因为“从历史的角度梳理比较教育的概念,是认识比较教育概念和学科发展的一个重要维度”。③ 而且从概念的历史演变过程中,我们能够更加深入地认识和理解比较教育学的本质特征。

---

① [法]巴尔登斯伯格. 比较文学:名称与实质[A]. 干永昌. 比较文学研究译文集[C]. 上海:上海译文出版社,1985:33.

② 马骥雄. 比较教育学科的重建[J]. 高等师范教育研究,1989(5):60-65.

③ 陈时见,徐辉. 比较教育导论[M]. 北京:商务印书馆,2007:2.

一、国外比较教育学概念的演进

虽然在19世纪之前早已存在比较教育的研究活动，但人们通常认为，朱利安(Jullien)于1817年发表的《比较教育的研究计划与初步意见》标志着比较教育学的诞生。因为朱利安在该书中不仅最早提出了“比较教育”这一术语，而且对比较教育的研究范围与方法提出了鲜明的观点，还明确提出了开展国际教育研究、建立国际教育机构的倡议。虽然朱利安没有对“比较教育”这一术语进行明确的科学界定，但他指明了比较教育研究范围的国际性、研究方法的实证性和研究目的的借鉴性，从而为比较教育学的概念界定框定了大致的方向。

朱利安之后的大半个世纪里，比较教育研究活动变得越来越频繁，出现了法国的库森(Cousin)、英国的阿诺德(Arnold)、美国的曼(Mann)、巴纳德(Barnard)等许多著名比较教育学家，他们从自己的研究实践和工作实际需要中不断总结出比较教育的一些理论和观点。虽然他们更多地关注如何借鉴外国教育经验，使外国教育经验直接为本国教育的改革实践服务，因而并没有真正关注比较教育学的界定，更没有对比较教育学的概念提出明确的意见，但是，他们基于借鉴的目的对外国教育进行细致的考察访问和描述性总结及其对建设本国教育制度的实际意义，对于我们理解比较教育学的研究目的、研究对象和研究方法具有一定的积极意义。

进入20世纪以后，随着社会的不断发展和教育制度的愈加完善，教育成为国家发展的重要动力，如何有效地借鉴国际教育经验以更好地服务于本国教育改革实践，成为这一时期比较教育研究的重要课题，比较教育也因此进入了一个系统化发展阶段，比较教育学“开始系统研究各个国家的教育制度和教育思想，探讨比较教育发展与特定国家民族特性、社会价值观及国民行动等方面的因果关系，从中引进、吸收有价值的东西”。[①] 这一时期出现了英国的萨德勒(Sadler)、德国的施奈德(Schneider)、美国的康德尔(Kandel)、英国的汉斯(Hans)等著名比较教育学家，他们基于对比较教育研究的总结与反思，结合自己的研究实际，比较明确地提出了比较教育研究的目的、研究的方法及其需要注意的问题，从而形成了比较教育学概念的基本界定。

萨德勒虽然希望通过研究别国教育制度来影响英国的教育发展，但他反对直接引进和借鉴别国的教育制度。他认为，比较教育研究的真正价值在于“认识到国外教育制度形成的伟大精神”，在于“进一步发现在本国培养这种精神的方法”，因此，他明确地指出，比较教育研究就是要“以正确的精神和严谨的态度研究别国教育制度的作用，以加深对本国教育制度的研究和理解，从而更好地改进本国的教育制度”。[②]

康德尔认为，比较教育研究不仅要放眼世界，着重对各国的国民教育制度进行研究，而且要分析各国教育制度形成和发展的影响因素。所以他强调指出，“比较教育研究继续了教育史的研究并把教育史延伸到现在”，因此，“要了解一种教育制度以及两种制度间的差

---

① 冯增俊，陈时见，项贤明. 当代比较教育学[M]. 北京：人民教育出版社，2008：3.

② 王承绪. 比较教育学史[M]. 北京：人民教育出版社，1999：62－63.

异，不深入其背后去发现影响其形成的因素，那是不可能的”。[①] 由此看来，康德尔更多地是从教育制度的影响因素这一维度对比较教育学进行界定的，即比较教育学是研究各国教育制度，探索影响各国教育制度的主要因素，增进对国内外教育制度的理解，以实现对教育制度的改善。

汉斯对比较教育学概念的界定与康德尔很相似。在他看来，教育是民族性影响的产物，是民族性的直接体现，因此，比较教育研究就是要“以历史的观点去分析研究构成民族性并进而影响教育制度的因素”。[②] 由此，汉斯强调指出，比较教育研究是“从历史的角度分析研究形成教育制度的因素，比较各国解决由这些因素产生的问题的方法”。[③]

20 世纪中叶以后，人类社会经历了第三次科学技术革命。由于社会变革的加剧，哲学上出现了存在主义哲学、结构主义哲学、新马克思主义、分析哲学等各种流派，并进而催生了多种教育理论的出现，这些理论不仅对世界各国的教育产生了深刻的影响，而且促进了比较教育研究的拓展与深化。世界比较教育学界在 20 世纪 60 年代和 70 年代围绕比较教育学的发展展开了深入的大讨论，这不仅促进了比较教育研究的繁荣，而且促成了现代派比较论的产生。现代派比较论主张扩大比较教育学的研究范围，发展比较教育学的理论基础，完善比较教育学的方法体系，特别是他们强调建立比较教育学同历史学、政治学、社会学、哲学、心理学、经济学等学科的联系，将自然科学的一般研究程序与方法引入比较教育研究之中，从而凸现了比较教育学的跨学科特征。另一方面，比较教育研究朝着宏观和微观两个方向不断拓展，宏观比较论强调比较教育研究重在研究各国教育制度等宏观现象以及影响各国教育发展的重大的全局性问题，评价和指导各国教育的宏观政策，甚至相继发展了国别教育和发展教育等研究分支。微观比较论则强调比较教育研究应深入不同国家或地区的具体教育实践，应该从学校内的现象出发，重点探讨不同国家或地区的学校组织、功能特征、发展特点，侧重于对不同国家的学校管理、课程设置、教学效能、考试制度、师资培养、社会联系与教育效果等进行比较，揭示不同国家或地区之间教育活动的规律和发展走向。比较教育学进入了一个多样化发展的崭新阶段，出现了美国的莫尔曼（Moehlman）、安德森（Anderson）、贝雷迪（Bereday）、诺亚（Noah）、埃克斯坦（Eckstein）、卡诺伊（Carnoy），英国的霍姆斯（Holmes）、金（King）、霍尔斯（Halls），法国的米阿拉特雷、黎成魁，日本的冲原丰，苏联的索科洛娃，西班牙的加里多（Garrido），德国的施瑞尔（Schriewer）等著名比较教育学家，他们从比较教育研究的实际出发，从不同的视角对比较教育学进行了界定，从而推动了比较教育学的丰富和发展。

安德森认为，比较的重要作用在于把稳定的与不稳定的关系区别开来，通过比较分析把一个单元中得到的协变关系放到另一些单元中去检验，寻找出现象之间的确定关系或因果关系。所以，他强调指出，“教育和社会之间关系的研究与教育内部因素的研究是互补的，不可替代。正如其他社会分析一样，比较教育的最终目的是发现因果关系的知识”。[④]

---

① Kandel. The New Era in Education: a Comparative Study, London: Harrap, 1955: 46.

② 王承绪. 比较教育学史[M]. 北京：人民教育出版社，1999：87.

③ Hans. Comparative Education: a Study of Education Factors and Traditions. Routledge & Kegan Paul, Londan: 1958: 9.

④ C. A. Anderson. Methodology of Comparative Education. International Review of Education, Vol. 7. 1961(3): 10.

贝雷迪认为，比较教育研究服务于两个方面的目的，一是出于人们智力上的需要，也就是人们为了满足对外国教育制度了解的需要，二是出于国际间教育交流的需要，研究外国教育制度不仅可以了解其他民族的教育，而且能够更好地了解自己。他赞成把比较教育研究划分为区域研究和比较研究，并认为区域研究是比较研究的基础和预备，主要包括描述和解释两个阶段，比较研究是基于区域研究的综合与系统化，主要包括并置和比较两个阶段，他由此提出比较教育研究的四阶段法。

诺亚和埃克斯坦根据比较教育研究的发展现实认为，比较教育的发展已超越了早期的借鉴阶段和因素分析阶段，日益重视利用跨国资料对涉及教育与社会之间及教育实践与学习成就之间关系问题的假说作出验证。因此，比较教育研究应当建立一套系统的、具有批判性和对照性的经验主义方法论。[①] 他们由此将现代社会科学研究的一般程序引入比较教育研究之中，主张建立一套有条不紊的科学准则作为比较教育研究的依据，重视精确分析教育问题，强调研究过程的可检查性和研究的可重复性，他们还具体提出了比较教育研究的基本程序，即确定问题、提出假说、明确概念、选择例证、收集数据、整理数据、说明结果。这种注重经验和计量的方法无疑使比较教育学具有明显的实证主义色彩。

霍姆斯在杜威的"反省思维法"和波普尔的"批判二元论"的基础上提出了比较教育的问题研究法。他认为，比较教育研究应当重视预测和社会学法则，从而为教育决策做出贡献，他甚至把社会学法则视为比较教育研究的重要因素。他明确指出，在教育政策制定过程中，预测往往是不可靠的，因为随着时间的变化，相关条件也会出现相应的改变，因此预测不应该是一种证明过程，而应该是一种证伪过程，比较教育研究主要不是对某种假设进行证明而是要进行证伪和反驳。也就是根据不同时期的条件变化去识别教育问题，从而消除错误，进行政策证伪，以保证政策的科学性和有效性。比较教育研究不能停留在对各国教育现状进行一般性的描述，也不能局限在对各国教育现状成因的分析和解释，而是在综合分析各国教育问题的基础上提出问题解决的科学预测和合理建议。

金对比较教育研究进行了历史性考察，并在此基础上提出了比较教育研究的三项职能，即向教育研究者提供广泛的背景信息，对教育的各种现象、趋势和问题作辅助性分析，指导教育的决策和发展。为使比较教育研究能更好地为教育决策服务，他主张应当从实际需要出发，选用各种社会科学和自然科学提供的方法，从背景、概念、体制和操作等方面对各国的教育问题进行深入的分析。

黎成魁把教育理论分为两类，即规范理论和社会学理论。规范理论侧重分析什么是良好的教育，社会学理论则从宽广的社会背景中分析教育不断变化的意义和作用。他认为比较教育是一门旨在探索分析和解释因政治、经济、社会和文化背景而产生的教育事实之间的相似性与相异性的科学。但他同时又认为，比较教育大于一门学科，它是一个涉及所有用于理解和解释教育现象的学科的研究领域。[②]

索科洛娃于 1978 年与人合著了《比较教育学》，并在这本书中对比较教育学进行了明确的界定。他们认为，比较教育学是研究当前世界中教学的理论和实践的共同的和个别的

① 王承绪. 比较教育学史[M]. 北京：人民教育出版社. 1999：112.

② 薛理银. 当代比较教育方法论研究[M]. 北京：人民教育出版社. 2009：169.

特点及发展趋势，揭示它们的经济、社会、政治和哲学基础以及民族的特点。在综合年轻一代的教学和教育的大量实践经验的基础上，比较教育学阐明社会主义、资本主义和发展中国家教育发展的规律和趋势，进而促使进一步研究教学和教育的理论。①

加里多对比较教育研究的历史发展进行了考察，剖析了比较教育的性质、研究范围、方法论及其与教育科学的关系。他认为，比较教育学科的特有对象是教育制度，因为其他教育学科实际上都没有研究这个对象，有些学科如教育社会学和普通教育学等虽然会涉及教育制度，但通常也只是将教育制度作为广泛研究对象的一部分。因此，他坚持比较教育是对当今世界现行教育制度的比较研究。②

施瑞尔基于德国社会学家卢曼(Luhmenn)的社会系统理论，大胆突破传统的方法论思想，提出了系统理论分析框架和自我反省理论。他要求把日常生活层面作为心理活动的比较和社会学科方法中的比较进行区分，并在区分两种比较类型的基础上，提出了科学理论和反省理论，"科学理论着力于探究某种社会特殊的次级系统的科学，反省理论则是在特定次级系统内部进行的融入整个自我理解和自我描述的途径"。③他由此提出比较教育科学和国际反省比较教育学，比较教育科学更具理论性，它是为比较教育能够成为真正比较的科学服务的，而国际反省比较教育学则是对教育系统内部国际教育改革进行的反省，它服务于变化着的教育情境，为行动提供指导。

二、国内关于比较教育学的概念

新中国建立以后我国第一本比较教育方面的著作是王承绪、朱勃和顾明远三位教授主编的《比较教育》，该书于 1982 年由人民教育出版社出版。书中对比较教育概念作了这样的表述，即"比较教育是用比较分析的方法，研究当代外国教育的理论和实践，找出教育发展的共同规律和发展趋势，以作为改革本国教育的借鉴。"④近 30 多年来，国内比较教育学者结合学科发展的现实背景和发展需要，对比较教育的概念、本质和内涵作了大量的研究，提出了许多见解。

成有信于 1987 年在北京师范大学出版社出版了《比较教育教程》。在该书中他对比较教育进行了界定，即比较教育学是把比较的方法作为它的主要方法，去研究当代世界不同国家或地区的各种教育理论与教育实践问题，揭示影响它们发展的最主要的条件和因素，找出它们共同性和差异性并作出比较性评价，探索问题的发展趋势和一般规律，以作为改进本国教育的借鉴的一门教育科学。

杨汉青、吴文侃于 1989 年在人民教育出版社出版了《比较教育学》。他们认为，比较教育学是以比较法为主要方法，研究当代世界各国教育的一般规律和特殊规律，揭示教育发展的主要因素及相关关系，探索未来的教育发展趋势的一门教育学科。

高如峰、张保庆于 1992 年在上海外语教育出版社出版了《比较教育学》。他们在该书中对比较教育学作出了这样的界定，即比较教育学是教育学的一个分支学科。它通过对不

① 陈时见. 比较教育导论[M]. 北京：商务印书馆，2007：12.
② ［西班牙］何塞·加里多. 万秀兰译. 比较教育概论[M]. 北京：人民教育出版社，2001：76.
③ J. Schriewer & B. Holmes. Theories and Methods in Comparative Education. Frankfurt: Peter Laug，1988：51.
④ 王承绪，朱勃，顾明远. 比较教育[M]. 北京：人民教育出版社，1982：17.

同空间或时间之间教育理论与实践的相似性、差异性以及对其产生影响的各种因素的比较分析,探讨并揭示不同空间及时间之间教育发展的一般原理、规律和趋势。

顾明远于1992年在《外国教育资料》上发表了"中国比较教育的名与实"。他在该文中对比较教育概念给予了进一步明晰的表述,即比较教育是对当代世界不同国家或不同地区的教育进行比较分析,找出教育发展的一般规律和特殊规律,为本国或地区的教育改革提供借鉴。

冯增俊于1996年在江苏教育出版社出版了《比较教育学》。他在本书中,以顾明远教授的定义为基础给比较教育下了这样的定义,即比较教育学是一门对不同国家或地区的教育进行跨文化比较研究,探讨教育发展规律及特定表现形式,借鉴有益经验,推动本国本地区以及世界的教育改革和教育研究的科学。

卢晓中于2005年在人民教育出版社出版了《比较教育学》。他在书中对比较教育学作出了这样的界定,即比较教育学是研究当代世界和不同国家或不同地区的教育现实问题,寻求世界教育发展的共同规律及不同国家或地区的教育差异,以促进和推动教育的改革与发展的经验的学科。

陈时见、徐辉于2007年在商务印书馆出版了《比较教育导论》。他们基于对比较教育概念的历史考察和综合分析提出了明确的界定,即比较教育是基于比较视野,对世界不同国家、地区、民族的教育现象和整体性教育问题及其变革方向的考察和比较分析,获得积极的经验与认识,从而推动本国、本地区和本民族教育发展,促进世界教育的交流与发展的一门应用性教育学科。

朱旭东于2008年在高等教育出版社出版了《新比较教育》。他在该书中明确提出,比较教育是民族—国家教育的比较。比较教育研究是比较教育学者对民族—国家教育的比较研究,是对民族—国家教育知识的探索。比较教育学是比较教育研究的知识体系。

冯增俊、陈时见、项贤明主编并于2008年由人民教育出版社出版的《当代比较教育学》明确提出了比较教育学的概念,即比较教育学是以整个教育领域为对象,对当代不同国家或地区的教育进行跨文化比较研究,探讨教育发展规律及特定表现形式,借鉴有益经验,推动本国或本地区教育改革和教育研究的一门科学。

第三节 比较教育学的概念界定

通过对比较教育学概念的历史考察,我们对比较教育学的概念应该有了一个比较清晰的认识。为了更好地界定比较教育学的概念,我们还需要对比较教育学的研究对象、研究方法、研究目的以及知识体系进行具体的分析。

一、研究对象的广泛性

有一种比较普遍的看法,即比较教育学是运用比较方法研究教育问题,因而,比较教育学是一种比较方法在教育研究中的具体运用,具有极大的开放性。有学者甚至认为,比较教育学是一个涉及所有学科的研究领域,是一种跨学科领域的研究,这种研究欢迎各种类型的信息输入，欢迎来自其他领域能够利用工具的和富有远见的以及愿意选择在比较的背景下关注教育问题的学者参与其中。比较教育学由此形成这样一种印象，即比较教育学就是教育领域中的比较研究。这种观点其实由来已久，而且在现实中得到了满足，今天也占有很大的市场，因为这种无所不包的研究范围多少年来着实给比较教育拓展了空间，研究主题涉及教育领域的古今中外，纷繁多样，相应地，所取得的研究成果也丰富多彩，关涉几乎所有教育学科领域。在特定的发展时期，比较教育研究为所有教育学科广为需要，因为大多学科的发展迫切需要吸收世界各国先进的思想、先进的经验，并从中获得新的营养，产生新的活力。在许多学科的发展历程中都能发现比较教育学的贡献。可见，这不但没有影响比较教育学的发展，反而为比较教育学的发展带来了强大的动力。那么，比较教育学的研究对象究竟是怎样的呢？

其实，关于比较教育学的研究对象，一直是一个引起争议的问题。由于人们在这个问题上经常是含混模糊的，因而往往给人们带来认识或理解上的混乱。对这个问题的含糊不清和长期的争论不休，是人们对比较教育学科存在的必然性产生怀疑的重要原因。

“比较教育的产生是从教育制度的比较开始的”，①不仅具有明显的跨国性，而且具有很强的借鉴目的。由于比较教育从一开始形成的强烈的借鉴取向，比较教育研究大多以引介和分析特定时代“理想社会”的“理想教育”为基本内容。而“理想社会”通常是依据社会现代化发展的程度作为标准的，因此，这一研究取向及其由此形成的“理想社会的理想教育”的假设，使人们把研究的注意力主要集中在发达国家的教育，比较教育重在描述、引入、介绍、分析发达国家的教育制度，以为本国教育改革提供借鉴，并直接服务于本国教育改革。从这个意义上说，比较教育从一开始就是指向国际教育，只是更多地以发达国家教育的整体性发展为对象，以借鉴发达国家教育的整体性发展经验为根本目的。

当今世界发生了剧烈的变化，全球化发展凸现了不同区域、不同文化背景下教育发展的多样性与差异性。对于不同区域和国家而言，理想社会的理想教育模式并非理想而可能是外加或者预设的，并不一定能适宜特定的区域和国家教育的发展。理想教育模式的移植很可能造成一种替代或者抹杀，因为单向教育输入是对理想教育的扩大化，是对非理想教育，特别是本土教育的忽视，因而不利于挖掘、保存和利用各区域或国家文化教育丰富的资源。单向的教育输入，还会出现相应的单向性的教育贡献，因而不利于国际间教育的平等交流，更不利于合作互动。因此，比较教育的研究范围在20世纪得到了很大的拓展。

20世纪60年代以后，比较教育研究朝着宏观和微观两个方向拓展，一部分坚持比较教育的研究传统，侧重研究国际社会中各国教育制度以及教育发展的整体性问题，以评价和指导各国教育的宏观决策，一部分则坚持从学校内部教育改革实践进行比较研究，侧重研究不同国家的学校管理、课程设置、教学内容、教学方法、考试制度、师资培养等具体的教育事实，于是出现了比较教育研究对象同其他教育学科研究对象的大量交叉。

随着研究范围的不断拓展和交叉，人们对比较教育研究对象的认识变得复杂起来。有人主张研究不同国家的教育制度，有人坚持研究跨文化的教育领域，有人甚至将比较教育的研究对象泛化到教育的所有领域，因此比较教育的分析单元变得更加复杂。正是由于比

① 顾明远. 关于比较教育学科建设的几个问题[J]. 比较教育研究，2005(3)：1.

较教育研究对象的不确定性和无限扩张，造成了越来越多的比较教育研究成果是关于外国教育某一方面的教育事实的研究，也就是有学者批评的比较教育大都“研究各自感兴趣的外国的教育”，造成学科意识淡薄，从而失去了学科信念，使比较教育长期停留在一般性的国外教育介绍与引入上。

实际上，真正同其他教育学科相交叉的是微观层面，比较教育传统意义上的宏观层面的研究仍然是比较教育学科所特有的。在今天全球化不断推进的过程中，文化的更加多样与丰富以及不断增强的社会流动性，对世界各国、各区域的教育产生重大而深刻的影响。基于新的社会背景和时代特征，比较教育要以新的世界体系为基础，建立在国际教育的整体性基础上，建立在多元文化思维层面的比较视野的基础上。同时，比较教育不能仅仅局限于借鉴，还要立足于国际合作，立足于整体发展，这样，就不仅仅是需要借鉴时才开展比较教育研究。比较教育研究不仅可以从教育输入中实现其价值，而且可以从输出中形成交流、合作和发展的力量，还可以将发展应用于发展本身，从其自身的发展中寻求新的生命力。①

因此，比较教育的研究对象逐渐发展为既包括宏观层面的国际教育整体性发展研究，也包括微观层面的教育事实的比较研究。宏观层面关于国际教育及其整体性发展的研究仍然是比较教育研究对象的主体，而微观层面的教育事实的比较研究与其他教育学科的研究相交叉，是比较教育研究对象的拓展。因此可以说，比较教育主要不是基于比较具体的教育事实，而是基于国际教育的多样化发展类型，基于国际教育的整体性发展。今天，比较教育应更多地坚持多元文化主义观念，冲破以发达国家为基本单元的传统分析模式，研究领域应扩展到世界体系范围多元文化背景下不同区域和国家的教育发展类型及其相互影响的关系，以及国际教育的整体性发展与变革。

二、研究方法的层次性

人们通常认为，比较是比较教育的基本方法，比较教育之所以产生，是因为有了比较方法并把这种方法具体运用于教育研究领域之中，所以，比较是比较教育之所以存在的基础。有学者甚至断言，“比较教育学基本上是一种方法”，是“利用比较方法提出并试图解决教育问题的科学”。② 表面上看，这种看法似乎为比较教育找到了存在的理由，因为比较可以把比较教育从教育的其他学科中区别出来。然而，随着比较方法在教育其他学科的运用越来越广泛，这种普遍的看法使比较教育反而处于尴尬的境地，进而使比较教育的学科属性受到几乎彻底的否定。

要理解比较教育的学科属性，必须对比较进行更加深入的剖析。一方面，比较教育学科层面的比较与作为一般研究方法层面的比较虽有联系，但存在着根本的差异；另一方面，比较教育研究不只是运用比较方法所进行的教育研究，而更多地体现为国际性和全球性的整体研究取向。

如前所述，比较是人类认识未知事物的主要方法之一，它是通过对比和鉴别去认识事

---

① 陈时见. 论比较教育的学科体系及其建设[J]. 比较教育研究，2005(3)：36－37.

② 转引自何塞·加里多. 比较教育概论[M]. 万秀兰译. 北京：人民教育出版社，2001：74.

物。无论是在个人意识和思维发生的初级阶段,还是在人类科学知识发展的高级阶段,比较方法都一直发挥着非常重要的作用。所以,比较既是人们日常生活中常见的思维方法,也是社会科学研究中最常见的方法,无论在日常生活中,还是在科学研究中都有着广泛的运用。

比较既是一种技术性的具体方法,也是一种方法论层面的思维方式。教育其他学科也广泛运用比较方法,但比较教育研究的比较与教育其他学科研究的比较有很大的差异。其他教育学科研究的比较,主要是把比较作为一种技术性的具体方法,通过这种方法获得所需要的资料、数据或结论,这里的比较具有强烈的工具性特征。而比较教育研究的比较,主要是作为一种方法论层面的思维方式,是研究主体基于跨文化整体视野考察研究对象所形成比较的广度和深度,是一种比较视野。这里的比较具有研究主体的性质,比较也由此从技术层面转变为思维方式层面,从工具变成为目的。① 因此,我们必须明确,比较方法并不是比较教育独特的研究方法,相应地,比较方法也不是比较教育唯一使用的研究方法。比较教育的比较,其独特性主要体现在其整体的研究取向上。因此,既不能排斥比较教育中要具体运用比较方法,也不能把运用比较方法所进行的教育研究等同于比较教育。

首先,由于自然科学所研究的现象在世界各地都是相同的,因而不会出现为了寻找电子电路原理进行跨国跨区域研究,也就不会出现比较物理学。但由于社会和文化发展与其特有的物质环境、历史传统等密切相关,如果我们要真正深刻理解某种社会或文化现象,往往难以从单一国家或文化区域获得,而要通过比较。所以,几乎所有社会科学都运用比较方法。教育科学也不例外,我们可以把运用比较方法进行的教育研究称为教育比较研究,由于这种研究的问题范围非常广泛,可以涉及所有教育问题,所以,教育比较研究属于教育科学的交叉领地,是整个教育科学的公共领域。从这个意义上说,比较教育本质上是教育学的,所有的教育学科本质上又都是比较的。如果教育比较研究处于比较教育和其他教育学科的交叉领域,那么它虽然可以成为比较教育研究的重要内容,但也只能成为具有交叉性质的拓展性研究内容,不可能成为比较教育研究的主体内容。

其次,很多研究,虽然没有运用具体的比较方法,而是综合多种研究方法,基于比较视野而进行的国际教育研究,只要是跨越两个或者以上的国家或区域,分析和揭示相似现象的多样性,也应该纳入比较教育的范畴。正如奥利韦拉(Olivera)所指出的:比较教育是"在两个或者以上的社会集团中发现的关系类型之间的关系",是"研究和分析本质上都相似的现象的多样性",是"从两个或更多的教育领域中发现的抽象的关系类型",其目的在于"从更高的抽象水平上建立和阐述这些类型之间的新的关系"。② 这种研究已经超越了一般性的具体技术层面的比较,而是从认识论或方法论层面上进行的比较,是一种整体性的研究取向,这种取向可以是显性比,也可以是隐性比。③ 这种研究是高一层面的比较教育研究,体现了比较教育的学科视野,因而这一层面的研究正好构成了比较教育研究的主体部分。

此外,比较教育在近200年的发展过程中,逐渐凝聚了一批研究队伍和相对稳定的学

---

① 陈时见.论比较教育的学科体系及其建设[J].比较教育研究,2005(3):36.

② 奥利韦拉.比较教育学:什么样的知识?[C]程体英等译.赵中建,顾建民.载比较教育的理论与方法——国外比较教育文选[A].北京:人民教育出版社,1994:326

③ 卢晓中.比较教育学[M].北京:人民教育出版社,2005:53.

术群体,尽管他们的观点和贡献或许不尽相同,但他们长期致力于并不断推动着比较教育的发展,由此形成了基于国际教育发展的共同信念和整体性的研究视角,形成了强烈的自觉意识和研究中的基本立场。这种国际教育发展信念和整体性研究立场规定着比较教育的话语体系、基本观点和基本方法,不断产生虽然多样但却同类的理论模型和分析框架,它们不仅构筑了比较教育研究的学术传统,而且为比较教育的进一步发展规定了方向。范式是指某一学术共同体所具有的共同信念,是表征一种理论模型、分析框架和思维方式,是科学共同体的某种认识。因此,范式也可说是在研究方法长期运用和形成过程中所形成的一种思维习惯和基本认识。虽然比较教育的范式还没有引起人们足够的重视,但总结比较教育的发展历史,可以窥见比较教育基本范式的形成和发展。这是更高层面的比较教育研究,是比较教育研究的核心部分。

就比较教育学的范式而言,它是指在一定时期内多数比较教育研究共同体成员基于比较教育研究传统和发展方向而恪守共同的学科信仰,遵循相似的思维方式和拥有独特的话语体系。这不仅为学科发展提供了一种把握研究对象的概念框架,一种理论和方法信条,一种可供仿效和迁移的研究范例,而且规定了一定时期内学科发展的方向和共同体成员的信念和价值标准。比较教育研究者一方面要在世界观层面上明确方法论的统治地位,明确在多元发展过程中形成范式系统并作为比较教育研究者具有的共同信念的重要作用,另一方面要在采用共同的概念范畴、工具和方法基础上形成比较教育学术共同体以及为追求比较教育学科发展而奋斗的精神。①

从学科层面上说,比较教育学是否形成了独特的研究方法或者方法体系,也是一个基础性的重要问题。一些学者主张,比较教育研究不需要独特的研究方法,因为比较教育是跨学科的,具有多学科性质,它主要是移植和借用其他学科的研究方法,当然,这种观点也遭到批评,“从多学科借用概念、原理、理论、方法本来是无可厚非和相当必须的,但如果仅仅停留在这种‘拿来’的层次上,而未能为其他学术领域提供可供消费的学术观点,其结果必然是可悲的”。② 要真正建构比较教育学科体系,就必须对比较教育的方法体系做出回答。

综合上述分析,比较教育主要不是基于比较方法的具体运用,而是基于整体研究取向的研究视野和不断变化发展的研究范式,由此,我们可以把比较教育学的方法体系分成三个层次,第一个层次是作为技术层面的比较法,第二个层次是作为整体取向的比较视野,第三个层次是作为信念层面的比较范式。比较范式确立比较教育学的研究信念和研究方向,比较视野规定比较教育学的理论模型和分析方式,比较方法影响比较教育学的开放程度和拓展空间,由此构成了比较教育学的方法体系。

三、研究目的的多重性

比较教育学的研究目的是推动比较教育学科发展的重要因素,也是认识比较教育学本质特征的重要基础。作为“比较教育之父”,朱利安在《比较教育的研究计划与初步意见》

① 陈时见,袁利平.比较教育学的范式与学科生长点[J].比较教育研究,2007(3):17.

② 转引自李现平.比较教育身份危机之研究[M].北京:教育科学出版社,2005:35.

中明确表明了两个方面的目的,一是通过对外国教育的比较研究为本国教育提供借鉴,一是通过建立国际性教育机构促进国际间教育的相互理解和教育研究的国际合作。朱利安表明的借鉴目的,受到后来众多的比较教育学家的认同。库森在 1831 年考察普鲁士教育时有过这样一句名言,"我考察的是普鲁士,而心里却想的是法兰西"。他根据两国教育的比较,列出普鲁士之所长和法国之所短,还介绍了普鲁士中等教育的一些成功经验供法国参考和借鉴。

在 20 世纪上半叶,康德尔(Kandel)认为比较教育研究的目的在于找出影响教育制度发展及其差异的动力和因素。汉斯(Hans)认为比较教育研究的目的在于发现主导各国教育制度发展的基本原则。20 世纪 60 年代以后,比较教育研究逐渐走出历史主义范式,不断引入社会学的方法。人们对比较教育研究的目的有了新的认识,特别是注重了比较教育研究对于教育规划和教育发展战略方面的指导和预测作用。金(King)认为比较教育研究不应局限在对国家教育制度及其变革的研究上,比较教育研究有助于制定良好的教育政策,是"制定教育政策的助手"。哈尔斯(W. D. Halls)在 1990 年出版的《比较教育:当代的问题与趋势》一书中明确提出了比较教育学的三个目的,即提供教育形态学(educational morphology),对全球不同形式的教育进行描述和分类;确定教育的相关因素以及教育与社会的关系与互动;寻求影响教育变革与持续发展的基本条件。

正如成有信先生在《比较教育教程》一书中所言:"借鉴别国的教育经验和范例以改革本国教育,是比较教育学产生的直接动机,或者说,这是比较教育学的目的。"比较教育学在相当长的时期里,显然是以借鉴作为主要目的的,正是出于这样的目的,大多比较教育学家选择研究的对象国都是一些先进或发达国家。直到今天,人们仍然普遍地认为,借鉴国际教育经验改革本国教育,无疑是比较教育学最基本的目的。不过,20 世纪中叶以后,随着国际交流不断加深以及比较教育学自身的不断发展,比较教育学的研究目的虽然仍然强调借鉴,但又逐渐超越借鉴的视角走向多样化。特雷舍韦(Trethewey)在 1976 年发表的《比较教育学的目的》中明确提出了四个方面的目的,即增进对本国教育的理解、为教育发展与变革做出贡献、寻求教育发展的概括性原则、增进国际间的相互理解与交流。波斯尔斯惠特(Postlethwaite)于 1988 年也提出了比较教育学研究的四个方面目的:一是确认发生在国外而有助于改革本国教育制度的教育事实或现象;二是描述不同教育制度所呈现的教育异同现象,并说明其差异存在的原因;三是估计有关教育的决定因素或变项对于教育可能产生的影响;四是认清与教育实施成效有关的一般法则。

总之,比较教育学的研究目的呈现出多样化的趋势。一方面,借鉴国际教育经验为本国教育改革服务仍然是比较教育学最基本的研究目的,因此,比较教育学不仅具有比较性,而且具有革新性,直接服务于教育改革实践。另一方面,比较教育学还通过比较研究促进国际教育交流与合作,增进对世界教育发展的整体认识与理解,展望和预见教育发展的趋势,增强教育决策的科学性。当然,比较教育学还必须面对比较教育学自身的发展问题,通过比较教育学理论的研究,促进比较教育学科的发展。

四、知识体系的跨越性

比较教育学究竟包括哪些知识内容?1990 年哈尔斯(W. D. Halls)在《比较教育:当代

的问题与趋势》一书中对比较教育的学科体系进行了明确的分类，把比较教育的学科体系具体划分为比较研究（comparative studies）、外国教育（education abroad）、国际教育（international education）和发展教育（development education）四种类型。比较研究主要包括旨在研究不同国家的教学及历程的比较教学法（comparative pedagogy）和旨在研究影响各国教育制度的历史、社会、文化、政治、宗教、经济等因素的跨国教育与跨文化分析（intra - educational and intra - cultural analysis）两个方面。外国教育旨在研究其他国家的教育制度，也包括区域研究。国际教育包括国际教学法（international pedagogy）和国际教育机构工作研究（study of work of international educational institutions）两个方面，国际教学法主要研究国际学校或跨国学校中多国、多文化和多种族学生群体的教学，国际教育机构工作研究主要研究政策问题，如国际资格认证、推进教育交流和签订文化协定等。发展教育重在关注教育如何推进后进国家发展的理论与实践问题。[①]

哈尔斯基于对 20 世纪 70 年代以后比较教育发展的总结对比较教育学科体系进行的分类，对于比较教育学知识体系的明晰化起到了积极的作用。他的这一分类虽然得到了众多学者的认同，但也引起了人们的争论。因为这四种类型之间存在着内容的重叠，而且四种类型的术语界定极其含混，内涵也比较模糊。

从对比较教育学科属性的分析，我们认为，比较教育是一门教育学科，它在研究方法上的特征主要表现为整体取向的比较视野，在研究对象上的特征主要表现为国际教育发展。在整个教育学科体系中，基于比较视野对国际教育整体性发展的研究可以说是比较教育所独有的，也使比较教育与其他教育学科相区别。但由于比较方法体系和国际教育本身具有明显的层次性，也由于比较教育研究在 20 世纪 60 年代以后向微观层面的进一步拓展，因而又使比较教育与其他教育学科相交叉，由此可以把比较教育学的知识体系具体描述为以下三个方面：

第一，比较教育学基本理论研究。这一部分在研究对象上体现为比较教育研究的基本理论，在方法体系上体现为比较范式，其主要内容包括比较教育的理论体系和学科分析框架，是比较教育学科开展研究活动并表现自身的一种认知分析参照系或认识图式，它规定着比较教育的理论模型和分析框架，规定着比较教育学术共同体的学科信仰和话语体系，规定着比较教育研究的方式、设计及其阐释，同时对比较教育的研究活动和发展变革具有明显的反思性，因而构成比较教育学知识体系的核心部分。

第二，国际教育发展研究。这一部分在研究对象上体现为国际教育，在方法体系上体现为比较视野，其主要内容是以一种比较视野对国际教育的整体性发展进行的研究。根据国际教育的不同范围，又可以把国际教育具体划分为国别教育、区域教育、跨国教育和全球教育。国别教育是基于比较视野对某一国家的教育整体性发展进行的研究，区域研究是基于比较视野对某一地理、文化或经济发展区域的教育整体性发展的研究，跨国教育主要是对国际教育交流与合作的整体性发展进行的研究，全球教育主要是对国际教育发展的整体性特征及变革趋势进行的研究。在这里，比较不是一种技术层面的具体方法，而是一种整

① W. D. Halls. Comparative Education: Contemparary Issues and Trends[M]. Paris: UNESCO and New York: Jessica Kingsley, 1990: 23.

体研究取向。从具体研究方法而言,通常要综合运用文献研究法、统计分析法、田野考察法、个案分析法、历史分析法等多种研究方法。由于这一圈层是比较教育研究对象的主体部分,因而构成比较教育学科体系的主体层。

第三,教育问题比较研究。这一部分在研究对象上体现为具体的教育事实,在方法体系上体现为具体的比较方法,其主要内容是运用比较方法对世界各国的教育事实进行的研究。这一层次的研究大多集中在教育的微观层面,研究的问题非常多样,研究成果也相当丰硕。由于其研究范围非常广泛,几乎可以涉及所有教育学科,因而这一部分是比较教育学科与教育其他学科相交叉的公共领地,具有明显的交叉性。比较教育学科与教育其他学科的交叉主要体现于这一部分的研究,它是比较教育学科体系的拓展层。

综合研究对象、研究方法、研究目的和知识体系的分析,我们可以对比较教育学进行这样的界定:比较教育学是基于整体取向的比较视野,研究多元文化世界中不同国家、不同区域的教育发展类型以及不同教育发展类型之间的影响关系,进而探索教育发展规律和整体性发展趋势的一门教育学科。

第二章

比较教育学的历史发展

比较教育的发展历史最早可追溯到古希腊,但它作为一门学科则产生于19世纪早期。整个19世纪,比较教育完全是借鉴外国的先进教育制度或模式,是比较教育借鉴主义传统的形成时期。从19世纪末到20世纪中期,则是历史主义因素分析研究传统以及实证主义研究传统的形成与发展时期。在该时期,比较教育逐渐具备自身的研究方法论和相应的分析理论,学科地位也得到明显的巩固。从20世纪中期开始,比较教育随其他社会科学理论和方法的多元化而经历多元化变革,并具有突出的多元化特征。

第一节 比较教育学的产生

进入19世纪,人类社会尤其是欧洲社会因经历了近代工业革命而发生了极大变化。新技术的发明与应用,资本主义社会生产率得到了极大的提高,使人类的发展迈向了新的阶段。同时,民族国家兴起,彼此间为争夺原料产地和商品市场,在全世界展开激烈的竞争。在此形势下,新兴的民族国家为取得竞争中的优势,纷纷把目光转向教育,以期通过对教育的改革,建立国民教育制度,培养社会迫切需要的人才,进而在竞争中立于不败之地,比较教育便应运而生。

一、比较教育学产生的背景

众所周知,近代工业革命尤其是第一、第二次工业革命给人类社会带来翻天覆地的变化、资本主义民族国家的兴起以及对教育提出的崭新要求、比较思想的广泛出现和教育学科及比较学科的发展与影响共同促使了比较教育作为一门学科的诞生。

(一)社会背景

早在18世纪中期,人类历史就进入机器时代、民主时代或自由思想时代。[①] 其中蒸汽机的发明与应用起着决定性的作用,随着工厂的建立与发展,现代工业城市开始建立起来,并促进了贸易的发展。比较教育学科产生的时期,正是人类工业革命的繁荣与发展时期。工业革命不仅促进了近代城市的兴起并加快了城市化的进程,同时也因生产力的提高、新

---

① [英]威廉·博伊德,金.西方教育史[M].任宝祥,吴元训译.北京:人民教育出版社,1986:324.

技术的开发与应用以及产品的丰富，为人们的生产生活带来极大的便利，其生活方式和思想观念也因此而发生改变。

1. 工业革命与民族国家兴起

欧洲工业革命不仅使人类进入了“蒸汽时代”，而且很快使人类过渡到“电气时代”。在此期间，不仅促进了自由经营、自由竞争、自由贸易为主要内涵的自由主义经济思潮的兴起，而且促使资本主义国家加快殖民扩张和殖民掠夺的步伐，最终促使资本主义世界市场的形成。也恰好在此期间，社会基本生产经历伟大转变，由手工劳动转向机器生产，完成了人类生产力发展史上的一次巨大变革，同时也导致资本主义民族国家之间的激烈竞争。而且，工业革命的产生与进一步发展，人们对科学技术的要求也在不断提高，进而对劳动者素质要求也在相应提高。为满足这些要求，就必须对教育进行改革，这就为教育的发展提供了外在的社会需求和动力。

与此同时，民族意识在很大程度上也与之相应而生。在 16 世纪结束时，民族势力已向教会提出了挑战，并在许多地方赢得了胜利。① 民族国家自 18 世纪晚期到 19 世纪经历了主要的转变，自浪漫式民族主义（romantic nationalism）开始，民族主义运动在欧洲遍地兴起。德国 F · 鲍尔生认为，到 19 世纪，在一般欧洲人的思想中产生了民族意识，而且这种意识得到不断的发展，有时甚至达到仇视和蔑视一切外国事物的狂热民族主义的程度。每个民族都期望成为一个绝世独立的整体组织，即使最小的民族也不例外。它们以本国语言与文化受到外国的影响为耻辱，常常显露出堂吉诃德式的过敏神经质，民族界限似乎成了判断真与伪、善与恶的界限。这种趋势从德国独立战争开始，民族思想便不断加强，到俾斯麦时期达到顶峰。随后，这种趋势也导致其他国家民族思想的加强。② “民族意识接着就是急于寻找自己的民族同一性。于是，对比较教育如此重要的‘民族特征’观念，在当时更生气勃勃地发展起来。”③

同时，工业革命也改变了民族国家之间的力量对比，彼此间的竞争也更趋激烈。其中英国因工业革命更加强大，法国因工业革命也在欧洲保持地位，普鲁士也更加强盛，而奥地利、俄罗斯、西班牙在对比中则相对落后。这就使早期实现工业化的国家为在世界范围内进一步拓展原料产地和商品市场，对外加快了殖民地的开拓进程，并移植欧洲模式，从而对亚洲、非洲和南北美洲的很多地方进行政治与经济上的控制，使这些地区具有明显的欧化现象。而且，因生产发展和瓜分殖民地以及争霸世界的需要，也使发展教育的问题日益突出。其中，一些殖民国家也将自己的教育模式向殖民地移植，以此向土著人施行类似于本国的教育，以达到精神与文化上的殖民。如英国对美洲文化的形成就具有重大的影响，“从最初进驻佛吉尼亚开始，英国有关政治、经济、宗教、阶级结构和教育的观点就成为美洲发展的基础。”④

2. 交通便捷与教育考察

在工业革命之前，人们的交通工具基本是帆船、马车和牛车，所用驱动力均属于自然

---

① ［美］S · E · 佛罗斯特. 西方教育的历史和哲学基础［M］. 吴元训译. 北京：华夏出版社，1987：251.

② ［德］F · 鲍尔生. 德国教育史［M］. 滕大春，滕大生译. 北京：人民教育出版社，1986：119 – 120.

③ ［西班牙］何塞 · 加里多. 比较教育概论［M］. 万秀兰译. 北京：人民教育出版社，2001：12.

④ ［美］S · E · 佛罗斯特. 西方教育的历史和哲学基础［M］. 吴元训译. 北京：华夏出版社，1987：287.

力,其运行的范围和距离都非常有限。由于工业革命的影响和欧美工业国家拓展产品市场的需要,尤其是蒸汽机的发明与改良,促使了机动船和机车的出现,使近代交通运输得以实现。如 1807 年,美国富尔顿首次将蒸汽机用于克莱蒙脱号,作为航行的动力;1825 年,英国斯蒂芬森制造的蒸汽机车在斯托灵顿达灵顿铁路上成功运行。不仅如此,随着工业革命的进一步深入,尤其是内燃机的发明与在交通运输上的应用,更是推动了交通运输工具的快速发展。从此,世界范围内的贸易活动较之以前要频繁得多,铁路和汽船等交通设施与工具的广泛应用,也为人们的迁徙、旅游与交流提供了便利。

因此,不论是出国旅游还是进行跨国贸易,亦或是进行教育考察,不仅成为一种迫切的需要,而且也变得更加现实与便捷。在这种情况下,许多人开始系统思考教育问题,并对他国教育进行了系统的考察。如 17 世纪的夸美纽斯,不仅在《大教学论》中系统地阐述了国民教育制度,而且还对教学问题进行了系统的研究。同时,还亲自考察和研究所到国家的教育,并向所在国家介绍他国教育的发展情况。

到 18 世纪,不仅出现了许多跨国比较的有关文化教育的访问报告、调查研究和评价报告,而且还出现了有目的地开展文化教育比较研究的现象,如在歌德、席勒、卢梭、斯密、狄德罗、威廉、琼斯等人的著作中都能看到这类研究;而且,布林克曼(T. P. Brinckmann)1784 年还比较了古代和当代的教育,并进行评论;奥古斯特·赫克特(F. A. Hecht)1795 年在《英国和日耳曼的教育比较》中也对未来教育发展作了描述。①

3. 教育发展与社会新需求

在 16 世纪及其以后,由于新大陆的发现,工业生产开始出现,商贸活动也迅速发展,交流日渐增多,世界范围内诸多地区的学校教育也得到了发展;轰轰烈烈的宗教改革运动,使教育在欧洲得到了一定的普及,尤其是文艺复兴运动,它倡导新的人性,提出人性解放的口号,把教育看成推行民主的重要条件,从而有力地促进了该时期教育的发展。如"人们很快地都自愿离开教会所办的学校,并且为了推动这个世界的进步而开始掌握学校。优秀的人再也不是专长于繁琐的、难以捉摸的经文的教士,而是将古代传统、骑士精神和基督教精神合而为一的人。"②"改革教育家进行的学校调查揭示了学校的许多弱点,并指出了加强管理学校所应遵循的道路。这些研究使得名人、城市和自治单位都开始重建他们的学校,修订他们的课程,训练他们的教师。对学校和教学认真和专门的管理得到了发展,并试图使学校结构现代化。"③同时,由于工商业的迅速发展,也使各种行会学校得以纷纷建立。因此,教育开始受到社会的广泛关注,再加上该时期交通便利,使得参加旅游及社会交往的人数也日益增多。他们不仅在各种游记中对教育有了更详细的描述,而且许多旅游者也开始专门关注教育问题,许多官员还专门考察其他国家的教育。

在 18 世纪的理性和民族主义时代,西方学校教育有了较大的发展。工业化运动开始在英国、法国以及意大利等国兴起,欧洲的社会生产力进一步提高,人文主义思想获得广泛传播。自然科学中一系列的重大发明和发现,使欧洲人的思想观念进一步贴近现实、注重世俗。整个社会迫切要求培养越来越多有实用技术的人才,新学校纷纷建立,普及义务教

---

① 冯增俊. 比较教育学[M]. 南京:江苏教育出版社,1996:24.

② [美]S·E·佛罗斯特. 西方教育的历史和哲学基础[M]. 吴元训译. 北京:华夏出版社,1987:251.

③ [美]S·E·佛罗斯特. 西方教育的历史和哲学基础[M]. 吴元训译. 北京:华夏出版社,1987:252.

育受到各国重视,并促使实科中学在西欧开始建立起来。如法国新型高等学校实行重大改革,创办以传授自然科学为重要内容的新大学;德国的哈勒大学(Halle University)、格廷根大学(1737 年)首创自由哲学论坛,开设新数学和自然科学学科,培养社会需要的各种人才,尤其培养适应新工业发展需要的科学人才。教育因此受到社会的广泛关注,教育问题更深入地渗透到社会的各个领域,教育发展第一次与生产发展以及商业利润联系起来,从而出现了划时代的转变。到 19 世纪,办学上学的社会风气兴起,家庭教育的意义开始淡漠,兰卡斯特(Lancaster)和贝尔(Bell)也在这时期根据新的劳动分工提高了新的教育效率。① 而且,在大工业进展的推动下,社会发展明显加快,教育改革也非常紧迫,如何加强教育研究的问题被提到议事日程上来。这样,教育的发展就成为社会发展的一个重要部分,因而刺激了对教育的研究。②

正是基于以上的种种形势和条件,各民族国家为了自身的发展和在竞争中处于优势地位,再加上科学技术和生产力的不断发展对人的更高要求,教育在其间的地位和作用越发明显,从而使这些国家纷纷将目光投向教育,以期对教育作出改革,建立自身的国民教育制度,培养适合社会发展所需要的人才,以此提高自身在竞争中的地位。因此,本国的教育问题及改革的动向便受到各民族国家的普遍关注。有的国家甚至直接派人到别国进行教育考察,试图以此吸取别国的成功教育经验为本国教育改革所用。朱利安正是在此背景下考察了裴斯泰洛齐的学校;法国的维克多·库森以及美国的贺拉斯·曼也分别对普鲁士及欧洲其他国家的教育进行过仔细的考察,并对本国教育改革提出建议。

正是各民族国家为了在竞争中立于不败之地而不得不对教育进行改革,因此都在有意无意中把别国的先进或实用且有效的教育经验作为学习借鉴的样板。从古希腊的历史学家希罗多德讲述古巴比伦的青年教育到罗马历史学家塔西佗指出古代德国人的教育特点;再从柏拉图指出斯巴达的教育方法可以被雅典所借鉴到色诺芬建议将波斯的教育经验吸取以形成希腊青年教育的特点,都充分说明了人们对别国的教育问题从远古开始就产生了浓厚的兴趣。③ 在这种形势下,随着民族国家的兴起和相互间的竞争,对教育进行改革势在必行。不仅需要学习借鉴别国的教育事实和经验,更需要相应的教育思想作为改革教育的支撑。因此,在该阶段的人类教育中,出现了不仅可以为一国所用,还可以为他国所用的教育思想和方法。伟大的捷克教育家夸美纽斯就致力于统一教育制度的研究,在此之前,他关注过多国的教育,并在多国生活过,这为他研究建立统一的教育制度和教育结构奠定了坚实的基础。后来的贝尔—兰卡斯特制以及裴斯泰诺齐、卢梭、康德等人的教育思想都不仅仅关注一国的教育,而是超出了个别国家的范围。除此之外,伯克托尔德(Berchtold)在《论指导和扩大爱国访问者的探讨》中和巴塞特(C·A·Basset)在《关于外国教育和教育模式考察结果的利用问题》中都不约而同地强调比较教育研究的重要性和提出创立一门相应学科的必要性。④ 这些都促使了人们“研究外国的教育经验并将其与本国教育问题进行

---

① [英]奥尔德里奇.简明英国教育史[M].诸惠芳译.北京:人民教育出版社,1987:2.

② 陈时见、徐辉.比较教育导论[M].北京:商务印书馆,2007:89-90.

③ [俄]鲍·里·伍尔夫松.比较教育学——历史与现代问题[M].肖甦,姜晓燕译.北京:教育科学出版社,2007:2.

④ 冯增俊、陈时见、项贤明.当代比较教育学[M].北京:人民教育出版社,2008:18.

对比的兴趣变得更加浓厚，这就为形成一门新的学科——比较教育学提供了可观前提”。[①]

(二)学科背景

比较教育的产生不仅是因为教育学科发展到独立系统研究人类教育问题的自然结果，更是从比较学科的发展中吸收了比较思想的结果。正是在教育学科系统研究教育已促进教育改革与发展的基础上，在比较学科的影响下，比较教育学科才得以诞生。

1. 教育学科的发展

教育学作为一门学科的起源与发展，奴隶社会和封建社会时期都属于学科的萌芽时期。在该时期，教育学还不是一门独立的学科。关于教育方面的思想和经验总结都混杂在一些政治家和思想家的哲学著作或政治著作以及语录中。如我国的《论语》和古希腊柏拉图的《理想国》中都包含了很多关于教育教学的思想和观点。在接下来的很长一段时间里，随着社会的不断发展，逐渐出现了专门论述教育问题的人和著作。如我国的《学记》以及古罗马昆体良的《论演说家的培养》以及我国后来荀子的《劝学》、韩愈的《师说》、朱熹关于读书法的《语录》和颜元的《存学篇》就是这样的著作，它们都在不同程度上对教育的一些问题做了专门的思考和阐述。但所有这些著作往往都是基于经验基础上的归纳和总结，缺乏科学的理论分析，也没有形成完整的体系，因而被称为教育学发展史上的萌芽时期。[②]

在资本主义的发展和科学技术取得进步的情况下，捷克教育家夸美纽斯于1632年出版其名著《大教学论》，对完整地从初等教育到高等教育的学校教育体系进行了系统的阐述，并对教育教学的相关制度也做了比较深入的研究和说明，还对教学原则、教学方法等问题进行了系统的论述。以此为标志，教育学才从哲学中完全分离出来，成为一门独立的学科。到1806年，赫尔巴特在《普通教育学》中尝试将伦理学引入教育以建立其教育目的论，将心理学引入教育以建立教学论，试图建立科学的教育学，这一时期被称为传统教育学的发展阶段。[③] 除此外，这一时期还有法国思想家卢梭的《爱弥儿》系统阐述了自然主义的教育思想，德国哲学家康德在大学开设教育学讲座等，这都足以说明人们对教育问题的思考已经逐渐走向系统化、科学化。

该阶段的教育学已具有独立的形态，并成为一门独立的学科，对教育问题的论述也逐渐从现象的描述过渡到理论的说明，重视教育要适应儿童的身心发展和天性，开始运用心理学的知识来论述教学问题。但由于采用的方法多为思辨或逻辑演绎，还没有运用真正意义上的科学研究方法，他们的著作也因而还没有完全达到真正科学化的地步。[④]

即便如此，人们独立系统地研究教育已成为现实。教育不再是哲学或政治著作中的支离破碎的阐释，而是人们进行系统思考并试图建立适合人发展的教育的一项重要活动。再加上19世纪人类社会发展的特殊背景，各国都把研究和改革本国的教育作为民族国家获得竞争力的一项重要措施。因而，系统考察、研究他国教育，并借鉴有益于自身发展的成功教育经验便是教育研究重要目的。因此，比较教育也顺应教育学科发展的时代需要而诞生。

---

① [俄]鲍·里·伍尔夫松. 比较教育学——历史与现代问题[M]. 肖甦，姜晓燕译. 北京：教育科学出版社，2007：3.

② 王道俊，郭文安. 教育学[M]. 北京：人民教育出版社，2009：4.

③ 王坤庆. 20世纪西方教育学科的发展与反思[M]. 上海：商务印书馆，2000：2.

④ 王道俊、郭文安. 教育学[M]. 北京：人民教育出版社，2009：5.

2. 比较学科的发展

比较的历史同人类产生的历史一样久远，比较学科的主要研究方法是比较，以研究为目的的比较的产生晚于人类历史的产生。比较研究不一定形成比较学科，但比较研究却可以导致比较学科的产生。如比较胚胎学就是在古希腊亚里士多德比较研究小鸡与其他动物的胚胎生长过程，并提出胚胎渐成说的基础上，通过后来者的基础研究和发展而形成的。但比较研究法的广泛应用也是人类历史中较晚近的事情。直到16、17世纪以后，科学的分化发展日渐显著，各门分化学科相继产生，比较研究方法的应用，一批以比较为主要方法的学科才初露端倪。

到18世纪末期和19世纪初期，人们对比较的兴趣，不管在数量上还是在质量上都发生了重大的变化。“比较”一词开始在涉及各个学科的各种科学论著的标题中出现。① 如歌德的《比较解剖学一般介绍文稿》(1795)、卡鲁斯的《比较动物解剖学手稿》(1818)、博普的《比较语言学》(1816)以及诺埃尔—拉普拉赛的《比较文学教程》(1816)等，均涉及到解剖学、语言学以及文学学科的比较。

换句话说，在比较教育产生之前，“比较” 的意识和思想在正式的学科中就已经得到人们的广泛应用，已不再是无意识的比较或经验的比较，而是有意识地将“比较”意识和思想用在科学研究当中。这为后来将“比较”应用于教育并促使比较教育的顺利诞生奠定了合乎逻辑的基础和为比较教育成为一门独立的学科找到了合理的学科根据。

二、比较教育学的产生过程

比较教育从孕育到产生经历了漫长的时期。从古代旅行家对异国他乡教育的有意无意的描述，到1817年《比较教育的研究计划与初步意见》的出版，其间经历了1000多年的历史。

(一)比较教育学的孕育

比较教育的产生可以追溯到久远的年代。作为一门学科的比较教育虽然在19世纪以前还没有出现，但对教育进行比较研究的实践则开始得很早。

在人类发展的古代，其生产方式比较简单，教育也没有从人类的活动中独立出来并成为专门的形态。因此，那时的比较教育就如同当时的教育一样，仍然是没有独立的形态，且相当简单。其相关内容主要体现在访问者或旅游者的游记当中。这些访问者或旅行家要么对所到地区或民族的教育现象产生兴趣而进行描述，要么出于推崇其教育的优良或出于对该地状况的全面介绍，或在讨论该国文明状况时对教育做某些考察和评论，但不管怎样，他们都在有意无意中把所见地区的教育现象同本国的教育情况进行自然而然的比较。虽然这还是原始不自觉的或纯经验水平的比较，但其中包含着比较教育的成分。如古希腊历史学家希罗多德(Herodotus)早在公元前5世纪对波斯战争的评论中提及了当时波斯的教育状况；希腊的将军兼学者色诺芬(Xenophon)在《波斯王国赛勒斯传》中叙述了波斯教育见闻，不仅描述了波斯对青年进行的公民和领导的训练，同时也将其与本国加以比较；罗马

① ［西班牙］何塞·加里多. 比较教育概论［M］. 万秀兰译. 北京：人民教育出版社，2001：13.

著名教育家西塞罗(Cicero)在《演说家》、《布鲁图斯》和《共和政体》等著作中叙述了希腊和罗马的教育情况;在希腊波利比奥斯(Polybius)、古罗马尤利西斯·凯撒(Julius Caesar)以及泰西塔斯(Tacitus)等人的著作中,均涉及民族、国家间文化与教育的比较。与此同时,中国与邻国朝鲜、日本、印度之间也有较为广泛的教育交流。①

到13世纪中叶,意大利旅行家马可·波罗在《东方见闻录》中广泛介绍了东方教育的情况,并对中国教育作了很多翔实的描写。处于14、15世纪间的赫勒敦(Khaldun,1332－1406),被称为是比较教育真正的先驱,他在其巨著《历史学导论》中强调研究各民族、各地域文化和教育的重要性,并分析了东西穆斯林的文化与教育的差异。到16世纪,地理大发现以及旅游与探险活动的扩大,关于国外民族的情况尤其是教育情况报道更为丰富。如博伊莫斯(Joanner Boemus)描述了欧洲、亚洲、非洲各民族的民俗与生活特点,其中涉及教育;德国学者米登多普(J. Middendorp)受遣收集法国、意大利、波兰和波西米亚大学的信息;伊拉斯莫斯(Erasmus,1469—1536)对英格兰的学术情况以及牛津大学和剑桥大学的教育、教学情况进行了评论,并将其与意大利做了比较。到17世纪,文化和教育的比较逐渐步入正轨。最具代表性的是牛津大学解剖学教授威廉·佩蒂(Sir William Pitty,1623－1687)在其《调查国家状况的方法》中阐述了有关国外观察的更为学术化的方法,后来的旅行者采用他的方法更为严密地调查了学校和学术的数量、学校和课程组织等。

(二)比较教育学的形成

到18、19世纪,这是比较教育学开始形成的关键时期。该时期与前期的明显差别就在于对教育进行比较考察和相对成熟的比较教育研究文献的出现,使比较教育学的发展初见雏形。其中,拉·夏洛泰(La Chalotais)1763年在《论国民教育》中不仅报道了俄国科学教育的进步状况,而且还对英、德等国教育的优越方面进行了描述,以期促进法国教育的改革;巴塞(C. A. basset)1808年在其《对国外教育和教学不同模式考察结果的利用》中对欧洲各国常见的教育问题作了比较研究,并认为法国大学的人员有责任广泛出访,收集有用的教育信息。②正是在这种普遍关注比较教育的氛围之中,法国朱利安在较为系统地总结前人研究成果的基础上,于1817年发表《比较教育的研究计划与初步意见》,并在其中提出建立比较教育学科的建议,"比较教育"这一术语也首次被正式使用。基于此,比较教育界普遍认为朱利安是比较教育学科的创始人,比较教育作为一门学科也从此诞生。

法国朱利安在《比较教育的研究计划与初步意见》中,对开展比较教育研究的诸多问题进行了详细的阐述,从而确立了比较教育的学科地位。随着欧洲民族主义的兴起和"公共教育"的快速普及,各国都希望建立自己的国民教育制度,因此,收集和借鉴对本国教育有用的外国经验便成为该时期比较教育发展的一大动力。

(三)朱利安对比较教育学的贡献

马可－安托万·朱利安(Marc－Antoine Julian,1775—1848)作为法国1793－1796年间公共教育三人执行委员会的委员之一,从1948年日内瓦国际教育局副局长罗塞洛在巴黎举行的纪念朱利安100周年的大会上建议向全世界广泛宣传其比较教育的理论和实践并

① 王承绪.比较教育学史[M].北京:人民教育出版社,1999:15－16.

② 王承绪.比较教育学史[M].北京:人民教育出版社,1999:17－19.

称誉他为"比较教育之父"开始，他在比较教育界备受关注。不管怎么说，朱利安在比较教育作为一门学科的诞生这件事情上，所作出贡献是划时代的，是任何从事比较教育活动和研究的人都无法回避和忽视的历史事实。他关于比较教育的所有思想，主要囊括于《关于比较教育的研究计划与初步意见》当中。他的巨大贡献，概括地讲，主要体现在以下几个方面：

1. 奠定比较教育学科的基石

在朱利安对比较教育的所有贡献当中，最值得一提的应该是对比较教育学科的贡献。正是有了他《关于比较教育的研究计划与初步意见》，才使比较教育学作为一门学科从无到有。这是具有里程碑意义的标志性事件。他不仅提出了关于进行比较教育研究的计划与设想，而且第一次使用了"比较教育"和"比较教育学"这些术语，[①]成为首次使用比较教育学这个概念和专门术语的先驱。[②] 也因为他为比较教育学所做的这些工作，使他"早在孔德（Auguste Comte）把社会学确立为一门学科之前就奠定了比较教育学科的基石"[③]。

从他在《关于比较教育的研究计划与初步意见》中的表述来看，其关于比较教育的思想动因之一是他对教育现状的不满。[④] 他这样写到，"观察欧洲各地的道德状况，明智之士无不痛心于今天的既定教育，它的不完善和缺陷，无论在私人家庭还是在公共学校都寻常可见，在它应该走到各级学程之间既乏联系也无连续性，在它应该用同一精神以趋向同一目的来指导学生的不同领域……就是它本身也并不和它们和谐。总之，它和儿童和青年的需要不相称，和它们将处的社会命运不相称，和国家及政府的公共需要也不相称。"[⑤]可见，正是他对当时教育现状的不满，才使他萌发了比较研究欧洲各国教育的念头并付诸实践。其目的在于通过不同地区和不同国家教育的比较研究以寻求最有利于人之发展的教育。而且，在他的《关于比较教育的研究计划与初步意见》中充分体现了比较的思维。在他看来，通过对欧洲各地公共教育和教学现状进行分析，不到三年，就能持续提供各国现状的比较表，人们就可以容易地评价何为先进，何为落后，何为停滞；在每个国家，何为薄弱与碍难之处。最后，人就可以明白哪些部分是可以由一个国家向另一国家输送且可接受的改善之处。[⑥] 同时，他认为比较教育的研究可以使其成为科学。"就解剖而作比较解剖的研究，终于促进解剖而使之成为一门科学。同样，作比较教育的研究也必然能为教育的完善而成为科学，提供一些新的手段。"[⑦]以上这些思想，足以说明朱利安在比较教育成为一门专门学科的过程中所作出的巨大贡献。

2. 提出普世主义的比较教育研究方法

除了对比较教育学科的诞生作了巨大贡献之外，朱利安对比较教育的研究方法也作出

---

① ［俄］鲍·里·伍尔夫松．比较教育学——历史与现代问题［M］．肖甦，姜晓燕译．北京：教育科学出版社，2007：4.

② 朱勃、王孟．宪比较教育——名着与评论［M］．长春：吉林教育出版社，1988：52.

③ ［加］卡伦·芒迪，凯西·比克莫尔，许美德、梅甘·马登、凯瑟琳马德·基德．比较与国际教育导论：教师面临的问题［M］．徐辉，朱红，王正青译．北京：教育科学出版社，2009：5.

④ 王晓辉．前无古人 后有来者——缅怀比较教育之父朱利安［J］．比较教育研究，2005，(3)：58－59.

⑤ 赵中建．比较教育的理论与方法——国外比较教育文选［A］．北京：人民教育出版社，1994：95.

⑥ 赵中建．比较教育的理论与方法——国外比较教育文选［A］．北京：人民教育出版社，1994：98.

⑦ 赵中建．比较教育的理论与方法——国外比较教育文选［A］．北京：人民教育出版社，1994：101.

了自己的贡献。主要表现在普世主义的教育研究和对比较研究方法的重视。

按日本比较教育学者小林哲也的观点,普遍主义比较教育学是19世纪初朱利安的理想。他的教育思想背景不仅植根于当时占支配地位的具有中世纪普遍主义传统的宗教性教育制度,而且受到17世纪以来夸美纽斯等人文主义者以及启蒙主义者的思想影响。他将普遍的人的教育作为各国教育的共同基础来考虑。他从一开始就为比较教育研究确立了一种广阔到几乎覆盖整个欧洲(并且在逻辑上有发展为全世界的可能性)的研究视野。他认为比较教育的任务就在于对各国的教育经验进行比较研究,并在欧洲范围内建立最合理的教育体系,继而在整个世界范围内建立合理的教育体系。①

此外朱利安比较重视比较研究方法在比较教育研究中的应用。他在《比较教育的研究计划与初步意见》中明确提出并设计了一套教育研究调查的问卷方法,而且还设计了比较教育问卷系列。并从六大问卷系列(基础学校或初等以及普通学校、中等和古典学校、高等和科学学校、师范学校、为女子教育而设的学校、公共学校)设置了详细而实用的调查题目,以此来收集教育资料。在他看来,建立在事实与观察基础上的教育比较研究即比较教育学将对教育学的发展作出巨大贡献。

3. 提出建立比较教育研究机构和创办国际教育交流刊物的主张

朱利安建议加强国际教育合作,设想成立一个国际教育调查委员会,广泛搜集教育资料。他在《关于比较教育的研究计划与初步意见》中明确提出组织教育特别委员会。该委员会由人数不多但热心教育的有识之士组成,其主要工作是搜集各种资料,并将资料汇编成册和对欧洲各国的教育体制和教学工作进行比较分析。② 而1952年日内瓦国际教育局的建立和1946年联合国教科文组织的建立不仅实现了他关于建立国际教育机构的理想,而且正发挥着他100多年前就倡导的国际教育委员会的职能。这说明在朱利安的时代,他的这一主张是多么具有远见卓识。

此外,他还提出由"模范学校"出版译成多种语言的教育刊物——教育通报或总报,以此促进各国广泛交流教育经验。他说,"这就可以在忙于教育科学的有教养人士之间建立定期的交流""是联系欧洲大首都和主要城市的一种活跃的通讯,热心公共福利和教育进步的有教养人士将为这种通讯提供他们能够提供的各种资料"。③ 可将此看作是如今诸多比较教育杂志和各国教育宣传交流资料的前身。这对于朱利安在比较教育中所做的工作而言,仍然具有开创性。

正是朱利安所提出的一系列关于比较教育的主张,为比较教育学奠定了理论基础,从而奠定了他"比较教育之父"的荣誉地位,并使他成为"第一次以相当完整的方式同时论及比较教育的学术性和实践性的人"④。虽然他的思想带有时代的特征和相应的局限性,但在比较教育的发展史上仍然具有别人无可比拟的显赫地位。在后来的比较教育学家如汉斯、希尔克、康德尔、罗塞洛和施奈德等人的著述与评论中,无不提及朱利安及其关于比较教育的思想。尤其是自康德尔及其以后的比较教育学者更加关注朱利安对比较教育的贡

---

① 赵中建. 比较教育的理论与方法——国外比较教育文选[A]. 北京:人民教育出版社,1994:65.

② 朱勃. 比较教育史略[M]. 广州:广东高等教育出版社,1988:56-57.

③ 赵中建. 比较教育的理论与方法——国外比较教育文选[A]. 北京:人民教育出版社,1994:100.

④ [西班牙]何塞·加里多. 比较教育概论[M]. 万秀兰译. 北京:人民教育出版社,2001:14.

献。这正说明了朱利安在比较教育领域中所具有的开创性地位。① 他的《比较教育的研究计划与初步意见》也被比较教育界公认为最早系统阐述关于比较教育设想的序言性草案。

第二节 比较教育学的初步发展

比较教育自产生到初步发展,几乎都是直接的借鉴和移植。虽然朱利安提出了有关比较教育研究的初步设想和理论框架,但在他之后的几十年中,比较教育的发展并没有按照他所设计的路线发展。相反,经法国库森到美国贺拉斯·曼以及巴纳德开展的比较教育活动,比较教育学完全走向借鉴和移植的发展模式。

一、比较教育学借鉴模式的形成

比较教育学中的借鉴主义是对他国先进教育制度、模式和经验进行"拿来主义"式的引进。虽然其间也有零星的分析成分,但从总体上看,借鉴主义的比较教育学几乎是全盘照搬在当时看来比较先进的国家的教育制度、模式和经验。

就当今的情况来看,借鉴是比较教育学的固有传统和永恒话题,而今的比较教育研究虽然有其他如对话、理解与交流的目的和功能,但借鉴仍然是明显的研究目的。朱利安在创建比较教育学之初以普遍主义为价值取向,却因当时民族国家的兴起以及工业社会向教育提出新的要求,这种普遍主义的比较教育学并未得到发展。相反,各国为在竞争中处于优势地位而竞相改革自身的教育,从而纷纷对当时理想国家的理想教育制度和模式进行考察并全盘引进,以期建立起适合本国教育发展的制度和模式。在该时期,典型的代表是法国的库森、美国的贺拉斯·曼和巴纳德,他们分别对当时欧洲一些国家尤其是德国的教育进行了仔细的考察,并在很大程度上照搬了德国当时的教育制度、模式甚至教育教学的方法和经验,使比较教育学的借鉴模式基本形成。

二、库森对比较教育学的贡献

维克多·库森(Victor Cousin,1792—1867)作为法国国民教育最高委员会委员于1831年接受当时教育部长基佐的委派赴普鲁士研究其教育发展,随后递交了《关于德意志各邦,特别是普鲁士公共教育状况的报告》。其中关于"建议制定教育法令"、"注意发挥地方在发展管理教育方面的作用"以及"教师创造学校"等相关内容后来被法国基佐教育法案所采纳。②

1. 践行借鉴和移植的研究目的

与朱利安普世主义的比较教育研究不同,库森研究比较教育的目的更多的是为了借鉴和移植。正如他本人所言,"我研究的是普鲁士,而我思考的始终是法兰西。"法国基佐教育

---

① 祝怀新.试论朱利安的比较教育思[J].比较教育研究,1996(3).43-46

② 王天一,夏之莲,朱美玉.外国教育史(下)[M].北京:北京师范大学出版社,1993:177.

法案也正是他关于借鉴与移植普鲁士教育经验的思想和经验影响下形成的产物。[①] 如他关于每一个村镇有责任建立并负担一所小学并为教师发薪水的论点被《基佐法》第8、9条所采纳,而关于各县应该办好一所初等师范学校的观点也在《基佐法》第11条中得以体现。[②]

但在借鉴与移植的同时,他对于效仿其他国家和民族有用经验时又持谨慎的态度。在他看来,"一个真正伟大的民族,不在于任何方面都不模仿他人,而在于随时随地采纳一切有益的东西,并在采纳时将这些东西加以完善……我们可以吸收其他民族的优秀文化,不必担心失去自我……法兰西本质上是世界主义的,这是她具有巨大影响的源泉。"[③]由此可见,他的借鉴和移植是有所选择和思考的,不是对外国教育实践做简单的综合性描述,也不是一味的盲目照搬,而是在比较研究和分析后引进他国教育的优秀经验,以对本国教育的发展真正切实可行。

他为达到比较教育研究的借鉴目的,还为此建立了借鉴研究的四个步骤,即确定当地的问题;发现国外的解决方法;描述当地的先例;提出借鉴的建议。同时也指出了进行借鉴研究的两个重大前提:确定法国人已清楚地认识的确定的需求;描述国外满足类似需求以证明是成功的东西。这两个前提进一步保证了借鉴研究不是不假思索的盲目照搬而是一种分析比较后的理性选择。

2. 提升比较教育研究方法的理论性和系统性

如果说朱利安对比较教育研究方法的贡献在于提供了搜集欧洲各国教育资料的问卷调查的实证方法并企图建立普世的教育制度的话,那么库森在这方面则更体现出比较教育研究方法的理论性和系统性。

他通过普、法中等教育比较研究,建立了自己以五个主要论题为分析框架的比较研究方法,即被人称为的"国与国之间教育比较研究的五论题框架"[④]。这五个论题包括私立中学、公立中等教育的行政管理、中等学校的课程和内部运转、师资培训以及毕业考试。在此基础上,他还建立了收集信息的三步骤程序:熟悉外国学校制度的组织;并置两国的统计数字;得出结论,并提出本国改进的建议。此外,他还指出在比较时必须有比较的参照标准。

3. 推动比较教育研究的深入开展

尽管库森是民族主义教育的典型代表,他对普鲁士以及后来对荷兰教育制度的研究,都是为法国教育制度的改进提供借鉴的先进经验,从而解决法国的社会问题。但是,他的著作在国外许多国家也产生了强烈的反响,在美、英、德等国都有很多人知道他,甚至对其作品进行了翻译。[⑤] 他关于普鲁士教育的研究报告,不仅对法国1933年《基佐法》及其以后法国初等教育体制的完善作出了相当的贡献,而且对世界比较教育的发展起到了促进作用,并影响到其他国家的比较教育。所有后来去普鲁士访问的美国人,像贺拉斯·曼和亨利·巴纳德等人,在很大程度上都是受了库森的影响。[⑥]

---

① 冯增俊,陈时见,项贤明. 当代比较教育学[M]. 北京:人民教育出版社,2008:21.
② 王承绪. 比较教育学史[M]. 北京:人民教育出版社,1999:40.
③ 转引自[西班牙]何塞·加里多. 比较教育概论[M]. 万秀兰译. 北京:人民教育出版社,2001:23.
④ 王承绪. 比较教育学史[M]. 北京:人民教育出版社,1999:45.
⑤ [西班牙]何塞·加里多. 比较教育概论[M]. 万秀兰译. 北京:人民教育出版社,2001:22.
⑥ [澳]菲利普·E·琼斯. 比较教育——目的与方法[M]. 王晓明译. 北京:春秋出版社,1989:35.

正是他在比较教育方面所做的工作,才使他在比较教育史上继朱利安之后,成为第一个不仅对比较教育的目的和研究方法进行了理论的思考,而且将其应用于比较教育研究实践的典型代表。比起朱利安的比较教育理想来,库森更像是位比较教育的实践者。通过他的工作,在比较教育学产生的早期就向我们充分展示了比较教育明显的应用实践性。

三、贺拉斯·曼对比较教育学的贡献

贺拉斯·曼(Horace Mann,1796—1859)作为美国马萨诸塞州 1937 年成立的 8 人教育委员会的第一任秘书,因其长达 12 年的任职和对美国公立教育的关注以及所作出的杰出贡献而与亨利·巴纳德和卡尔文·斯托一起被称为"美国公立学校之父"。他 1843 年花了六个月的时间,对英格兰、苏格兰、爱尔兰、荷兰、德国等国进行了访问,并将之后的研究结果发表于当年的《第七年度教育报告》(*Seventh Annual Report to the Board of Education*)上。这是他涉及比较教育领域的教育研究活动的主要成果,也是他 12 个年报中最有影响和最著名的报告。[①] 他关于比较教育的思想主要就体现在第七年报中,正如汉斯所认为的,"也许这篇报告是对教育进行评价的第一次尝试,但它几乎完全是致力于学校组织和教学方法的比较"[②]。

1. 拓展和延伸借鉴的范围

他受库森的影响,与同时代的许多人一样,直觉地认为,对欧洲国家的访问,能为自己国家教育的发展带来良好的结果。由此花了整整六个月的时间考察了欧洲包括英格兰、苏格兰、爱尔兰、荷兰和德国等国的教育制度和教育发展状况,并从中借鉴适合美国教育改革与发展的成功经验。

在教育借鉴方面,法国库森主要是借鉴他国的成功的教育经验和模式,从很大程度上讲,仍然是比较宏观层面的借鉴。而贺拉斯·曼不同,他不仅在第七年报中明确表达了利用外国教育为自己国家服务的宏观借鉴思想——"如果我们理智一些,学习别人的经验,而不是坐等因我们的错误而致的糟糕结果,我们就可能逃避其他一些社会正在遭受的灾难。""我毫不犹豫地认为国外有许多东西值得我们在国内效仿。"[③]而且还主要对学校组织和教学方法进行了微观的比较与借鉴。如他对普鲁士教师研讨班的重视和关注、对马萨诸塞州和普鲁士的教学问题所进行的比较以及对普鲁士学校中师生关系的赞赏等,[④]都足以说明他是对库森教育宏观借鉴的拓展和延伸。

2. 关注教育比较中的历史价值和实用取向

贺拉斯·曼虽然不像朱利安、库森那样对比较教育有比较系统的理论阐述,也没有对比较教育目的或方法发表过多少见解,但他在其第七年报中认识到了历史价值在教育比较中的重要性。在他看来,历史是不可改变的,而未来却具有"无限的可能性",因此,历史可

---

① 王承绪. 比较教育学史[M]. 北京:人民教育出版社,1999:50.

② [澳]菲利普·E·琼斯. 比较教育——目的与方法[M]. 王晓明译. 北京:春秋出版社,1989:36.

③ 王承绪. 比较教育学史[M]. 北京:人民教育出版社,1999:53.

④ 王承绪. 比较教育学史[M]. 北京:人民教育出版社,1999:50-51.

以在阐明现实中起作用。[①]

我们如果把该时代的朱利安、库森和贺拉斯·曼放在一起做一个简单比较的话，很容易发现这三个人在比较教育史上的关系。朱利安有比较教育理想或理论而没有实践，库森既有关于比较教育目的和方法的系统理论，也有比较教育的强烈借鉴与实用色彩，而贺拉斯·曼则具有强烈的借鉴实用色彩而几乎没有任何关于比较教育的理论阐述。

不管是他对普鲁士学校师生间和谐感情和教师爱生如子精神的大加赞赏并以此批评马萨诸塞州的教师，还是以字母书写为例比较普鲁士和美国在教学方法上的差异，都体现了非常明显的实用性。虽然在关于教育移植方面他也提出了因其政治和社会理想方面的差异所带来的问题之观点，但比起明显的实用主义倾向，则显得非常微不足道。

四、巴纳德对比较教育学的贡献

亨利·巴纳德(Barnard Henry,1811—1900)作为美国的教育家、法学家以及康涅狄格州教育委员会的第一任秘书，他和贺拉斯·曼共同领导过早期美国教育制度的改革，与贺拉斯·曼有很多的相似之处。在比较教育方面，深受贺拉斯·曼的影响。他直接秉承了贺拉斯·曼关于对外国教育的考察和选择性借鉴的观点以及在教育实践中直接吸收和采纳其关于向欧洲的学校尤其是普鲁士学校学习的观点。在此基础上，他对比较教育的研究目的、方法、原则和研究内容都作了阐述，对比较教育的发展也作出了重要的贡献。

1. 推动比较教育研究更加广泛和细致

像同时期的其他比较教育学者一样，巴纳德在比较教育方面的研究目的仍然是借鉴。在这方面与库森和贺拉斯·曼非常相似，只是他在关于比较教育研究目的问题上做得更加广泛和仔细。不仅直接借鉴教育模式和制度，也借鉴教学方面的经验，而且还注重当时欧洲诸如夸美纽斯、裴斯泰洛奇等教育家的理论和思想。在借鉴的内容上，他所涉及的内容极为广泛。他在《欧洲国家的教育》一书中详细介绍了当时欧洲诸国如英国、法国、德国、意大利等国教育制度、教学方法、课程设置、学校管理等方面的问题。同时还非常关注普通教育、幼儿教育、师范教育、特殊教育，并重视校园环境和内部设施的改善。[②] 而且，在教育借鉴的问题上，其目的性像库森和曼一样非常明确，对欧洲各国教育情况的考察和借鉴就是为了解决美国的教育问题。即是说，在比较教育的研究目的问题上，巴纳德使比较教育的借鉴目的更加明确、广泛和直接。

2. 继承和发展比较教育的研究方法

在比较教育的研究方法方面，由于所处的历史时代，巴纳德仍然主要采取描述的研究方法对欧洲各国的教育进行研究。在采取这种方法的时候，主要以观察、调查和文献资料的形式获取所需的资料，然后在此基础上进行描述性的比较研究。而且，他承袭了19世纪比较教育研究的主要特点，在研究方法上的主要步骤是：资料的收集、记录和翻译，资料的判断、分析和整理，然后进行比较、归纳和评论。[③] 虽然他在比较教育的研究方法上没有太

---

① [澳]菲利普·E·琼斯.比较教育——目的与方法[M].王晓明译.北京:春秋出版社,1989:37.

② 高卿.亨利·巴纳德比较教育思想研究[D].河北大学教育学硕士学位论文,2008:18.

③ 高卿.亨利·巴纳德比较教育思想研究[D].河北大学教育学硕士学位论文,2008:20.

多自己创新的成分，但他对当时比较教育研究的流行方法的继承和发展也算得上是对比较教育研究方法上所作的贡献。

3. 关注和发现民族性研究原则

在比较教育的研究原则性上，有人认为他“似乎已发现了比较教育研究中的民族性问题”[①]。在他看来，欧洲的教育制度虽然先进，但仍然没有像美国的公立学校那样产生了与其政治、宗教以及社会制度相适应的有能力的人。因此可以看出，巴纳德在考察欧洲各国教育的时候，开始意识到了与教育相关的“学校之外”的东西对年轻人发展的影响和作用。虽然这直到20世纪萨德勒、康德尔等比较教育学家才开始将其作为比较教育的方法论而做系统的阐述和研究，但在19世纪的巴纳德早已经意识到这个问题。这不能不说是巴纳德对比较教育研究原则的一大贡献。

4. 宣传和推广比较教育研究成果

在巴纳德的一生当中，主要的事业是争取“普通”或公立学校教育，并为此投入他大部分个人的私有财产，主要用在宣传所用的印刷品上。而这些印刷品所介绍的东西，恰好是他认为当时对美国教育有很大帮助的关于欧洲各国的教育情况。如他在自己创办的《康涅狄格普通学校杂志》上刊登了许多他写的有关其他州和外国教育制度的报告及其详细情况。同时，他在组建美国教育促进协会后编辑出版了协会的杂志——《美国教育杂志》，其间也刊载了许多比较材料。[②] 其中巴纳德本人所撰写的有关外国教育思想和实践的论文也刊载在《美国教育杂志》上。

在比较教育宣传刊物的贡献上，在19世纪，巴纳德是继比较教育之父朱利安之后的又一人。他为出版宣传外国教育情况的杂志而耗费了自己的大量私人财产，以致他在去世时一贫如洗。朱利安虽然也主张出版译成多种语言的教育刊物——教育通报或总报，但那仅仅是主张而已。真正将这个主张变成事实的应该是巴纳德。

总之，他所进行的以上关于比较教育的早期研究，既在自己的出版物或主办及主编的杂志上介绍了历史性和描述性的比较材料，也试图从众多的教育制度中提取出统计性材料[③]。这不仅启迪了民众的心智，引起了美国国民对于了解世界教育状况的兴趣，而且激发了美国政府学习国外先进经验的积极性，从而推动了现代教育的发展，为美国以及世界比较教育学科的发展奠定了坚实的基础[④]。所有这些，足以奠定他在整个比较教育史上的地位。

第三节　比较教育学的历史传统

直到19世纪末20世纪初，萨德勒提出对“校外事情”的关注以后，比较教育研究者们才把比较教育研究的目光转向对民族性和历史的关注，也开始比较系统地对比较教育研究

① 王承绪. 比较教育学史[M]. 北京：人民教育出版社，1999：57.

② [澳]菲利普·E·琼斯. 比较教育——目的与方法[M]. 王晓明译. 北京：春秋出版社，1989：37－38.

③ [澳]菲利普·E·琼斯. 比较教育——目的与方法[M]. 王晓明译. 北京：春秋出版社，1989：38.

④ 高卿. 亨利·巴纳德比较教育思想研究[D]. 河北大学教育学硕士学位论文，2008：31.

的方法进行了分析和研究,比较教育学科也走向了较为成熟的发展阶段,逐渐形成了自身的研究传统。

而在比较教育从产生到现在的近200年发展历程中,有人认为其发展基本是在实证主义与历史主义分析研究的此消彼长中进行的。不过,如果抛开比较教育最近几十年多元化发展不谈的话,这种看法是中肯的。在朱利安创立比较教育时就根据当时实证主义的思想观点来设计开展比较研究的调查问卷,但这种研究方式在接下来的一段时间里却没有得到应用,比较教育的发展却在克服其描述与“拿来主义”式直接借鉴之不足的基础上开始“历史 - 因素分析”研究。而实证主义分析研究的方法在比较教育中的应用则是在克服“历史 - 因素分析”研究之不足的基础上得以发展的,并促使比较教育研究深入到学校教育内部。

一、比较教育学的历史主义传统

历史主义的比较教育学在整个比较教育的发展史上具有重要的地位。正是历史主义的比较教育学才使比较教育的研究进入一个以研究方法为主的发展阶段。而在此之前,比较教育可以说只是为了借鉴而做了些描述和总结性的工作。只有从历史主义的比较教育研究开始,比较教育学才开始系统地思考这门学科的研究方法问题,使比较教育的学科体系开始得以形成,从而标志着比较教育学科的发展进入了一个新的阶段。

(一)历史主义比较教育学的形成

何为历史主义？这是我们在涉及“历史主义”这个术语时首先要考虑的问题。最早提到“历史主义”(Historicism)的地方应该是在弗里德里希 · 施莱格尔在1797年随意记录的一些有关语言学的零碎的笔记中。① 在其后来的研究者中,各自又具有不同的观点。不过,我们不能像波普尔一样把历史主义批判得一无是处,在他看来,历史主义是一种贫乏的方法——是一种不会结出果实来的方法。② 不管历史主义的基本含义是什么,但它作为一种人们认识历史的思维方法,不同的历史主义者有不同的观点,大致包括以下几种:一是指一种立足历史进行解释和评价的方式;二是指一种立足当下生活审视历史的方式;三是指一种观念论的哲学。因此,美国的德怀特 · 李和罗伯特 · 贝克在此基础上认为,历史主义是一种评价事物的哲学信念;是一种立足历史来理解或评价人类当下处境及问题的反实证主义和反自然主义观点。③ 也有人将历史主义定义为“相信历史知识为人类活动最重要的指标,借助历史,人类可以评价、了解生活的一切”。④ 而我们在此所提的历史主义,则更倾向于指一种立足历史进行解释和评价的方式或一种立足历史来理解或评价人类当下处境及问题的思维方法。在比较教育史上,运用历史或立足于历史的角度来分析和比较各国的教育,则被称为历史主义的比较教育学。

早在19世纪,美国贺拉斯 · 曼就关注过教育比较中的历史价值。这虽然还谈不上历

① [美]格奥尔格 · 伊格尔斯. 历史主义的由来及其含义[J]. 史学理论研究,1998(1):71 - 88.

② [英]卡 · 波普尔. 历史主义的贫困[M]. 何林译. 北京:社会科学文献出版社,1987:42.

③ [美]德怀特 · 李、罗伯特 · 贝克. “历史主义”的五种含义及其评价[J]. 当代国外马克思主义评论,2009(00):308 - 371.

④ 黄进兴. 历史主义与历史理论[M]. 西安:陕西师范大学出版社,2002:7.

史主义在比较教育学界的开端，但从历史的角度去考察教育已经成为一种端倪。真正受历史主义观点的影响，并将其作为考察教育的一种基本方法来研究，则是20世纪初的事。在当时，比较教育学家萨德勒、康德尔、汉斯、施耐德以及乌利希等人都主张用历史的方法来探究教育背后的影响因素。从萨德勒发表《我们从对别国教育制度研究中究竟能学到什么有实际价值的东西?》开始，比较教育学科体系与历史主义研究范式开始形成。[①] 紧随其后的就是康德尔、汉斯、施耐德以及乌利希等人。他们一改比较教育研究在朱利安时代以客观描述为主的实证方法，转而从历史、文化的角度来考察各民族国家教育制度形成的影响因素，并强调对他国教育经验的借鉴应该是理性的借鉴而不是简单的移植。

自比较教育研究中以历史的方法来分析影响教育发展的因素以来，在比较教育史上改变了比较教育从一开始以描述借鉴为主要方法的状况，使比较教育的研究进入一个崭新的时代——以历史法为研究法的因素分析时代，而萨德勒则为开创者，康德尔是后继者，汉斯则是集大成者。他们对历史的因素分析法进行了系统的研究，对比较教育学科方法论的发展作出了突出的贡献。

(二)萨德勒对比较教育学的贡献

萨德勒(Michael Sadler，1861—1943)曾任英国教育部特别调查报告局局长。他虽然没有关于比较教育学科的宏大著作，但在比较教育史上无论怎么划分，他都是个绕不过去的人物，原因就在于他对比较教育的发展作出了划时代的贡献。

1. 促使比较教育研究目的的转向

在萨德勒之前的比较教育时代，其研究的目的主要在于借鉴别国的经验以解决本国的教育问题。而萨德勒则把研究的目光转向具有根本性的教育制度方面，他希望通过比较和历史的研究来影响英国教育政策的制定。他在其演讲报告《我们从对别国教育制度研究中究竟能学到什么有实际价值的东西?》中所讨论的主要内容便是教育制度。他明确指出，比较教育的目的就在于"以正确的精神和严谨治学的态度研究外国教育制度的作用"，以便"能使我们更适于研究和认识本国的教育制度"。[②] 这说明萨德勒关于比较教育研究目的的重点已不再局限于借鉴别国经验，而是希望研究形成他国教育制度的各要素，以此来建立本国的教育制度。即是说，从萨德勒开始，比较教育的研究"不再仅仅是寻找国外的可移植的具体经验，而有更多的目的：研究这些经验的深层原因。研究者应该着重研究外国经验的原因，而不是经验自身的'结果'。"[③]他说，"当我们倡导研究外国教育制度时，我们注意的焦点一定不能只集中在有形有色的建筑物或仅仅落在教师与学生身上，我们一定要走上街头，深入民间家庭，并努力去发现任何成功的教育制度背后，维系着实际上的学校制度并对其取得的实际成效予以说明的那种无形的、难以理解的精神力量。"[④]

西班牙比较教育学者何塞·加里多认为，是萨德勒第一次以自觉和系统的方式提出了比较教育研究的信念，即研究一国的教育不能只涉及它的学校。在萨德勒之前的比较教育研究，所关注的重点或中心都是教育本身。不管是朱利安、库森还是霍拉斯·曼和巴纳德，

---

① 姚琳、彭泽平. 比较教育研究中的历史主义范式[J]. 比较教育研究，2010(5)：23－27.

② 赵中建. 比较教育的理论与方法——国外比较教育文选[A]. 北京：人民教育出版社，1994：116.

③ [西班牙]何塞·加里多. 比较教育概论[M]. 万秀兰译. 北京：人民教育出版社，2001：37.

④ 赵中建. 比较教育的理论与方法——国外比较教育文选[A]. 北京：人民教育出版社，1994：113.

他们所关注的研究重点要么是教育模式，要么是教学方法，要么是教育思想与理论，要么是校园环境，等等。而只有萨德勒才响亮地提出“校外的事情比校内的事情更重要”的崭新命题。他说：“在研究外国教育制度时，我们不应忘记校外的事情比校内的事情更重要，并且制约和说明校内的事情。”①

2. 促使比较教育研究方法的转变

在比萨德勒早些的英国，作为专为研究比较教育而成立的委员会的积极成员的阿诺德（Mathew Arnold，1822—1888）就开始认为历史传统和民族性是决定不同国家教育体制特点的两个重要因素。而且，他仿照医学的方法来剖析影响各国教育制度的诸因素，即国家结构、文化传统、民族特性、政治经济、社会制度以及历史地理等因素。② 而萨德勒则提出要分析决定各国教育发展的因素，并将经济、国家体制、教堂和家庭作为校外因素来研究。③ 他在任英国教育部特别调查报告局局长期间编辑的《教育问题特别报告》中强调要分析影响各国教育发展的政治、经济、文化等因素，以此来研究教育发展的特点和趋势。在他看来，只有充分理解教育发展的诸因素，才能真正借鉴有意义的、对本国有用的东西。④ 总的说来，阿诺德和萨德勒尤其是后者的倡导，使比较教育研究方法从朱利安以来至巴纳德以描述为主的具体经验借鉴转向以研究其经验背后的原因或因素的分析借鉴，也使比较教育的学科发展进入一个新的时期。也正是他在学科发展的关键时期，为比较教育的研究确立了以分析为主的学科框架，不仅使比较教育的学科发展进入新时代，而且为比较教育学科的发展奠定了基础，并极大地推动其发展。除此之外，萨德勒对比较教育发展的贡献还在于对比较教育研究空间的拓展。他将比较教育研究的关注点从欧美扩展到印度等当时大英帝国的各殖民地。

（三）康德尔对比较教育学的贡献

艾萨克·康德尔（Issac Kandel，1881—1965）是20世纪中期世界比较教育界的重量级人物，他为比较教育的发展作出了重要的贡献，并被广泛认为是比较教育发展史上的一块里程碑。他关于比较教育的相关思想主要集中在1933年出版的《比较教育》当中。这本著作在二次世界大战以后，受其新形势下诸多新问题的影响，在1954年再版时将其书名更改为《教育的新时代——比较研究》，该书中关于比较教育学科的思想集中反映了20世纪50年代国际比较教育研究的学术水平。

1. 系统阐述比较教育的研究目的

在比较教育史上，到康德尔之前的所有比较教育学者在关于比较教育研究目的的思想当中，除萨德勒提出过比较教育研究不仅是借鉴经验而且还要分析其形成教育制度的原因外，还从没有人提出过比较教育的研究目的是获得知识和分析原因。

在康德尔看来，比较教育的目的是“要使学习教育的学生得以获取世界各国的教育理

---

① 赵中建.比较教育的理论与方法——国外比较教育文选[A].北京：人民教育出版社，1994：114.

② 朱勃.比较教育史略[M].广州：广东高等教育出版社，1988：80.

③ [俄]鲍·里·伍尔夫松.比较教育学——历史与现代问题[M].肖甦，姜晓燕译.北京：教育科学出版社，2007：9.

④ 冯增俊，陈时见，项贤明.当代比较教育学[M].北京：人民教育出版社，2008：24.

论和实践经验”。① 这对于学习教育的学生而言，无疑是获得关于世界各国的、与教育相关的知识。因此，可以这样认为，康德尔通过编撰《教育年鉴》，搜集一些大国的年度教育发展资料，为教育科学的研究提供基础和澄清思想以及提出标准，其最终目的都是向学习教育和研究教育的人提供相关的知识。

同时，他沿袭了萨德勒关于比较教育的研究“不再仅仅是寻找国外的可移植的具体经验，而有更多的目的——研究这些经验的深层原因”的思想，认为比较教育的研究人员应该像萨德勒所指出的那样，在研究中要“力求什么是无形的、难以捉摸的精神力量。这种精神力量，在任何成功的教育制度中，都是实际存在的，它支撑着学校制度，并且使它具有当前的效率”。② 即是说，康德尔完全赞同像萨德勒提出的那样，比较教育的目的应研究影响教育制度的那种无形的力量，去分析和研究造成一国教育制度之所以成为那样的各种影响因素。

2. 明确关注历史文化与传统

虽然在康德尔之前的贺拉斯·曼和萨德勒对历史的关注或从历史的角度进行分析研究的方法都有所涉及，但明确提出比较教育的研究对历史的关注，他则是第一次。他指出，比较教育的研究继续教育史的研究，并把教育史延伸到现在，阐明教育和多种文化形式之间必然存在的密切联系。这使他明确将比较教育的研究与教育的历史联系起来。同时，在对形成各国教育制度的原因的研究中，他对历史的因素给予了特别的强调。在他看来，正是历史的因素，使得几乎所有民族特点得以形成，历史因素是了解教育特点和教育经验的基本点。他在《比较教育方法论》中指出，民族特性，即民族的思维方式和行为方式或民族精神，都不是永恒不变的，但在它们当中都含有民族历史和不断变化的环境所积淀下来的共同特征之内核。③

此外，在考虑一个国家的教育制度时，他还非常看重该国的文化形势和传统对教育制度的影响。他在《教育的新时代——比较研究》中明确提出，只有“按照各自的文化背景来解释教育的目标时，差别才显现出来。因为每一种解释都含有每个国家文化形势和传统气息，正是这些文化形势和传统使得各国的教育制度具有自己的意义。”④“不可能把教育制度从一国照搬到另一国，因为任何两个国家的文化差异都是很大的。”⑤因此，研究各国的教育制度，必然涉及该国的历史、文化形式和传统。

3. 注重比较教育研究的专业性

他在其著作《教育的新时代——比较研究》中，专章论述了比较教育的内容和方法，其中从比较教育的范围和意义、影响教育制度的无形力量、国家教育制度的基础、比较教育与教育哲学等多角度对比较教育学科的建设进行了专门的论述。另外，还对“国家与教育”、“决定教育制度形成的力量”等问题进行了专章论述。在比较教育史上，如此系统而全面地从理论上阐述比较教育的诸多问题还是第一次。这对比较教育学科的发展无疑增加了厚

① 王承绪. 比较教育学史[M]. 北京：人民教育出版社，1999：70.
② [美]艾萨克·康德尔. 教育的新时代——比较研究[M]. 王承绪译. 北京：人民教育出版社，2001：6－7.
③ [西班牙]何塞·加里多. 比较教育概论[M]. 万秀兰译. 北京：人民教育出版社，2001：41.
④ [美]艾萨克·康德尔. 教育的新时代——比较研究[M]. 王承绪译. 北京：人民教育出版社，2001：5.
⑤ 赵中建. 比较教育的理论与方法——国外比较教育文选[A]. 北京：人民教育出版社，1994：136.

实的基础。

而且,关于比较教育的学术性和专业性,康德尔都非常看重。对他这方面的研究,贝雷迪的观点值得一提。在贝雷迪看来,他"强烈地感觉到比较教育所特有的专业特性。他按本世纪30年代的时代要求,把比较教育的标准提得很高,因此,他不论在学术界或教育界都一样被人们所赏识。他不主张普及或推广比较教育学科的研究。他很怕推广了会冲淡这门学科的专业性,因此,他憎恨降低学术水平搞普及工作。"①

通过康德尔关于比较教育的著作尤其是《教育的新时代——比较研究》中对相关主题的论述,很容易发现其对比较教育研究的兴趣已不再是诸如其他国家实行的成熟教育经验之异同点之类的教育问题,也不再是导致某事所发生的原因或是被叫好的教育思想观念,而是追求更为系统和科学的比较教育研究。"这意味着不仅要就哲学理论方面进行比较,而且要具体地比较这些哲学在实际中所起的作用。"②

4. 强调民族性或民族主义

在康德尔关于比较教育的研究中,民族性或民族主义是其精神实质。他认为民族性或民族主义与国家教育制度有着密切的关系,"有什么的国家,就有什么样的学校"或"你想在这个国家中得到什么,就得从学校中做起"。③ 康德尔坚信各种教育制度间的差异。他认为,各国新的教育体制总体上都是一样的,但完成的设计必然带有构成每个国家文化的各种积极因素的"色彩、形状和气味"。并认为,正因为各国教育制度都具有民族的特点,因而对各国教育制度的比较研究才具有意义。④

5. 推动因素分析法的应用

在康德尔关于比较教育的研究方法中,他认为仅仅为了了解有关某些教育制度的情况,那么用描述的方法就足够了。虽然这是进行比较教育研究中所必不可少的一步,但如果仅仅停留于此便会使得比较教育的价值太有限。

在他看来,研究比较教育,不能满足于对一种教育制度做描述性报告。研究者不能仅仅只需要有关教育制度的资料,他必须深入到正在研究的教育制度内部去搜集资料。他说,比较教育研究者的"任务是要了解决定一种制度的特性的力量是什么,两种或两种以上制度之间的差别或类同的原因是什么,一种制度如何解决其他制度同样也面临的问题"⑤。他认为,如果仅仅具有有关某些教育制度的情况资料,不足以找到解决以上问题和其他许多问题的答案,也不可能得到比较教育研究的更有价值的结果。而且也不会提高分析自己国家教育制度的能力。

以上这些方面,足以说明康德尔对比较教育的研究已完全超越了他之前的时代。对于比较教育学科的理论建设,比之以前更加具有系统性和科学性,他的《比较教育》一书长期作为比较教育的标准教科书使用⑥。这足以显示他的出众才华和卓越贡献。

---

① 朱勃,王孟宪. 比较教育——名著与评论[M]. 长春:吉林教育出版社,1988:59.

② [西班牙]何塞·加里多. 比较教育概论[M]. 万秀兰译. 北京:人民教育出版社,2001:40.

③ 赵中建. 比较教育的理论与方法——国外比较教育文选[Z]. 北京:人民教育出版社,1994:134.

④ [美]艾萨克·康德尔. 教育的新时代——比较研究[M]. 王承绪译. 北京:人民教育出版社,2001:3.

⑤ 赵中建. 比较教育的理论与方法——国外比较教育文选[A]. 北京:人民教育出版社,1994:132.

⑥ [澳]菲利普·E·琼斯. 比较教育——目的与方法[M]. 王承绪译. 北京:春秋出版社,1989:49.

(四)汉斯对比较教育学的贡献

尼古拉·汉斯(Nicholas Hans,1888—1969),英国伦敦大学杰出的比较教育学家,被认为是康德尔传统的追随者,是努力寻找解释教育制度适当途径的比较教育学家之一,他对比较教育学科的系统化也作出了决定性的贡献。他关于比较教育的思想集中体现在《比较教育:教育的因素和传统研究》当中。

1. 强调民族性和教育传统

在汉斯之前,康德尔在其著作中对比较教育研究要注重民族性或民族主义的问题进行过论述。汉斯继续强调比较教育研究中要注重民族性,并特别关注种族问题和民族问题,认为"研究现实和想象中的种族区别,并确定这种区别对民族教育体系的影响程度是比较教育研究的一项重要任务"①,尤其是一个国家的教育制度,更是充分体现其民族性典型的一项制度。

在他看来,"国家教育制度像民族政体或民族文学一样,都是民族性的表面体现,使一个民族区别于另一个民族。""国民教育制度即使是通过革命政府有意建立起来的以改革原有的民族性,仍不可避免地受(构成民族性的)这些因素的影响,并深深植根于过去。"②他进一步认为,民族性是根深蒂固的,甚至革命也改变不了民族性。因而教育制度则不可避免地源于产生于之前的民族性并受其影响。因此,是教育传统造就了一个理想的国家,即统一的种族、统一的语言和宗教信仰以及坚实的领土和政治主权。③

同时,他在试图对欧洲国家在其殖民地的教育政策进行客观比较分析时指出了法国和英国在对待殖民地民族传统方面所持态度的差异。他说,法国忽视了非洲民族的传统文化,并在殖民地建立仿造宗祖国学校的教育体系;而英国的出发点则是使教育适应当地的传统和精神文化。④ 这不仅说明了汉斯在比较教育研究中对民族性和教育传统的重视和强调,并身体力行地将其贯穿于自己的教育研究当中。

2. 完善因素分析法

贺拉斯·曼和萨德勒曾在比较教育研究中对历史给以关注或从历史的角度进行过分析研究,康德尔更是明确提出比较教育的研究应对历史进行关注,并在自己的比较教育研究中明确关注历史文化与传统。而汉斯则更是强调比较教育研究的历史法。他认为历史研究法是比较教育不得不运用的方法。他在《比较教育的历史法》中明确指出,"在其社会和统计方面,比较教育不得不运用社会学和数理统计的方法;在其心理方面,比较教育不得不运用自然科学的方法;在其历史背景方面,比较教育不得不运用历史研究的方法。"⑤

而且,他还强调,"历史研究不仅在思想领域是必需的,而且在实际情境中也同样必不

---

① [俄]鲍·里·伍尔夫松. 比较教育学——历史与现代问题[M]. 肖甦,姜晓燕译. 北京:教育科学出版社,2007:53.

② 王承绪. 比较教育学史[M]. 北京:人民教育出版社,1999:87.

③ [澳]菲利普·E·琼斯. 比较教育——目的与方法[M]. 王承绪译. 北京:春秋出版社,1989:57.

④ [俄]鲍·里·伍尔夫松. 比较教育学——历史与现代问题[M]. 肖甦,姜晓燕译. 北京:教育科学出版社,2007:36.

⑤ 赵中建. 比较教育的理论与方法——国外比较教育文选[A]. 北京:人民教育出版社,1994:140.

可少。"[①]在汉斯看来,教育研究的历史法是非常重要的,并由此强调教育史和比较教育的极为相似之处。他认为教育史与比较教育的区别在于前者具有社会文化意义,而后者在很大程度上指向于具体解决教育发展的实践任务。比较教育要真正发挥作用,只有历史研究才能把造成在宗教、民族抱负和民族性方面的个体与群体之间的差别深深植根于过去的历史原因推向表层,并说明它们在各国的文化生活中的潜力。[②]

汉斯根据其比较教育不得不运用历史研究法的思路,进一步指出"从历史的角度分析研究形成教育制度的因素,比较各国解决由这些因素产生的问题的方法"[③]是比较教育研究的主要目的。并进而提出从历史的角度进行分析研究教育制度的各维度——因素分析。

虽然在阿诺德、萨德勒以及康德尔等人的比较教育思想中都或多或少涉及比较教育研究在分析其影响不同教育制度的原因或因素,并提出影响教育制度的国家结构、文化传统、民族特性、政治经济、社会制度以及历史地理等因素或隐藏在背后的无形力量,但都没有做充分的研究。真正从历史的角度将因素分析的方法应用于系统阐述比较教育研究,汉斯在比较教育史上首屈一指。

他将影响教育制度的因素分为三类,即自然因素、宗教因素和世俗因素。其中自然因素包括种族、语言、地理和经济;宗教因素包括天主教、英国国教和清教;世俗因素包括人文主义、社会主义、民族主义和民主主义。并以英、美、法和苏联为例对以上影响教育制度的因素进行了充分的阐述,并进一步认为民族性就是在这些因素下形成的。

纵观汉斯的整个比较教育思想,可以很清楚地发现,他是在继承萨德勒、康德尔等人的比较教育思想的基础上,系统地研究了各种影响教育制度及其发展的因素和力量,并且把历史研究的方法论思想与具体的因素分析手段结合起来,进而为比较教育的因素分析法提供了一个更加清晰、具体和合理的因素分析结构。

可以说,汉斯在比较教育研究方面的主要工作是对因素分析法的系统研究。他在比较教育史上最大的贡献就在于他发展了前人的思想并将其系统化。正是汉斯对因素分析法的系统化研究,才使因素分析法在比较教育的研究中趋于成熟,是他把比较教育在因素分析时代的发展推到了顶峰,并由此而促进了比较教育在此以后逐步走向科学化的发展道路。他无疑是历史法和因素分析法的比较教育研究方法之集大成者。

(五)历史主义比较教育学的特征

从前面几个比较教育学家的思想和对比较教育所作出的贡献中可以看出,在整个历史主义比较教育学的发展过程中,历经萨德勒、康德尔的发展,到汉斯时发展到顶峰。历史主义比较教育学表现出了两大主要特征。

1.关注教育的历史传统

在贺拉斯·曼提出研究教育应关注历史之后,英国的比较教育学家萨德勒率先提出比较教育是用比较和历史研究中获取的经验来影响本国教育政策的制定;康德尔在进行比较教育研究时明确关注历史文化与传统,并强调比较教育研究的目的就在于"要使学习教育

---

① 赵中建.比较教育的理论与方法——国外比较教育文选[A].北京:人民教育出版社,1994:148.
② 赵中建.比较教育的理论与方法——国外比较教育文选[A].北京:人民教育出版社,1994:149.
③ 王承绪.比较教育学史[M].北京:人民教育出版社,1999:87.

的学生得以获取世界各国的教育理论和实践经验"；汉斯更是从民族性影响教育制度形成的角度指出，从历史的角度分析研究（形成教育制度的因素），比较各国解决由这些因素产生的问题的方法；马林森等人也特别强调民族历史传统的分析。[①] 从这些历史主义比较教育学的主要代表身上，明显体现出历史主义比较教育学"关注教育的历史传统和经验"的典型特征。

2. 注重教育制度影响因素的分析

在历史主义比较教育学的发展过程中，诸多的比较教育学家都在其论述中强调对影响教育制度的因素进行研究。其中阿诺德认为历史传统和民族性是决定不同国家教育体制特点的两个重要因素。而且，他仿照医学的方法剖析了影响各国教育制度的国家结构、文化传统、民族特性、政治经济、社会制度以及历史地理等因素。萨德勒强调校外的事情比校内的事情更重要，德国比较教育学家施耐德在其《教育的内在演进：比较教育的一个被忽视的方面》的演讲中指出"比较分析不同国家的教育特点时，必须既要考虑外部因素，又考虑内部因素"[②]；汉斯更是从自然因素、宗教因素和世俗因素对影响教育的因素进行了系统全面的理论研究，也使历史主义比较教育学的因素分析研究法发展到巅峰。

（六）历史主义比较教育学的影响

历史主义的比较教育学在整个比较教育史上是对比较教育学发展的一次质的飞跃，它在比较教育学的学科发展史上，对其目的和方法的发展都产生了重大的影响。

首先，历史主义比较教育学使比较教育的研究目的有所转向。在历史主义比较教育产生之前，比较教育学确切地说其目的是非常简单的。除学科的开创者朱利安在理论上描述了普世主义的比较教育目的以外，其他的诸如库森、贺拉斯·曼以及巴纳德等人，其研究比较教育的目的就是要借鉴和移植外国教育的先进经验。而在后来的历史主义比较教育研究上，其目的就不再仅仅是简单的借鉴和移植。他们都主张在借鉴和移植的时候要考虑到各国在建立教育制度时所受本国的历史和民族传统等影响的各因素，并强调要对各因素进行系统分析。在历史主义比较教育学的研究中，他们并不主张将别国的先进教育经验或制度简单地移到另一国。这使得原来的简单借鉴的比较教育研究目的转向在分析基础上进行借鉴的研究目的，使比较教育学科发展的自觉性进一步增强，其作为一门学科的地位也进一步得到巩固，并进入一个新的发展阶段。

其次，使比较教育学在其历史上第一次深入系统地研究自己的学科方法。在历史主义比较教育学之前，比较教育的方法从最原始的无意识的比较到旅行家们的简单描述，再到朱利安、库森等最早一代比较教育学家的实地考察、搜集资料，其研究方法总体上还是比较零散的，并且没有人专门对比较教育的研究方法提出过系统的思想观点。只有到历史主义比较教育产生以后，萨德勒提出研究教育要关注"校外的事情"；施耐德比较分析教育时要考虑外部因素和内部因素；康德尔则强调在进行比较教育研究时，要深入分析影响一国教育制度形成与发展的隐藏在其背后的历史原因；汉斯从自然、宗教和世俗三个方面明确提出系统分析影响一国教育制度发展的因素。到此可明显地看出，比较教育发展已更多地在

---

① 姚琳，彭泽平. 比较教育研究中的历史主义范式[J]. 比较教育研究，2010(5)：23－27.

② 赵中建. 比较教育的理论与方法——国外比较教育文选[A]. 北京：人民教育出版社，1994：129.

思考研究时的方法问题,而且逐步走向研究方法的系统化和理论化。这使比较教育作为一门学科开始有了方法论上的思考,也使得它开始具有作为一门学科而存在的更具说服力的理由。“因为他们不仅建立了比较教育方法论,同时还为比较教育学科创设了一个自觉发展的开端。”①

正是历史主义比较教育学对其研究方法的关注和思考,才使比较教育研究在接下来的一段时间内都在对其学科的研究方法进行争鸣和探讨,并带来比较教育学科的繁荣与发展。其中以贝雷迪、诺亚和埃克斯坦为主要代表的结构功能主义的研究方法对历史主义研究方法进行过诘难,以及后来实证主义的研究方法占据主导地位并取代历史主义研究方法。② 这一系列的事实都足以说明历史主义比较教育学对其发展尤其是在系统思考学科研究方法上的发展所产生的巨大影响。

二、比较教育学的实证主义传统

实证主义比较教育学在比较教育的学科发展当中,主要是将实证主义社会学的研究方法应用于比较教育的分析研究。从比较教育学的始祖朱利安开始,比较教育就与实证主义有千丝万缕的联系。但在学科发展的早期阶段,实证分析的方法并没有得到比较教育界的广泛认可。只是到了 20 世纪 60 年代,才发展成为当时比较教育研究方法的主流并取代了因素分析研究范式的主导地位。

(一)实证主义比较教育学的形成

作为实证主义者的利特瑞认为实证主义是奥古斯特·孔德所创立的,是指源于实证科学的一种哲学体系,并用以与形而上哲学相对立。其出发点是实证科学,而构成实证科学的概念核心则是观察和假说。③ 因此,实证主义(positivism)被认为是强调感觉经验、排斥形而上学传统的西方哲学派别,是自古希腊以来的西方哲学中的重要传统。实证主义作为一种哲学思潮,萌芽于 17 世纪的欧洲,18 世纪后逐渐形成所谓唯理论与经验论之间表面对立的背后,隐藏着一种深刻的一致,即对关于世界的偶然知识与关于永恒之物的必然知识的严格区分。④ 从 19 世纪 30 年代到 70 年代末是其发展的奠基阶段,主要以孔德、斯宾塞为创始人,经古典社会学代表人物涂尔干发展之后日渐成熟。实证主义又分为科学实证主义和逻辑实证主义。实证主义的产生不仅对哲学而且对整个社会科学均发生了深刻影响,尤其是孔德所创立的实证主义社会学,在其后的一个半世纪里是西方社会学的主流。实证主义将哲学的任务归结为现象研究,以现象论观点为出发点,拒绝通过理性把握感觉材料,认为通过对现象的归纳就可以得到科学定律。它把处理哲学与科学的关系作为其理论的中心问题,并力图将哲学溶解于科学之中。

在比较教育学的发展史上,实证主义的倾向由来已久。在朱利安的《关于比较教育的研究计划与初步意见》中,他深受以经验主义为基础的实证思想尤其是启蒙思想的影响,认

---

① 赵明玉. 比较教育中的“历史—因素分析法”[J]. 外国教育研究, 2007(8):12 - 16.

② 姚琳,彭泽平. 比较教育研究中的历史主义范式[J]. 比较教育研究,2010(5):23 - 27.

③ [法]昂惹勒·克勒默 - 马里埃迪. 实证主义[M]. 管震湖译. 北京:商务印书馆,2001:4 - 5.

④ 江怡. 什么是实证主义:对它的一种史前史考察[J]. 云南大学学报(社会科学版),2003(5):58 - 63.

为“任何一门科学，任何一种艺术，都是由事实和观察组成的，教育也不例外”①。他强调比较教育研究要建立在事实与观察的基础上，倡导应用自然科学的观察法、比较法等。因此，实证的研究方法被用于教育研究，从而使教育成为近乎实证性的科学。尽管他的思想在当时并没有受到人们尤其是比较教育研究者们的普遍关注，但其倡导的比较教育研究方法体现着实证主义精神，实为比较教育研究中实证主义范式的发端。

可这种实证分析的研究范式在比较教育作为一门学科而发展的早期并没有得以广泛应用。相反，历史主义的研究范式却一直成了比较教育研究的主流。唯有到19世纪中叶，在实证社会学所倡导的以自然科学研究为取向，侧重精确的量化资料，应用调查的技术、实验的方法和统计的分析等研究方法的影响下，使得比较教育学者从重视教育因素分析转向以一个客观者的身份对教育的各部分进行科学研究；以及在结构功能主义的推动下和在经验主义方法论盛行的基础上，使得原有的历史主义研究范式受到极大的挑战，并不断暴露出分析和研究的缺陷。在这种情况下，实验教育学的问世，更直接促成了实证主义比较教育学的诞生。② 在比较教育研究中，受实证主义社会学研究方法的影响，以贝雷迪、安德森、胡森、诺亚和埃克斯坦为主要代表，希望通过跨国的研究找出教育内部各要素之间的关系以及教育与社会及其他子系统之间的关系，并主张采用自然科学研究的如描述法、统计法等方法，进一步通过严密的资料收集、周密的数学分析与严格的科学实验，以建立一种可反复检验的教育科学理论。③ 其中，贝雷迪在其著作《教育中的比较法》（Comparative Methods in Education）中提出了“比较四步法”，系统、详尽地提出具有科学实证主义思想方法论；④ 诺亚和埃克斯坦的“假设验证法”直接将一般社会科学研究的基本步骤应用于比较教育研究。他们的研究，促使比较教育研究方法论从历史人文主义的方法论转向具有明显实证主义倾向的科学方法论。

（二）贝雷迪对比较教育学的贡献

乔治·贝雷迪（George Z·F·Bereday，1920—1983）是美国比较教育家，在牛津大学和伦敦大学先后获历史学文学学士、硕士学位和社会学理学学士学位，于1953年在美国哈佛大学获教育学博士学位，后任哥伦比亚大学师范学院教授，主要从事比较教育研究，先后担任过美国《比较教育评论》（*Comparative Education Review*）和《哥伦比亚比较教育研究》（*Columbia Comparative Education Study*）杂志的主编。他在其著作《教育中的比较法》（*Comparative Methods in Education*）中论述了比较教育的理论和方法，他的方法体现的是实证主义哲学家穆勒的归纳法则，因此被认为是运用归纳法进行比较教育研究的实证主义比较教育学家的代表。⑤

1. 强调比较在比较教育研究中的应用

在贝雷迪看来，那种强调通过哲学、历史、文化的方法所开展的以描述、分析和预测为

---

① 赵中建．比较教育的理论与方法——国外比较教育文选[A]．北京：人民教育出版社，1994：101.

② 陈时见，梁燕玲．实证分析范式的产生及其对比较教育[J]．外国教育研究，2009(4)：21－25.

③ 陈时见，徐辉．比较教育导论[M]．北京：商务印书馆，2007：182.

④ 梁荣华，孙启林．对历史人文主义的扬弃和对科学实证主义的追寻[J]．东北师大学报(哲学社会科学版)，2010(1)：157－162.

⑤ 祝怀新．霍姆斯比较教育思想研究[M]．广州：广东教育出版社，2007：6.

主的比较教育方法论框架并不清楚，因而也不科学，不能成为支撑比较教育作为一门独立学科的方法论基础。因此，在贝雷迪看来，“历史－因素分析”并未拥有完备的比较教育方法论，他由此主张必须探索拥有具体研究范围和程序的科学的比较教育方法论。

同时，他认为历史人文主义的比较教育方法论实际上并没有凸显“比较”的特征，只停留在外国教育研究的层面。按他对比较教育系统研究的区分，对外国教育制度的描述和因素分析并未进入比较研究阶段，最多处于比较研究的准备和基础阶段，即区域研究阶段。尽管他本人也认同区域研究对比较教育学的重要性，并认为区域研究在比较教育研究中不仅合理而且不可缺少或绝对必要，但他仍坚持不进入比较研究就不是完整的比较教育研究的观点。①

2. 拓展比较教育研究的目的

关于比较教育的目的，贝雷迪主要从人类知识本身的角度加以考虑。在他看来，比较教育的首要目的是人们处于智力上的需要，人们研究外国教育制度，是因为他们想了解，这种源于自身追求知识的目的是比较教育立于学术之林的唯一理由。② 他认为“比较教育的主要存在理由是其知识特性。我们研究外国教育制度只是因为我们想获得知识，因为人类总是追求知识……获取知识，是比较教育证明自己有权与其他学术领域共存的唯一理由”③。当然，他也承认，人们研究外国教育制度不仅是因为其好奇心，而且还可以通过研究外国教育制度促进国际教育交流，进而更好地了解自己。

3. 划分比较教育研究的发展阶段

贝雷迪将比较教育方法发展的历史分为三个阶段。第一阶段是从朱利安发表《关于比较教育的研究计划与初步意见》开始，涵盖整个 19 世纪。该时期的方法可以概括为“借鉴”，即通过对外国教育制度的研究与考察，将其从一国移入另一国，从而促进本国教育的改革与发展。第二阶段是 20 世纪上半叶的 50 年，贝雷迪将该时期概括为“预备”阶段。该阶段基于萨德勒、康德尔等人对“校外事情”的关注，开展比较研究的目的主要不是“借鉴”或“拿来”，而是要考察具有相似影响因素的教育制度是否可以在另一国取得成功，因此具有“预测”和“准备”的目的。由于人们开始对影响教育制度的因素予以特别关注，从而引起比较教育方法论的思考，最终导致比较教育研究第三阶段——“分析”阶段的出现。这种方法要求在试图进行预测和可能借鉴之前，比较教育领域必须系统化，以便揭示国家教育实际的全貌。④

4. 提出比较研究的具体步骤

贝雷迪把比较教育研究的步骤分为四步，因而也被称为“比较四步法”。主要包括描述（description）、解释（interpretation）、并置（juxtaposition）和比较（comparison）四个阶段，其中描述和解释属于区域研究（area studies），并置和比较属于比较研究（comparative studies）。

第一步是描述各国教育制度和教育实践。因此必须收集广泛的资料，了解各国教育实

---

① 梁荣华，孙启林. 对历史人文主义的扬弃和对科学实证主义的追寻——贝雷迪的比较教育方法论特性论析［J］. 东北师大学报（哲学社会科学版），2010（1）：157－162.

② 陈时见，徐辉. 比较教育导论［M］. 北京：商务印书馆，2007：264.

③ ［西班牙］何塞・加里多. 比较教育概论［M］. 万秀兰译. 北京：人民教育出版社，2001. 77.

④ ［澳］菲利普・E・琼斯. 比较教育——目的与方法［M］. 王晓明译. 北京：春秋出版社，1989：72.

际状况。可用的方法有收集各种文献资料和实地观察或访问,其中后者最为重要。然后在描述的基础上作出解释,并运用社会学、心理学、文学、经济学、人口学、统计学以及宗教等有关学科的研究成果对第一阶段所收集资料展示出的教育现象作分析,以揭示影响这些教育现象的各种因素及其关系。并置是按可以比较的形式将要研究的有关国家的材料排列起来,并将其系统化,以此决定比较的格局,设立比较的标准,在进一步分析资料的基础上提出比较分析的假说。比较是比较研究的最后一步,主要任务是对所有比较对象国同时进行全面的比较研究,并在此基础上验证并置阶段提出的假说,然后得出结论。

总之,贝雷迪提出比较教育研究的具体程序和方法,使比较研究的步骤和方法更加具体化,在具体操作上也与早期历史人文主义学者的宏观定性分析不同,他更重视微观定量分析的使用,并与定性分析相结合。同时,他将假说验证引入比较教育研究,标志着比较教育研究方法论开始走向科学实证主义。正是因为其著名的"比较四步法",使他成为第一位系统、详尽地关注比较教育方法论问题的学者。①

(三)诺亚和埃克斯坦对比较教育学的贡献

诺亚(Harold J. Noah,1925—)是美国现代比较教育学家,在纽约哥伦比亚大学获哲学博士学位,曾任伦敦亨利·瑟顿学校校长助理和经济学讲师、美国哥伦比亚大学经济学和教育学助理教授、教授和师范学院院长以及纽约州立大学布法罗分校教育学教授。他与埃克斯坦(M. A. Eckstein)在伦敦国王学院(King's College)攻读硕士学位期间曾在著名比较教育家汉斯的带领下从事系统的比较教育研究,后在美国哥伦比亚大学著名比较教育学者贝雷迪的指导下开展比较教育方法论研究,合作出版著作《比较教育科学的探索》(*Toward a Science of Comparative Education*)。他们在比较教育研究中的主要贡献是引入实证主义研究方法,其主要观点就包含在《比较教育科学的探索》当中。

1.提出比较教育的功能理论

作为贝雷迪的学生,因而深受其学术影响。他们在其应用性理念的基础上形成了较为完整的比较教育功能理论。在他们看来,比较教育可以使我们更深刻地理解教育和社会,能够为政策制定者和管理者提供决策依据,并能成为教育研究者们最有价值的研究内容。以此为出发点,他们提出比较教育具有四个方面的功能。一是教育信息的普及功能,即比较教育研究者通过对国外教育的研究,可以获得比普通国民更多的教育信息,并通过信息的普及可以使国民了解国外社会状况和教育情况;二是教育认识的标准功能,即比较教育学在进行教育信息知识的普及之后,还要为国民提供一种衡量教育改革成败、分析教育制度优劣的认识标准,它可以有效地促使人们不断纠正已存在或即将发生的错误,从而达到对国外教育的科学理解;三是教育规划的决策功能,即通过比较教育研究,不仅可以对别国教育的发展进行精确的描述,而且还可以使人们对别国教育制度和本国教育制度之间的异同有所了解,并找出共同存在的问题、寻求共同的解决办法和成功经验,从而促使政策和决策的制定;四是教育规律的推导功能,即通过比较教育的探索和研究,从教育的特殊或个别

① 梁荣华,孙启林.对历史人文主义的扬弃和对科学实证主义的追寻——贝雷迪的比较教育方法论特性论析[J].东北师大学报(哲学社会科学版),2010(1):157-162.

的现象中推导出教育发展的普遍规律，最终找到适合本国教育发展的方法和途径。①

2. 提出科学与定量的社会研究方法

在《比较教育科学的探索》中，诺亚和埃克斯坦对社会研究的科学方法进行了探讨。主张科学方法是能提供前后一致的客观方法，具有解决带有偏见、有倾向性甚至任性与固执之问题的优点。并认为科学方法的主要特点就在于特有的科学态度和研究策略。在此基础上，他们提出社会科学研究一般应经历四个步骤。首先，提出假说。在他们看来，假说是对自然现象彼此间相互联系的一种推论，它阐明一组现象是另一组现象的函数关系。其次是数量测定。他们认为研究者在提出假说的过程中往往容易受偏见的影响，因此客观存在的数据具有不偏不倚的特性，从而用以处理数据、验证现象间关系的量化方法就可保证这种客观性。虽然他们也认识到量化的方法在应用时也存在一些局限性，但在定性比较中，这种方法可以增强描述和解释的精确性和客观性。再者是参照研究。在他们看来，社会科学研究因实验对象、周期以及不能重复的原因而不可能像自然科学研究那样用对照实验法就能验证假说，而克服这一问题的办法就是参照研究。最后是理论分析。在他们看来，为了避免假说提出的随意性，有必要把假说建立在一定的理论基础之上。而理论的形成则有赖于一组互为关联的假说，理论的发展又要求对新的假说进行检验。因此，在理论形成的过程中，演绎和归纳推理都有很大的作用。②

3. 提出比较教育研究的基本步骤

诺亚和埃克斯坦不同于贝雷迪，他们更重视比较研究的可操作技术，③并认为人们把注意力从对各种教育制度的关注转向对各种具体的问题解决，就标志着比较教育研究开始了一个重要的新阶段。在他们看来，比较教育的解释方式由一系列演化的过程和程序构成，并由此提出比较教育学研究的基本步骤是确定问题、建立假说、明确概念和确定指标、选择例证、收集资料、处理资料和检验假说或解释结果。他们在《比较教育的科学探索》中提出了颇具新意的比较教育研究方法，极力主张在比较教育研究领域引进实证主义社会科学的一般程序，不仅使比较教育学研究有相对严格的研究程序，而且使比较教育学研究方法论朝定量化方向迈出巨大的一步。

(四) 霍姆斯对比较教育学的贡献

布莱恩·霍姆斯(Brian Holmes，1920－1993)是当代英国著名比较教育学家，1941 年获伦敦大学大学学院(University College)理学学士学位，1953 年在该院开始攻读博士学位，后以比较教育方法论为主题完成博士论文，并在该院长期担任《世界教育年鉴》(*Word Year Book of Education*)的编辑工作，在 1975 至 1985 年间任比较教育教授，曾任美国、加拿大和日本多所大学的访问教授，也曾是联合国教科文组织、经合组织、日内瓦国际教育研究所等多个国际组织的顾问。他关于比较教育的著作主要有《教育问题：一种比较的方法》(*Problems in Education：A Comparative Approach*)，《教育的比较方法》(*A Comparative Approach to Education*)和《比较教育：对方法的思考》(*Comparative Education：Some Consideration of Method*)。

---

① 钱玲. 诺亚和埃克斯坦比较教育功能理论述评[J]. 比较教育研究，2009(8)：17－21.

② 陈时见，徐辉. 比较教育导论[M]. 北京：商务印书馆，2007：273－274.

③ 曹雪芹. 诺亚与埃克斯坦比较教育方法论述评[J]. 教育导刊(上旬刊)，2010(11)：11，15.

虽然霍姆斯的方法论研究开始于对实证主义观点的批判，尤其是批判实证主义忽视“情境”，并接受证伪主义的观点，也试图将其与现象学和本土方法论相结合，因而有人认为他是相对主义者。但他对现象学和本土方法论观点的批判又无疑是站在实证主义的立场上，因此也常常被人贴上实证主义的标签。[①] 基于他根据波普尔(Sir Karl Raimund Popper, 1902—1994)“证伪”的哲学思想，在比较教育研究中提出的“假设 - 演绎”法、问题研究程序和资料处理方法，我们认为他是介于历史人文主义与实证主义之间，且仍然具有明显的科学实证主义倾向。因此，这里把他放在实证主义的范畴内加以介绍。

1. 提出“假设 - 演绎”的研究法

霍姆斯认为贝雷迪及其之前的康德尔、施耐德和汉斯等人都基本是基于对“总体分析”的认识为前提，因而采取了类似穆勒实证主义哲学的假设归纳法。他对这种方法进行了批判，认为我们并不能从经验事实中归纳出普遍有效的原理或规律，并声称归纳主义那种认定过去发生的在未来还将发生、自然的一致性普遍原则是有效的观点其实无法站稳脚跟。在他看来，基于归纳的比较教育研究目的无非是要发现事件的客观原因，但过于强调普遍法则而忽略了具体的环境。同时，他对贝雷迪所主张的在观察、收集和整理客观教育事实的基础上进行的假设验证进行了批判，认为假设应当先于观察等行为，这样有助于研究者选择资料并操作这些假设。他由此主张科学理论来自于科学家的灵感和猜测，并提出“理论先于观察”的著名命题。[②]

基于以上主张，霍姆斯在比较教育研究中倡导“假设 - 演绎”法，并认为这一方法的某些特征在比较教育研究中极为贴切。首先，这种方法的起点是假设，它的建构并非基于对资料的系统收集，而是基于直觉的灵感或猜测，它具有非逻辑性，应用在比较教育研究中就是问题的识别与提出。其次，这种方法要求在假设中演绎出未来事件，即面向未来的预测，也就是演绎出某一教育问题的解决方法或教育政策可能产生的未来效果。最后，这种方法特别强调教育政策建构、采纳和实施的国家背景特征。因为教育不同于自然科学，可以通过实验以检验假设，因此，掌握某国的背景特征对于预测某国教育政策的结果就非常必要。[③]

2. 提出比较教育的问题研究程序

在比较教育的问题研究程序方面，霍姆斯接受了杜威(John Dewey, 1859—1952)“反省思维五步法”的思想，他提出在比较教育研究中应采用问题法，并将其操作简化为问题分析、政策制定、在特定背景中识别、描述和计量相关因素、对政策的结果作出预言或预测。

(1)问题的选择与分析。其中，问题的选择是关键，不能选择问题就不能解决问题，问题选得不够恰当也不能解决问题。在他看来，比较教育学家们总是面临这样或那样的教育问题，选择什么样的问题进行研究就构成了比较教育研究的基础。他虽然认为历史的观点对问题的选择具有意义，因为大多数现代的问题根植于过去，对历史证据的实际运用可启示当今问题，但他不相信历史证据能决定当前的事实，因此他强调应当考察当前世界中纷

---

① 薛理银. 当代比较教育方法论研究——作为国际教育交流论坛的比较教育[M]. 北京：首都师范大学出版社，2001：127 - 131.

② 祝怀新. 霍姆斯比较教育思想研究[M]. 广州：广东教育出版社，2007：30 - 33.

③ 祝怀新. 霍姆斯比较教育思想研究[M]. 广州：广东教育出版社，2007：35.

繁复杂的变化，进而分析这些变化带来的问题，并由此将“前程爆炸”（explosion of expectations）、“人口爆炸”（explosion of population）和“知识爆炸”（explosion of knowledge）作为问题分析研究的起点。

（2）提出假设或政策建议。在霍姆斯看来，比较教育研究中解决问题的假设就是尝试提出教育的政策建议。他强调通过对“三个爆炸”的研究将所面临的问题理智化，从而有依据地提出明确的解决方法——教育的新政策。因此，比较教育学家应针对各国教育问题的理智化，明确教育政策的可选择范围，并在分析过程中不断改进而提出更为现实的解决办法。

（3）识别相关因素。在政策建议提出来之后，应该考虑其可能产生的结果，因此有必要了解政策应用的特定环境。这样，识别所有影响政策结果的因素就变得至关重要。这就要求不仅要详尽分析教育结构本身，还要识别它的政治、经济以及阶级结构等基础的特定特征；一方面要详尽地描述、分析教育制度及其相关的政治、经济、文化和社会背景；另一方面，筛选出与具体问题紧密相关的相关因素；再一方面，严肃评判这些因素。同时，他还由此设计了识别相关因素的“理智框架”，即规范模式（normative pattern）、制度模式（institutional pattern）、自然模式（physical pattern）和精神状态模式（pattern of mental state）相结合的理智框架，以此促使比较教育研究者筛选、鉴别与具体问题紧密相关的因素，排除多余因素，从而便于控制和重复操作预测教育政策结果的有关程序和方法。

（4）预测。在他看来，比较教育研究者的目的无非是为改革和发展教育提供可行的政策建议。因此，比较教育问题研究的最后环节就是预测而非描述。所以，仅仅是对一国的教育进行一般或详尽的描述都是不够的，对一国教育现状作原因分析与解释也不够充分。霍姆斯认为，教育的比较研究，应该在假设中拟出某种方法对解决问题可能产生的最佳效果，从而为一国或地区解决具体的教育问题提出合理的解决办法或作出切合实际的预言。①

3. 提出比较教育资料分类方法系统

在比较教育资料的分类方面，霍姆斯曾受之前许多比较教育学家的影响。如早期的朱利安、库森的资料收集与分类，后来的汉斯以及诺亚和埃克斯坦关于比较教育资料收集的方法都曾影响到霍姆斯关于比较教育资料的分类方法系统的建立。他认为这些人的资料分类法有一定意义，但又都是基于自身比较教育观而设想出的方法，因主观的成分较多而难以立脚。

与这些前辈们不同，霍姆斯把资料收集与分类的方法系统建立在哲学认识论基础之上。他基于波普尔的批判二元论以及有关自然环境的资料，立足于波普尔“三个世界”的理论，以此建立自己的一般资料分类方法系统，并探讨了一般分类学的特征及其操作中应考虑的标准。就一般分类学的特征而言，霍姆斯认为比较教育资料分类方法具有综合性、灵活性、普遍性、跨学科性、描述性和解释性研究相结合的特征。而具体操作比较教育资料分类方法时，应考虑目的性、可比性和公开性的标准。②

总的来说，霍姆斯的问题法为比较教育研究提出了新的方法论视角，其中蕴涵诸多现实指导意义，并引起了比较教育界的极大关注，为人们对比较教育研究方法论的讨论提供

---

① 祝怀新. 霍姆斯比较教育思想研究[M]. 广州：广东教育出版社，2007：84－98.

② 祝怀新. 霍姆斯比较教育思想研究[M]. 广州：广东教育出版社，2007：107－135.

了一个平台。[1] 同时,霍姆斯又倾向于将现象学与实证主义进行整合,他从实证主义角度出发,以现象学为辅,其观点介于归纳观点和现象学、本土方法论观点之间,在建构理论时试图超越实证主义与现象学的困境,[2]这反映了他试图将科学主义与历史人文主义研究方法加以整合的思想倾向,尤其是他关于比较教育问题研究的步骤,使比较教育研究可以重复操作,比较教育研究因此具有更加科学化的特征。这也是我们将其纳入实证主义范畴加以介绍的主要原因。

(五)实证主义比较教育学的特点

与历史主义比较教育学的因素分析法注重对影响教育制度的各因素进行仔细的分析相比,实证主义的研究范式更强调研究者对研究对象进行客观的研究,因而具有明显的科学主义特征。

1. 坚持"价值无涉"的研究思路

实证主义的基本假设是:知识和价值无涉,客观而非意识形态,而且知识独立于研究者之外。并且,实证主义主张客观事实独立于认识主体之外,因而研究者应该保持价值中立,以保证通过经验的手段获得客观的资料和认识。以此为基础,实证主义比较教育研究强调在研究中坚持"价值无涉",并认为教育现象和规律是客观存在而不受主观价值因素影响的。在其研究者们看来,教育像其他社会科学一样与自然科学具有同样的研究逻辑,其关注点是普遍而确证的规律或原则。教育的研究平行自然科学的研究,自然科学研究的方法可以应用于教育科学的研究。因此,比较教育学家们的任务在于以客观的、价值无涉的参照系统来描述和分析不同国家的教育制度、过程或状况,通过跨国的教育研究以确定教育内部各要素之间以及教育与社会其他子系统之间的关系,从而发现具有一般普遍性的规律或法则。

2. 强调科学、明确的研究程序

比较教育学从实证主义开始逐渐走向科学化的发展阶段,原因在于其开展研究时所应用的方法。在实证主义看来,因研究对象具有客观性,故可以割裂和度量。因而在研究方法上采用"假说 - 演绎"法,即在研究开始时便形成一定的假说,进而界定有关的变量并假设它们具有因果关系,然后通过某些观测工具考察这些变量,最后验证预定的假设。

而教育的研究也正如自然科学的研究一样,也可以采取一定的程序和方法来进行度量,适合用分析、经验、量化的观察等数学工具来进行研究。安德森所倡导、国际教育成就评定协会(IEA)所开展的教育成就评价研究就是基于靠得住的社会研究技术(实证主义的研究技术)对数据的处理而开展的研究。而诺亚和埃克斯坦则将实证主义比较教育的研究程序更加具体和明确化。他们在其著作《比较教育的科学探索》中提出比较教育学的基本研究步骤包括确定问题、建立假设、概念的操作化和指标的确定、选择个案、收集资料、处理数据以及检验假设和解释结果。

3. 注重关系的研究

在实证主义比较教育之前的历史主义因素分析法只关注对影响教育制度各因素的系

---

① 孔锴. 试论霍姆斯的比较教育研究方法论——问题法[J]. 外国教育研究,2007(3):15 - 20.

② 钟亚妮. 霍姆斯与埃德蒙·金比较教育理论的哲学基础之比较[J]. 外国教育研究,2004(12):8 - 13.

统和全面的分析，但未考虑教育内部各要素之间的关系以及教育与其外部各因素之间的关系。这在实证主义比较教育中得到了纠正和发展。

实证主义认为其研究的最终任务在于确立因果关系并作出解释。安德森认为教育和社会之间关系的研究与教育内部因素的研究两者之间可以互补，且不可替代。并认为在比较教育向纵深发展的过程中需要加强对教育系统内各方面的关系、教育系统的分类学科体系以及各种教育特征和相关的非教育特征之间的关系进行研究。① 由此，比较教育的研究开始关注教育内部各要素之间的关系和教育与社会其他要素之间的关系，使比较教育研究从单一的因素关注发展进入了对关系的研究。

（六）实证主义比较教育学的影响

实证主义比较教育学是自朱利安将教育视为一门科学以来，第一次印证了朱利安所言的"比较教育的研究也必然能为教育的完善而成为科学"②。从实证主义的比较教育研究开始，其研究方法也更多采用自然科学的研究方法，使比较教育学科逐渐向科学化和程式化方向发展。

实证主义的比较教育学者们将客观、价值无涉的实证主义理论作为方法论基础，使比较教育研究超越了之前的以历史因素分析为主的纯思辨的方法论，并对比较教育实证主义方法论体系的构建起了重要作用。③ 同时，实证主义比较教育促进了比较教育学科的研究从关注单一因素分析研究向重视教育内部特征以及教育与社会非教育特征之间的关系研究转变，使比较教育学科的发展得到了进一步的提升。

实证主义比较教育学试图将教育作为一门"科学"来研究，并希望将严密的实证主义方法论用于比较教育研究。于是，实证主义方法的分析范式在比较教育研究中受到广泛的重视，在整个 20 世纪 60 年代，西方比较教育界几乎全盘接受实证分析的研究范式，这对比较教育学科的发展产生了巨大影响。④ 从此，比较教育学科发展的因素分析占主流的时代被实证主义分析范式所取代。在这一时期，比较教育领域的争论都是关于方法的争论，而这些争论都归结为应用更为严密的"科学方法"于比较教育研究，从而使比较教育成为依赖统计技术而高度量化的研究领域。⑤

第四节 比较教育学的现代变革

二次世界大战以后，尤其是 20 世纪 60、70 年代，世界政治、经济和科技等领域都发生了前所未有的变化，各学科的发展呈现出蓬勃的态势，各种新理论和新方法不断涌现，各种

① 薛理银. 当代比较教育方法论研究——作为国际教育交流论坛的比较教育[M]. 北京：首都师范大学出版社，2001：111－112.

② 赵中建. 比较教育的理论与方法——国外比较教育文选[A]. 北京：人民教育出版社，1994：101.

③ 赵明玉，李雅君. 徘徊于人文主义与实证主义之间——比较教育方法论的发展轨迹探析[J]. 外国教育研究，2006(9)：21－25.

④ 陈时见，梁燕玲. 实证分析范式的产生及其对比较教育[J]. 外国教育研究，2009(4)：21－25.

⑤ 王承绪. 比较教育学史[M]. 北京：人民教育出版社，1999：139.

新的理论应用于教育研究,进而促使了教育学的分化。而作为教育学分支学科的比较教育学,在结合其他学科理论得以分化发展方面表现尤为突出。

从20世纪50、60年代开始,在比较教育学的方法论研究中出现了各种分析理论和范式,他们从各自的理论观点出发,发展了比较教育新的分析和研究范式。在该时期,已不再有哪种研究范式长期独霸的局面,而是各种研究方法和范式在相互批判与发展中此消彼长,在比较教育发展史上形成了分化多元的百家争鸣局面。其中有安德森引进结构功能主义社会学的理论和方法、诺亚和埃克斯坦引进的受自然科学影响的一般社会科学研究方法、埃德蒙·金倡导的"现象学"取向以及霍尔姆斯的"实用主义"范式,[①]还有新马克思主义、系统功能主义、多元文化主义以及普遍主义和世界体系论等理论和分析研究范式也在该时期对比较教育的研究有重要的影响。

一、结构功能主义比较教育学

结构功能主义比较教育学是在批判历史主义因素分析比较教育学的基础上形成并发展起来的,它对比较教育学的进一步发展起到了重要的推动作用。同时为比较教育学从另外的角度去分析和考察各国的教育问题提供了新的思路和研究方法,这是比较教育学科发展史上的又一新阶段。

(一)结构功能主义的形成

结构功能主义(structural functionalism)是第二次世界大战以后在美国崛起的最重要的社会学流派。它以高度抽象的宏观理论的面目出现,被认为是社会学的一般理论,在20世纪50、60年代在美国社会学界一直居于主导地位。其代表人物除美国社会学家、哈佛大学教授塔尔科特·帕森斯外,还有K·戴维斯、M·J·利维、N·J·斯梅尔塞等社会学家。

结构功能主义的起源可追溯到法国社会学家孔德和英国斯宾塞。其中,孔德将社会比作有生命的有机体,它有其自身的演化过程。而斯宾塞则在《社会学原理》一书中详细考察了生命有机体与社会有机体之间的异同。在当时,他的社会有机体学说已经包含了结构功能主义的基本假设,即社会是一个相互依赖的部分组成的系统。同时,斯宾塞第一次提出了结构、功能、分化、同质性和异质性、功能相互依存等概念,而这些概念后来成为帕森斯、默顿结构功能主义的核心范畴。所以,从不严格的意义上可以说,孔德、斯宾塞开创了结构功能主义的先河。后来经法国社会学家杜尔克姆的发展,一方面舍弃了生物学的内容,另一方面接受生物学的功能分析法。[②] 而美国现代社会学家帕森斯的结构功能主义则是在继承杜尔克姆的基础上发展起来的。

结构功能主义认为,任何社会都具有一定的结构,而一定的结构会产生一定的功能;社会是具有一定结构或组织化手段的系统,社会的各组成部分以有序的方式相互关联,并对社会整体发挥着必要的功能;整体是以平衡的状态存在着,任何部分的变化都会趋于新的平衡。

---

① 薛理银.当代比较教育方法论研究——作为国际教育交流论坛的比较教育[M].北京:首都师范大学出版社,2001:163.

② 王翔林.结构功能主义的历史追溯[J].四川大学学报(哲学社会科学版),1993(1):37-42.

(二)结构功能主义比较教育学的特点

在20世纪50年代后期,人们普遍对历史因素分析法产生质疑。认为研究的因素分析法不科学,比较教育迫切需要寻找新的研究方法。如诺亚和埃克斯坦以及卡扎米亚斯等学者就认为,“历史主义者”的研究是“非科学的”,因为他们不能引进因果联系,没有为学校改进提供依据。在这种背景下,经贝雷迪、诺亚和埃克斯坦等人的努力,将实证主义的理论应用于比较教育的分析与研究,并促使比较教育学向科学化方向发展。而将结构功能主义引入比较教育研究的主要是安德森(C · Arnold Anderson)、福斯特(Philip Foster)和亚当斯(Don Adams)①。他们将社会学的理论和观点应用于教育研究,重视研究教育所发挥的各项功能,以便发现支配学校和社会关系的科学规律。在整个20世纪60年代,比较教育研究普遍采用了结构功能主义的研究与分析模式。

结构功能主义区别于历史主义因素分析的研究,它“集中注意由抽象化的社会系统构成的模型,探索实质上并未注明日期和常常没有日期的那些关系”②。因此,结构功能主义注重对教育与社会关系的研究,并与实证主义所倡导的科学方法结合起来,以发展教育的理论。

(1)强调对教育结构及其功能的研究

在安德森关于比较教育研究的两大领域中,教育是作为一个自治的系统而存在的。在这个系统中,教育研究者只关注教育内部的数据,研究的主题主要是教师的教学和学生的学习成绩之间的关系以及课程内容与学生辍学之间的关系等问题。③

结构功能主义主张把教育结构中可控制的可变因素(自变量)分离出来,然后通过控制这一可变因素的变化来考察和分析相应的功能变化情况,并在此基础上建立适当的假说。他们把主要精力用在研究变量上,试图通过对变量的研究,以期找到它们之间的协变关系。在他们看来,比较教育的任务就是使特定的教育现象脱离其背景,以便建立支配学校和社会之关系的科学规律。

(2)重视研究教育与社会之间的结构功能关系

在安德森关于比较教育研究的两大领域中的另一个系统,就是形成教育背景的社会其他子系统。在这个系统中,人们比较关注教育所处的社会情境,注重研究教育与社会之间的关系。在他看来,比较教育不仅要关注教育自身分析,更要关注“社会 - 教育”分析。正如卡扎米亚斯所指出的一样,“广义地说,功能主义探索描述教育系统和其他社会制度之间的相互关系。功能主义假定教育并不自成一类地起作用,因此,教育必须在它的社会背景中进行考察。”④正如安德森所言,“教育和社会之间关系的研究与教育内部因素的研究是互补的、不可替代的。正如其他社会分析一样,比较教育的最终目的是发现因果关系的知

① 王承绪.比较教育学史[M].北京:人民教育出版社,1999:140.

② 王承绪.比较教育学史[M].北京:人民教育出版社,1999:141.

③ 薛理银.当代比较教育方法论研究——作为国际教育交流论坛的比较教育[M].北京:首都师范大学出版社,2001:111.

④ 王承绪.比较教育学史[M].北京:人民教育出版社,1999:140.

识。”①

因此，功能主义比较教育研究的主要任务就是要探索教育系统和其他社会制度之间的相互关系，比较研究各种不同国家的教育制度和社会结构的关系，在跨文化比较研究中概括出能说明不同教育制度是如何与不同社会结构达到相应的构成组合，并且产生相应的运行。以安德森为首的芝加哥比较教育研究中心的主要工作就是研究教育与社会的关系。

(3)重视“比较”技术的应用

在比较教育的研究中，以安德森为主要代表的结构功能主义非常重视社会学中“比较”技术在教育研究中的应用。他在《比较框架中的教育学》中认为，比较技术的熟练运用将给新的研究项目带来更大的精确性以及给研究结果的应用以更大信心。并认为社会学因其精于分析制度性体制(institutional systems)相互关系的优点而具有独特的比较能力。②

他进一步指出，“比较研究涉及跨社会的相关，不管这些社会是代表同一地区的不同的世纪的社会还是空间上不同的社会和亚社会”③。由此可见，这里进行比较的单元既可以是横向的跨文化、跨地区的比较，也可以做纵向的历史比较。而在进行功能分析的过程中，最主要的作用就在于通过比较可以把稳定的和不稳定的关系区别开来。并且，从一个单元中比较分析所得出的关系可以放到另一单元中加以检验。他重视“比较”技术的观点甚至还深刻地影响了爱泼斯坦，以至于使其怀疑现象学观点中是否有“比较”的存在。④

(三)结构功能主义比较教育学的影响

结构功能主义比较教育学在比较教育的发展史上，无疑是重彩的一笔。它对比较教育学科在方法论方面的发展起到了巨大的促进作用。

首先，它使得比较教育研究从历史因素分析只关注其教育的影响因素研究向关注教育与社会之间关系的研究转变。结构功能主义比较教育学主张从结构功能的角度分析、研究和探索世界各国的教育系统和其他社会制度之间的相互关系，比较研究各种不同国家的教育制度和社会结构的关系，试图找到并建立支配学校和社会之关系的科学规律。

其次，结构功能主义的比较教育学使比较教育学科对教育的研究从把教育作为一个被动受社会其他因素影响的方法论转向将教育视为自主系统并能动地与社会其他系统产生关系的方法论。这不仅在比较教育学科处于集中讨论与研究方法论的重要时期正合时宜，而且还发展了新的比较教育学科方法论。

第三，结构功能主义比较教育学将其研究引向只重视学校教育的政治、社会和经济效果，而忽视教育过程和认识结果。⑤这在比较教育的发展史上，将曾经对教育教学过程的研究与经验借鉴的研究经历忘却了，把着眼点完全引向对教育内部结构及功能的研究上，虽

---

① 薛理银．当代比较教育方法论研究——作为国际教育交流论坛的比较教育[M]．北京：首都师范大学出版社，2001：111.

② 杨丽茹．比较教育研究方法论中的结构功能主义：从帕森斯、安德森到卢曼、施瑞尔[J]．外国教育研究，2009(12)：27－32.

③ 薛理银．当代比较教育方法论研究［M］．北京：人民教育出版社，2009：112.

④ 薛理银．当代比较教育方法论研究——作为国际教育交流论坛的比较教育[M]．北京：首都师范大学出版社，2001：111－112.

⑤ 王景．比较教育学中的结构功能主义[J]．现代教育科学，2006(6)：114－115.

然一方面促进了比较教育学科的发展,但另一方面同时又遗失了宝贵的东西。

最后,因为结构功能主义比较教育学的产生和发展,促使了其他研究方法论的产生与发展。在结构功能主义比较教育学产生以后,由于其自身的弱点,同样受到各方面的批评与挑战,从而形成了新的研究方法和分析范式。如新马克思主义就是在批判结构功能主义比较教育的基础上形成发展起来的。

二、新马克思主义比较教育学

新马克思主义作为一股世界性的思潮,在20世纪受到学术界的普遍关注。它为应对世界新的危机和冲突而提出的理论和方法,也深深地影响着比较教育的研究和分析范式。在比较教育发展史上,再一次经历方法论上的发展变革。

(一)新马克思主义的基本观点

新马克思主义(Neo－Marixism),也称为当代马克思主义,是指针对马克思主义及列宁的一些观点尤其是针对苏联共产党的理论和实践进行争议,并在理论上进行论述的一股世界性思潮。虽然它与西方马克思主义有细微的差别,但在发展上早期是以“卢卡奇、科尔施、葛兰西、布洛赫”为主要代表,后来发展为“西方人本主义马克思主义”、“西方科学主义马克思主义”以及“东欧新马克思主义”等[①]。

新马克思主义旨在发展一种新的“马克思主义”,以此与“苏联马克思主义相抗衡”;并将马克思主义解释为19世纪的理论,而将自己定为20世纪“发达工业社会”的理论;它崇尚文化和意识革命而不注重投身于现实斗争;以人为出发点,宣扬抽象的人道主义;希望建立一个无压迫、无奴役、人本身能全面发展的理性社会。[②] 它在20世纪以“非正统”“非党派”“非政治意识形态”的面目出现,并以众多的著述而异军突起。并在20世纪60、70年代对西方国家的学生运动和工潮产生过重要的影响,随后又引起世界学术界的广泛关注。

在学术观点上,新马克思主义主要从非西方社会边缘的角度,代表第三世界国家的利益来解释帝国主义,并认为非西方国家的农民才是革命阶级;强调革命的主观条件,并认为资本主义工业的发展是对人性的压抑。[③]

(二)新马克思主义比较教育学的形成

在实证主义比较教育研究正如日中天的时候,却暴露出其研究中的严重不足。实证主义方法论所推崇的计量法在面对复杂社会现象的时候将变得束手无策,所搜集的数据在可信度方面也一直令人担忧。因而,实证主义的诸多观点遭到新的挑战。而结构功能主义的比较教育研究也因其研究的重点在于说明结构与功能之间的关系,对教育内部所发生的事情缺乏足够的解释力,且只关注静态社会中的和谐状态的整合,忽视社会冲突的一面而倍受批评。

到20世纪70年代,比较教育学家菲利普·阿尔特巴赫(Philip altbach)、盖尔·凯利(Gail Kelly)、马丁·卡诺伊(Martin Carnoy)、亨利·莱文(Henry Levin)和罗伯特·阿诺夫

① 衣俊卿.20世纪的新马克思主义[M].北京:中央编译出版社,2001:20.

② 李忠尚.“新马克思主义”析要[M].北京:中国人民大学出版社,1987:1－6.

③ 陈时见,徐辉.比较教育导论[M].北京:商务印书馆,2007:188－189.

(Robert Arnove)将新马克思主义的理论和方法应用于比较教育研究,[①]从而形成了新马克思主义的比较教育学。到70年代以后,新马克思主义比较教育研究逐渐取代了实证主义及功能主义在比较教育研究中的主导地位。其间没有固定的研究组织或团体,但有多种不同的理论派别,其中以依附论和世界体系分析的比较教育研究为主。

(三)新马克思主义比较教育学的特点

新马克思主义的比较教育学主要从新马克思主义理论的"依附论"和"世界体系分析"理论中借鉴相应的概念、理论和方法,以形成对教育研究的理论和方法。因而具有明显的新马克思主义特征。

(1)强调外部因素对教育发展的影响

在比较教育研究中,卡诺伊在《作为文化帝国主义的教育》中把发展中国家的教育看做是本国精英阶层与中心国资产阶级利益的反映,是中心国文化帝国主义的结果。他因此强调外部力量对教育发展的影响,并将教育纳入世界政治经济体系进行分析。[②] 阿诺夫和阿尔特巴赫也都论证了一个国家的教育制度与其说受本国因素的影响,还不如说更经常受本国以外的因素的影响。[③]

(2)提出批判借鉴的主张

新马克思主义的比较教育研究从其相关的理论观点出发,将目光投向普遍存在的二元对立。在教育研究上,关注弱势国家的教育。同时,在比较教育研究中借助"依附论"关于"发达"与"不发达"、"中心"与"外围"、"殖民主义"与"新殖民主义"以及"文化帝国主义"与"文化异化"等核心概念,对发展中国家的教育依附现象进行研究,并指出全盘的借鉴和照搬发达国家的教育体制、思想以及具体的教学策略无法解决本国的教育问题,因而在借鉴的时候必须是有批判地借鉴,必须在结合本国实际情况的基础上接受国际的教育援助和开展教育的国际合作。

(3)用全球的视野去看待世界范围内的教育发展与变革

从世界体系分析出发,比较教育的研究从全球的角度对特定国家的教育现象或问题进行考察、分析和解释;进而重视现存世界体系中相关国家在教育交流与影响上的结构与关系,从而对发展中国家教育发展与变革存在依附做出合理的解释。同时,从平等交流与合作的角度,分析和研究世界各国在教育合作与交流中的相互关系和影响。[④]

(四)新马克思主义比较教育学的影响

新马克思主义比较教育学在比较教育发展的多元化时期,对比较教育方法论的多样化发展无疑有促进作用。而且,它从新马克思主义的相关理论出发,从独特的视角,丰富和发展了比较教育的方法论,也使比较教育学科的发展在研究范围与方法上又前进了一步。

首先,使比较教育真正从全球的角度去分析和研究教育。不管是从卡诺伊的依附论比较教育出发还是从阿诺夫的世界体系分析理论出发,比较教育的研究开始真正关注影响教

---

① 冯增俊,陈时见,项贤明.当代比较教育学[M].北京:人民教育出版社,2008:59.
② 陈时见,徐辉.比较教育导论[M].商务印书馆,2007:190.
③ 顾明远,薛理银.比较教育导论——教育与国家发展[M].北京:人民教育出版社,1998:167.
④ 冯增俊,陈时见,项贤明.当代比较教育学[M].北京:人民教育出版社,2008:62.

育发展的外部力量，并将其纳入世界的政治经济体系加以分析，从全球的角度去看待和分析世界教育的发展与变革，从国际的维度去分析教育问题。这不仅是教育的其他学科所不具有的特征，也是对比较教育发展的一大促进。[①] 同时，使比较教育研究的深度和广度得以加强与拓展，也使比较教育学科的发展具有新的生机和活力。

其次，使比较教育研究开始关注非发达国家的教育。在比较教育发展历史的很长一段时间里，其研究和关注的重点总是发达国家的教育。而对于发展中国家或不发达国家教育问题的分析和研究则少有人问津。而新马克思主义比较教育研究则根据其“非主流”和“非正统”的思路，在进行教育研究中注重对教育中不公平现象的关注，注重研究发展中国家教育之所以不进步和发展的根源，进而从正统理论之外分析社会冲突和教育矛盾。这对于促进比较教育研究范围的拓展和研究单元的多元化发展具有开创性作用。

三、系统功能主义比较教育学

系统功能主义的比较教育学“是比较教育学科从多元化发展阶段向整合重构阶段过渡进程中形成的一种理论分析框架”[②]。这在比较教育发展史上是另一个新阶段的开始，意味着比较教育学科将面临新的学科定位与发展的问题。因此，系统功能主义的比较教育学也代表其发展上的一个重要阶段。

（一）系统功能主义的基本观点

系统功能主义是德国当代最为重要的社会学家、社会学系统论的奠基人尼古拉斯·卢曼（Niklas Luhmann，1927—1998）在综合帕森斯的系统观和“一般系统论”的基础上提出的社会系统理论，它是一种用系统方法对社会系统与其环境关系进行分析和作出解释的理论，所关注的重点是社会系统与其外部环境之间的生态关系与交流。

该理论认为，任何一种组织本身即为一个社会系统，该社会系统之中又包含许多小社会系统。任何社会系统都具备四项基本功能：[③]适应（adaptation）：当内外环境变动的时候，系统需要具备妥当的准备和相当的弹性，以适应新的变化来减轻紧张、摩擦的不良后果。达成目标（goal - attainment）：所有社会系统皆拥有界定其目标的功能，并会动员所有能力、资料来完成目标。模式维持（pattern maintenance or latency）：一面补充新成员，另一面又以社会化使成员接受系统的特殊模式。整合（integration）：维持系统之中各部分之间的协调、团结，以此来确保系统并且对抗外来重大变故。

在卢曼看来，社会系统可以通过功能分化和自我反省来对环境做出反应和产生影响。社会是一个互相关联的系统，任何社会系统都基于高度复杂的环境。而任何系统都又基于其反省的特性而再生自己，即通过在其内部复制而生成的差异，以此来应付环境的复杂性。即是说系统必须提高自身的复杂性方能与环境的复杂性相匹配。因此，必须从系统与环境之间的关系来对系统功能进行分析和考察，既要研究外在于系统的事物，又要分析系统的

---

① 薛理银. 当代比较教育方法论研究——作为国际教育交流论坛的比较教育[M]. 北京：首都师范大学出版社，2001：165.

② 冯增俊，陈时见，项贤明. 当代比较教育学[M]. 北京：人民教育出版社，2008：63.

③ 社会系统理论[EB/OL]. http://baike.baidu.com/view/4410327.htm，2011 - 8 - 21.

自我操作。

（二）系统功能主义比较教育学的形成

在比较教育发展的多元化时期，各种方法和理论相互争议但又彼此存在。这虽然促使了比较教育发展史上“百花齐放”局面的产生，但同时也导致比较教育的发展没有统一的理论和方法，没有统一的学科概念体系，也没有统一分析框架和模式。比较教育学科自产生以来第一次明显感觉到自身的身份危机。正如施瑞尔所言，“大多数比较教育的出版物缺乏明晰的理论结构以及特别明确的比较研究设计和问题意识”，“所研究的国家和题目的选择，并不按照理论的准则而是紧跟变化中的教育趋势、时尚或政策”，“比较教育中有关方法论的争论形成一个自我重复的循环”。“过去 20 多年来，全世界的比较教育学者、学术著作、学术社团与学术会议，讨论的主题及参加会议的人员都有显著增加。然而，比较教育学术领域，如同以往一样，在研究方法、核心概念上仍然是争论不休，存在着学科认同的危机。所有这些喋喋不休的争论从根本上讲都是因为人们对这门学科的核心概念、比较方法和比较方法论存在着明显的分歧。”①

在这种背景下，比较教育学家施瑞尔试图运用系统功能主义的社会学理论方法来解决比较教育研究中存在的概念和方法以及分析框架不统一的问题。尤其是他近 20 年专注于比较教育方法论的研究，为比较教育的发展寻求新的方法论提供了自己独辟蹊径的思路。

（三）系统功能主义比较教育学的特点

系统功能主义比较教育学根据其社会系统理论的观点，深入分析了比较教育的学科理论、分析范式以及比较的层次或类型，体现了它在比较教育研究上的独有特点。

（1）区分出在比较教育理论中的科学理论与反省理论

根据社会系统分化将导致理论二重性的观点，把社会理论分为科学理论和反省理论。与此相对应，教育这个子系统通过其功能分化也会产生理论的二重性，教育科学与教育哲学。而在比较教育的系统分化中同样会产生相应的二重性理论，即“比较教育研究”和“国际发展教育”或“比较教育科学”与“国际反省教育学”。前者是通过客观描述各国教育现象并进行统计研究，以确保比较教育学的科学性；而后者则是对比较教育本身的自我反省、理解和描述，是通过系统的自我调整、再生以应对教育系统变化的复杂情境。

在施瑞尔看来，在比较教育始祖朱利安的观点中就包含以上两方面的内容，两种定义和处理问题的方法在比较欧洲的国民教育系统这一概念形成时期就已存在。②

（2）主张“历史与比较的融合”的分析视角

在施瑞尔看来，在国际化背景下，各种存在分歧的方法论，其实并不像各自方法论的持有者所认为的那样完全不可调和，那些看起来明显的对立事实上与应对全球化进程和世界体系方法而形成的宏观历史透视带来的比较教育研究面对的挑战并行不悖。迎接这一挑战，不仅意味着鉴定多样性之间的特殊关系，完成社会文化结构的历史重建更意味着对大

---

① 陈时见．施瑞尔《全球互联背景下的比较探究》及其比较教育方法论思想述要［J］．比较教育研究，2009（6）：1－6．

② 薛理银．当代比较教育方法论研究——作为国际教育交流论坛的比较教育［M］．北京：首都师范大学出版社，2001：211．

规模社会现代化有更强包容性分析的方法论程序，要与跨文化传播和接受进程相融合。

他认为比较教育在国际化和全球化的背景下，比较教育作为一门学科的功能是对教育制度和教育理论的国际化进程进行理论反思与反作用，只有在世界范围的结构中系统性地考察各自的位置，以及相应的结构、发展潜力和社会功能才能对所研究的问题进行充分的解释，从而推动比较教育分析视野的系统性转变。①

(3)提出对比较的层次或类型的划分

施瑞尔把比较做了两个层次和类型的划分。他认为“比较”有简单的或单级的“普遍精神操作”和复杂的或多级的“社会科学方法”两个层次或两种类型。其中，前者主要是停留在对事实的描述水平，是就比较的对象和事实层面及其关系进行简单的技术性操作，不能作为论据与理论命题或假说相联系，更不能提供结论性的论据；而后者则可以使每一个被比较对象中的关系或模式相互联系起来，使基于复杂的或多层面的技术，关注于不同现象、变量或制度层次间所假设的关系及其差异性的关系与关系的研究，并能在此基础上实现理论的建立、检验和批评功能。②

同时，他还把比较的基本操作分为三类。即确定相同点、把不同点排列为统一维度上的等级序列或层级以及鉴别不同点。其中前两类属于“普遍精神操作”层次，而后者属于“社会科学方法”层次。

(四)系统功能主义比较教育学的影响

以施瑞尔为核心代表的系统功能主义比较教育学以系统功能主义社会学的基本观点为基础，从系统功能分化的角度去分析和解释比较教育研究中在概念及其方法方面所存在的矛盾和争论，并主张通过外化来考察和建立系统之间和系统与环境之间的相互关系，从而将比较教育研究中不同的理论和方法整合到一定的分析框架之中。

系统功能主义比较教育的这种思路，体现了将比较教育研究与发展中出现的各种不同理论与方法进行统一整合与协调以形成学科同一性的强烈愿望。在比较教育学科的发展史上，体现了该学科发展的自觉与反思，对于比较教育学科的发展成熟而言，无疑是一种独辟蹊径的思路。它的出现，使比较教育的发展开始从寻求学科方法论的研究阶段向学科的反思与身份危机与认同的研究阶段转变，也进一步促使了比较教育学科的成长与成熟。

四、多元文化主义比较教育学

多元文化主义比较教育学是在世界多元文化主义理论的基础上对教育进行比较研究的一种分析范式。它在世界不同文化背景的国家与民族间存在众多分歧与冲突的情况下，主张通过文化间的沟通、对话与交流的形式来达到彼此间的尊重、宽容与理解。

(一)多元文化主义的基本观点

多元文化主义是二战后及20世纪50年代的民主化进程中在亚洲、欧洲和美国开始产生影响的一种政治和社会理论。英国坎特伯雷肯特大学的人类学学者C·W·沃特森对

① 陈时见.施瑞尔《全球互联背景下的比较探究》及其比较教育方法论思想述要[J].比较教育研究，2009(6)：1－6.

② 顾明远，薛理银.比较教育导论——教育与国家发展[M].北京：人民教育出版社，1998：105.

多元文化主义有比较深入全面的研究，他在其著作《多元文化主义》中试图从多元文化主义的概念、特征、历史与理论背景以及多元文化主义与教育改革、公共政策、宗教实践、国家认同、文化多样性、少数民族权利及资本主义经济制度间的关系等方面对多元文化主义进行研究和论述，并试图探讨多元文化主义在全球化背景下的悖论和前景等问题。

在沃特森看来，多元文化主义首先是一种文化观。这种观点主张各文化间相互平等，没有任何一种文化可以声称自己比其他文化更为优秀，也不存在相应的标准可以证明某种文化比其他文化优秀。文化观的多元文化主义的核心是承认文化的多样性和彼此平等。

其次，多元文化主义又是一种历史观。因为多元文化主义关注少数民族和弱势群体，并强调历史经验的多元性，承认任何国家的历史和传统都是多民族的不同经历相互渗透的结果。

第三，多元文化主义又是一种教育观。它主张传统教育中对非主流文化的排斥必须得到纠正，学校的主要任务是必须帮助学生消除他们对其他文化的误解与歧视，并学会了解、尊重和欣赏其他文化。

最后，多元文化主义还是一种公共政策。它强调种族平等和宗教宽容，其最终的目的是实现社会的真正平等。①

（二）多元文化主义比较教育学的形成

随着当代经济、科技的不断发展和政治的发展与变革，全球化的进程进一步加快，其范围得到空前的拓宽，从经济的全球化几乎拓展到人类生活的方方面面。在这种情况下，各种文化之间的接触变得更加容易和频繁，具有不同文化背景的种族、民族以及宗教信仰的人们之间的直接交流、碰撞和摩擦更可能随时产生。

而比较教育天生就在不同文化间架设桥梁，在此背景下，为使其在不同文化间能够更好地进行沟通、对话与交流，以达到彼此的尊重、宽容与理解，将多元文化主义的一些理论、观点和方法引入比较教育研究就不足为奇。

以此为基点，比较教育研究除了关注教育制度层面的表象特征、政治国家层面和主流文化层面的教育、宏观上教育定量研究外，把注意力更多地集中在对教育制度背后的文化自觉、国家内部的小群体层面和亚文化层面的教育诉求以及微观层面的教育质性探析方面的研究；不仅关注基于“西方文化中心主义”背景和话语霸权下的教育比较，而且更关注基于文化间平等交流和批判性反思下的教育比照。②

（三）多元文化主义比较教育学的特点

多元文化主义的比较教育学因其理论根源于多元文化主义的理论，因而在看待教育问题时体现出明显的倡导文化间的平等对话和跨文化理解以及多元文化教育等特征。

(1)提倡平等的对话与交流

比较教育学本身就具有“交流与认识”的功能，它把教育看做人类的共同财产，通过对各国教育的研究与比较，形成对各国教育的认识，并促使彼此间的交流，而且国家、民族、语

---

① ［英］C·W·沃特森. 多元文化主义（出版导言）［M］. 叶兴艺译. 长春：吉林人民出版社，2005：1－2.

② 于苏娜，姜峰. 论比较教育研究中的多元文化主义研究范式［J］. 沈阳教育学院学报，2009(6)：32－34.

言等因素不应成为对话与交流的障碍和隔阂。[①] 这正是多元文化主义所持的各文化彼此平等的文化观在比较教育研究中的体现。在比较教育研究中，缺乏对文化的尊重、理解，是导致隔阂和偏见的主要原因，也是各种学术霸权和话语霸权存在的深刻根源。

因此，在比较教育研究中，不仅要以平等的观点去看待不同文化背景中的教育形态及其相关的制度、模式等，它们与自己文化背景中的教育形态及其相关制度及模式在本质上都是平等的，而且，作为比较教育研究者，更需要具有平等对话和交流的意识，并将其作为开展比较教育研究的基本价值取向和根本出发点。

(2)以真正的跨文化理解为核心

联合国教科文组织国际教育发展委员会在其报告《学会生存——教育世界的今天和明天》中指出，"教育有一个使命，就是帮助人们不把外国人当作抽象的人，而把他们看作具体的人，他们有他们自己的理性，有他们自己的苦痛，也有他们自己的快乐；教育的使命就是帮助人们在各个不同的民族中找出共同的人性"。[②] 这说明不同文化背景下的人们必须在相互尊重、理解和宽容的基础上方能达成共识，方能找出所谓"共同的人性"。

比较教育本身就具有跨文化的特性，它天生就注定要在不同的文化间开展研究和交流。以多元文化主义基本理论为基础的比较教育研究关于进行跨文化理解的基本主张则可以为比较教育研究者在平等的基础上进行真正的跨文化对话，以此确立彼此间的信任和尊重，由此产生真正的理解、对话和交流。

(3)提倡多元文化教育

多元文化教育主要是为保障多民族国家中的少数民族或具有民族多样性国家中的人们能享受到平等的受教育机会而实行的教育。自20世纪60、70年代以来，受全球化背景的影响，已经逐渐成为教育领域中不可忽视的力量。

多元文化教育不仅成为多元文化主义的基本教育观，更是比较教育近年来开展研究所关注的重点之一。尤其是在全球化背景下，比较教育将其研究的关注点从对主流国家和主流文化教育的关注逐渐转向对那些曾经尚未被人关注或关注甚少的非主流国家及其非主流文化背景下的教育的关注。

(四)多元文化主义比较教育学的影响

多元文化主义比较教育学以多元文化主义的各文化平等的核心观点作为基点，倡导彼此间平等的尊重、对话、交流与理解，从而使比较教育研究改变了传统的思维和研究方法，对比较教育的进一步发展产生了重要的影响。

首先，多元文化主义改变了原有比较教育研究的一维思维模式。原有比较教育的研究由于受实证主义研究范式的影响，在研究中主要采用宏观的定量分析方法，并通过归纳演绎和逻辑推理去发现隐藏在教育现象背后的真理。即认为比较教育研究的目的就是要寻求教育真理，而这种真理是普遍适用的，可以在不同的国度进行检验。但教育发展的历史证明这是不可能的。因为教育有其独特的教育人文价值，再加上教育背后文化的复杂性，

---

① 陈时见，徐辉. 比较教育导论[M]. 北京：商务印书馆，2007：39.

② 联合国教科文组织国际教育与发展委员会. 学会生存——教育世界的今天和明天[M]. 北京：教育科学出版社，1996：192.

使得寻求真理的一维研究很难找到教育的真正价值。而且忽视了不同文化群对教育解读的多维性,实行实证主义式的一维研究无疑忽视了文化的多样性。①

而多元文化主义的比较教育研究则采用非实证的分析方法,不仅对主流文化背景中的教育进行研究,而且还对亚文化背景中的教育进行分析和解读。因此,多元文化主义的比较教育研究倡导“比较教育必须从传统的一元式思维方式转变为多元式思维方式,承认文化的多样性,承认文化间的平等性和相互影响、相互借鉴的价值,进而形成对多元文化背景下各种教育理论的尊重与理解,形成理解不同教育的多维视角”②。

其次,多元文化主义拓宽了比较教育研究的范围。比较教育学科自产生以来,在近200年的历史中,其整个研究核心都是以欧美为中心的,并且主要是关注欧美的发达国家,不管是对比较教育理论的研究还是对教育制度、模式的研究都是以欧美为主要的研究对象。而在对欧美国家的教育进行研究时,又主要集中在对主流教育的研究。比较教育研究很少关注非发达国家,在被研究的国家教育中又很少关注非主流的教育。因此,可以说比较教育的绝大部分历史和绝大部分精力都花在对少数国家教育的研究上,因而使比较教育的研究范围相当狭窄。而多元文化主义的比较教育研究则倡导对非主流的少数族群教育的关注与研究,并主张相互的平等。虽然新马克思主义的比较教育也倡导对非主流的关注,但它有个暗含的前提就是想从主流之外寻求解决的办法,而并非认为非主流与主流是平等的。而多元文化主义比较教育研究的平等文化观则为比较教育关注非主流文化形态下的教育找到了正当的理由并为之而付出努力。尤其是在全球化背景下,各种文化彼此共存,各文化背景下的教育都是其文化历史过程中的产物,都有其存在的合理性。以一种平等的态度去看待不同文化中的教育,尊重、理解并促进交流,最终才能赢得整个人类教育事业的繁荣发展。

最后,多元文化主义促使比较教育研究方法论有所转变。在比较教育的发展过程中,其方法论的发展经历过多次的变革。但在方法论变革的过程中,唯有新马克思主义的世界体系分析理论曾经促使过比较教育以国际的视野去考察各国的教育。而多元文化主义的比较教育研究则更加彻底。它不仅强调比较教育研究要以国际的或全球的视野去考察各国教育,更重要的是要在全球的背景中考察各种不同文化背景中的教育,从而使“比较教育的学科体系建立在新的世界体系的基础上,建立在国际教育的整体性视野基础上,建立在多元文化思维层面的比较视野的基础上”③。

总之,比较教育在当代的发展,除了以上各种理论和方法在相互批评中共同发展外,还有相对主义、普世主义等研究理论和方法都在比较教育的研究中有较大的影响,它们共同形成了比较教育发展的多元化局面。

---

① 于苏娜,姜峰.论比较教育研究中的多元文化主义研究范式[J].沈阳教育学院学报,2009(6):32-34.

② 陈时见.论比较教育的学科体系及其建设[J].比较教育研究,2005(3):35-39.

③ 周军容.论比较教育的多元文化主义研究范式[J].科教文汇,2007(7):90-91.

第三章

比较教育学的研究方法

比较教育学产生、发展近200年以来，其研究方法在学科的发展史上居于一个非常重要的地位。伴随着比较教育学科的发展，比较教育研究方法也是一个颇具争论的议题，经历了一个从单一化比较向系统化、多元化和科学化发展的历史演变过程。

第一节 比较教育研究方法的变革

有文字记载的比较教育研究可以追溯到古希腊、古罗马。特别是16世纪以后，随着人类探险、贸易、旅行、传教等活动范围的逐步扩大，德国、英国、意大利等国都出现了一些对教育进行比较考察的文献。在18世纪末19世纪初出现了相对成熟的对教育进行比较考察的研究，如德国的伯克托尔德（L. Berchtold）在英国发表了《爱国旅游者调查研究》，并将旅行者感兴趣的东西设计成一份问卷。孟德斯鸠在《论法的精神》中讲到了教育法规因政体不同而有本质的差别，指出了考察影响文化教育的地理因素的重要性。1808年法国巴塞的一篇题为《对国外教育和教学的不同模式考察结果的利用》的论文对欧洲各国常见的普通教育问题作了比较研究。但这一时期关于国外教育及各国文化交流情况的记载材料是零散的，随意性很强。主要是东方和西方一些人员在出访他国时，以口头的形式描述他们所接触的民族的教育、文化等方面的状况，少数以书面整理的资料不是失传，就是未经研究证实。这种"旅行者见闻"不仅方法很简单，而且其描述往往会带有个人主观色彩，他们收集到了一些教育资料，但并没有进行严格意义上的比较教育研究。

一、描述性研究

以机器生产为标志，从技术革命开始的"工业革命"，引起了社会关系的巨大变化，促进了资本主义的迅速发展，为各国物质和精神交往创造了条件。各国在兴办教育事业中逐步形成了自己的国民教育制度。于是，对外国教育的考察研究，成为这一时期的新势头。

1817年法国朱利安（Julian，1775—1848）发表了《比较教育的研究计划和初步意见》一书，第一次把比较法引入教育学。朱利安强调客观观察（objective observation）、文件收集（the collection of documents）、全面整体（throughness）和系统分析（systematic analysis）的研究方法。他使用标准问卷进行比较，问卷被用来收集信息，其结果被列入不同的表格中，不同国家教育状况的差异因而可以一目了然。朱利安的比较法是建立在社会科学的统计方法和技术之上的，比如朱利安的表格已包括涉及预测性数据资料的统计。这时的比较已经不再是"直接观察"的基本功，已经脱离了纯粹的"描述阶段"的思维范畴，而成为一种需要统计和分析的研究过程，成为试图"描述"并"解释"研究对象的可行性方法。而这些统计和分析直接指向目的导向的比较性总结。在某种程度上而言，他的比较法仅仅只是社会科学中被逐步普适化的一种方法技术，还不具有比较教育研究的学理内涵。同时，统计与分析技术的简单化，以及理论基础的匮乏也决定了朱利安时代比较法的单薄与朴素，限制了比较教育研究的深度与广度。①

这一时期，法国的维克多·库森（Victor Cousin，1792—1869）著有《普鲁士教育报告》，其中介绍了普鲁士的教育行政、师范教育、课程的内容等等，强调以外国的范例作为发展法国教育的借鉴。但他同时受形而上学哲学的影响，提出了比较的标准，即是形而上的体现。他要求进行教育比较研究要考虑本国的实际情况，不能盲目地将国外成功的经验照搬过来，即我们所说的盲目地采用移植法来研究教育问题。

亨利·巴纳德（Henry Barnard，1811—1900）把社会学方法引进比较教育研究提出了民族性问题。他认为教育不仅仅是教学，民族特点也起了作用，学校、家庭和社会共同决定人的素养。这一时期比较教育学研究方法的比较法的比较范围不断地扩大。同时比较教育学学者对教育移植法也进行了反思和批判，从而也推动了比较教育学方法的向前发展。

美国为了适应资本主义经济的发展，也非常重视引进外国典范教育措施，格里斯孔、贺拉斯·曼、巴纳德等教育家赴欧考察学校教育，写了考察报告，创办杂志，翻译欧洲文献，对美国教育起了一定作用。英国教育家约瑟夫·凯和阿诺德考察、研究欧洲大陆法、德等国教育，写了有关著作和报告，致力于在英国建立国民教育制度。日本明治初年，田中不二磨、岩仓具视一行去欧美考察资本主义的教育制度，写了调查报告书《理事功程》，对明治时代进行具有资本主义性质的教育改革，作出了很大贡献。②

19世纪后半叶，西方建立了一些国际研究机构，系统地收集、整理和传播本国和外国教育的情报和统计资料。如伦敦的国际展览（1851），华盛顿的"教育服务"（1866）等。斯拉夫民族的教育家们还创办了第一个国际杂志《斯拉夫教育家》（1872），发表有关斯拉夫国家教育情况的文章。③ 总体来看，19世纪比较教育研究基本上采用描述性比较法。这种研究方法多限于对某一方面或某一现象及国家教育的介绍，停留在描述的水平上，没有对形成各国教育制度的历史背景和社会背景进行深入探讨和系统分析。

二、因素分析

20世纪初，人类社会以电动机的发明和应用为标志进入了第二次科技革命时代。资本主义已经进入了帝国主义阶段，垄断统治使资本主义的三大矛盾空前激化。同时，由于俄国十月革命建立了第一个社会主义国家，世界上存在着两种不同性质的社会制度。这一时期的比较教育既要反映生产力对它的要求，又要反映资本主义国家间的经济和政治的矛

① 张芬只．审视与反思：比较教育中的比较法建构［J］．外国教育研究，2008（3）：7．

② 谢作栩．比较教育发展史分期探讨［J］．教育评论，1995（2）：62．

③ 谢作栩．比较教育发展史分期探讨［J］．教育评论，1995（2）：62．

盾,以及不同社会制度间的矛盾。因此,比较教育的研究重点,就转而分析决定各国教育制度的主要因素。

英国的萨德勒是比较教育发展“因素分析时代”的先驱,也是一位跨“全盘借鉴”和“因素分析”阶段的中介性学者,对学科的转型、升级起了决定性的作用。可以说他是发现单纯移植中的问题而积极倡导因素分析的一位承上启下的重要人物。他在1900年发表了著名的比较教育学论文《我们从对别国教育制度研究中究竟能学到什么有实际价值的东西?》,这篇文章亦标志着比较教育学科体系开始形成。他认为:对比较教育来说,重要的是花大力气来考察影响这个国家教育制度发展的诸因素或动力,只有这样才能把握教育改革的基本动因,才能对教育改革作出最有力的反映,真正认识教育并推动其发展;比较教育研究的目的不应当是直接地借用国外教育制度和教育经验,而是在研究别国教育的基础上,以改善本国教育为目的。基于以上观点,萨德勒提出了他的比较教育方法论,为比较教育研究的发展作出了创造性的贡献。

康德尔继承和发展了萨德勒提出的因素分析法。他的经典著作《比较教育》(1933),探究了欧洲学校同它们赖以植根的政治制度之间的紧密联系。他认为:在进行比较教育研究时特别要对影响教育的各种因素进行探讨研究,最重要的是要找到作用教育发展的决定性因素。比较教育研究的最根本目的应是“发现教育问题,探讨问题产生的原因及其在特定背景中的解决方法,以及发展教育的原理或原则”。康德尔的方法论受三种目的论支配:一是报道——描述的目的,主要是收集资料,分类整理并提供关于各国教育制度的信息,是研究的开端;二是历史——功能的目的,主要是深入探究产生问题的原因,注重找到构成一种教育制度基础的精神和文化的巨大动力,从中看到教育与社会、经济、政治等因素紧密联系的纽带,是比较教育的重要特征;三是借鉴——改善的目的,主要是强调通过比较研究,借鉴经验,改进本国教育制度,并培养国际主义精神。他坚信对各国教育制度间差异的比较和因素分析,可以找到一种决定教育发展的内在力量,并认为这种力量就是民族性。所以他主张比较教育要努力去找到“民族特性的内涵,因为这是教育制度的基础,否则比较教育便是无意义的。”①

施奈德也提倡因素分析法。他的特点是提出了教育自身内在的发展规律这一因素,这与强调外部影响的英美比较教育学者形成了鲜明的对比。日本的学者吉田正晴称他的方法为“辩证法的因素分析法”。施奈德在1947年出版的《各国国民教育的动力》中就提出:教育制度是社会各种因素复合作用的产物,比较教育的研究目的就是要阐明各种教育制度之异同,剖析决定并影响教育的现实因素,尤其是内在因素,强调教育内在因素与外在因素的相互作用,注重从统一性与多样性、个人与集体、必然性与自由性以及教育因素与社会实践因素之间的互动关系等来探讨教育发展的动力。通过这种内发因素与外发因素的接触和相互作用,教育制度就像生物体一样,经历着成长、飞跃发展、开花、停滞的过程。②

尼古拉斯·汉斯(Nicholas Hans,1888—1969)是继承康德尔的历史比较观与现实比较观的集大成者,受萨德勒的影响较深,他认为:比较教育的目的就是要找出形成各国教育制

① 李金潮,韦娜.比较教育研究方法之因素分析法[J].当代教育论坛,2008(1):118.

② 李金潮,韦娜.比较教育研究方法之因素分析法[J].当代教育论坛,2008,(1):118.

度的各种力量和差别的原因,即找出支配教育制度发展的基础原理。他在其代表作《比较教育:教育的因素和传统研究》一书中指出:一个国家的教育制度是深深植根于其民族历史之中,深受其历史发展过程中各种因素影响的,所以“从历史的角度分析研究这些因素,比较各国解决由这些因素产生的问题的办法,这就是比较教育的主要目的”。汉斯的比较教育方法论思想是以历史主义为主要特征,并认为“唯有历史研究才能解释种种教育政策的差别”。在汉斯的比较教育思想中,民族性仍然是贯穿始终的一条基本线索。在他看来,国民教育制度像民族国家的政体和民族文学一样,反映了一个民族国家区别于另一个民族国家的主要民族特征。每一个国家的教育制度都体现着其社会结构和民族特性。他把一个民族的发展比做一个人的成熟过程,影响人的发展的有天资、自然和社会等因素,因而他把影响教育的因素也归为三类:自然因素、宗教因素和世俗因素。其中:①自然因素包括种族、语言、自然环境等因素;②关于宗教因素他列举了天主教和基督教新教等宗教传统因素;③在世俗因素中,他论述了人文主义、社会主义、民族主义和民主主义等对教育的影响。汉斯使比较教育研究中的因素分析法趋于成熟,他把比较教育在因素分析时代的发展推到了顶峰,并由此而促进了比较教育在此以后逐步走向科学化的发展道路。[①]

综上所述,20 世纪上半叶的比较教育研究主要采取的是“因素分析法”,探究作用教育发展的决定因素,认为比较教育不是简单地罗列某些教育数据和现象,而是要对影响教育的各种因素进行探讨研究,特别是要找到作用教育发展的决定性因素;注重历史分析和解释而不是具体方法,其目的是要说明以某种决定因素为主构成的多种因素是如何以独特的方式组合起该社会特有的教育制度和产生的教育结果,并把对各国教育体系分析中获得的一般原理的假设进行比较,相互检验其适应性,推知更有意义的结论;注重分析传统对教育的作用,把民族性作为教育发展的决定因素;注重分析文化区域的作用,强调文化与教育的互动性。[②]

三、研究方法的多样化

20 世纪 50 年代以后,世界的政治、经济、科学技术和社会的飞速发展和丰富多样的教育实践,使得比较教育迅猛发展,在其研究方法上经历了一个活跃和蓬勃发展的时期,出现了方法论争论的高潮。这时期人类社会以原子能和电子计算机的发展为标志,进入了第三次科技革命时代。科学技术的迅速发展,新兴学科、边缘学科、交叉学科的出现带来了方法论的发展,出现了蔚为壮观的“方法论丛林”。这个阶段,由于各国之间教育交流日益密切,教育相互影响日益深入,也由于社会科学的各种理论和方法以及数学方法和统计工具不断发展和完善,促使比较教育研究方法不断发展起来,并形成了一些系统的研究方法。20 世纪 60 年代是比较教育研究方法发展的一个重要时期。在这一时期,美国学者安德逊、贝雷迪、诺亚和埃克斯坦,以及英国学者霍姆斯、金等学者在探索比较教育研究方法方面作出了卓越贡献。[③]

---

① 张文杰.论汉斯的比较教育思想及其现实意义[J].文教资料,2006,(6):79.

② 李金潮,韦娜.比较教育研究方法之因素分析法[J].当代教育论坛,2008(1):119.

③ 蒋凯.比较教育研究方法的相关问题分析[J].教育研究,2007(4):36.

贝雷迪是第一位系统、详尽地关注比较教育研究方法的学者。他在 1964 年出版的《教育中的比较方法》一书中提出“比较四步法”，将比较教育研究划分为区域研究与比较研究，认为区域研究不是比较研究，而是比较研究的基础和准备。区域研究包括描述和解释两个阶段，而比较研究包括并置和比较两个阶段。贝雷迪详细论述了描述、解释、并置、比较这四个步骤及其关系。“比较四步法”首次将比较研究与假设验证联系起来，更重要的是首次将具体的研究程序引入比较教育研究，开比较教育研究程序化之先河。

诺亚与埃克斯坦极力主张将现代社会科学研究的一般程序引入比较教育的研究，以建立一套科学的比较教育方法论体系。他们认为，社会科学研究一般包括以下四个步骤：提出假说、数量测定、参照研究和理论分析。诺亚与埃克斯坦认为，研究者在提出假说和验证假说的过程中，往往容易受到主观偏见的影响，而客观存在的数据是不偏不倚的，因此，在研究过程中引入数据测量，增加了描述和解释的精确性和客观性，从而可以增强研究结果的客观性。诺亚与埃克斯坦对比较教育研究的最大贡献就在于他们提出了量化的科学研究方法，因为在此之前的比较教育的研究过程中，研究者主要将精力放在对教育问题和现象的定性分析之上，很少会进行如此详细而又系统的定量分析。诺亚和埃克斯坦把比较教育研究当做一门“完全实证的科学”。他们坚信科学方法对于比较教育研究的价值，认为科学方法的主要优点在于前后一致、客观、不含偏见，具有系统严格的研究策略。在 1969 年合著的《迈向比较教育科学》一书中，两位学者对“科学的”比较教育研究方法进行了探讨，论述了比较教育研究中验证假设应该采取的顺序和方法。[①] 他们主张将现代社会科学的一般程序引入比较教育研究，以建立一套科学的比较教育方法论。

布莱恩·霍姆斯（Brain Holmes）认为，比较教育的任务就是探讨解决教育问题的各种方法，通过对一定变量的分析和控制，来预测教育改革的相应结构。因此，他提出了问题解决法。问题解决法主要是从某一主题或世界教育的某一共同问题出发，进行调查分析，寻找解决问题的方法。[②] 霍姆斯在 1981 年发表的《比较教育：对方法的一些思考》（*Comparative Education: Some Considerations of Method*）一书中，论述了比较教育的问题（解决）法（Problem - solving approach），主要包括以下 5 个步骤或要素：第一，问题分析或理智化。主要是选择和分析那些多数国家共同存在而又共同关心的重大问题。霍姆斯认为这些问题有两大类：一类是教育内部的问题；另一类是属于教育与社会其他领域有关的问题。他认为应主要从有关人口、科技、经济等最重要的社会特征入手，对教育问题进行预备性分析。第二，提出假设或政策方法。霍姆斯认为，解决社会问题的方法是多样的，每一种方法本身就是一种政策或策略的选择。比较教育学者在研究中不要像决定论者那样企图找到普遍适用的法则，应当根据问题的背景和对问题特定的研究，去分析哪些政策和方法更适合于特定地区和环境。第三，识别及验证相关因素。霍姆斯指出，要选择科学的政策或解决方法，关键是识别同问题相关的所有因素，并用这些因素去识别、验证有待研究的教育问题的基础结构，如哪些变量是关键的，各个变量之间的关系如何，变量是如何发展变化的等。他认为不可能对所有变量都进行研究。为了问题研究的方便，他把变量分为思想因素（如规

---

① Halls, W. D. Comparative Education: Contemporary Issues and Trends [C]. London: Jesscia Kingsley Publishers. 1990. 23.

② 孔令帅. 试论霍尔姆斯的比较教育研究方法——问题解决法[J]. 外国教育研究，2005(5)：6.

范、态度)、制度因素(如习俗、体制)和人类无法控制的因素(如地域、自然资源)。尤其要指出的是,在这里,霍姆斯在波普尔的批判二元论的基础上,提出了如前所说的规范、制度、精神状态和自然四大模式。他认为这四个模式是识别和验证相关因素的基本模式。第四,逻辑地预测可能有的结果。预测是教育改革的一个重要部分,问题解决法的目的在于在综合分析各国教育问题的基础上,为一个国家或一个地区解决某一教育问题提出最佳的解决办法,并产生对教育行为的相应预测。预测不是一项简单的工作,所以霍姆斯重视研究技术,积极从各学科中借鉴其相应的科学性技术。第五,比较和验证预测的结果。霍姆斯强调对预测结果与实际情况发展的比较研究,认为这样可以有一个修改的机会,使研究模式更完善。把问题解决法用于教育规划时,针对某个教育问题,应该提出多种政策措施,并且预测各自的效果。从以上五个步骤可以看出,霍姆斯的问题解决法,实质上是一种演绎法,主张研究应当从问题入手。关于问题的选择,则根据研究者本人的水平及对有关问题的意义的认识而定,即选择那些多数国家存在而又与研究者的目的相一致的问题,通过对问题进行理性的整理,然后开始比较研究。霍姆斯的问题解决法使比较教育学的方法又还原到科学的一般方法上去了,使比较教育学具有一种准自然科学以及预测科学的性质。[①]

埃德蒙·金(EdmundJ. King,1914—2002)的比较教育思想独具特色,对比较教育学学科的发展和成熟影响深远,使比较教育从主要是大学的学术活动变为多学科的决策研究,提高了比较教育学科的实用性,为比较教育研究开辟了广阔的前景。他一生著述丰厚,其主要著作《别国的学校和我们的学校》被誉为是比较教育的"一部经典"。在研究方法上,埃德蒙·金不主张比较教育应当有一种特定的方法,在他看来,比较研究的具体方法实际上应视研究的具体目的和具体课题而定,无论什么方法,只要适合于有待检验的问题或课题就是可行的。埃德蒙·金认为研究内容决定研究方法,并划定了各级水平不同的研究内容和方法:第一级是初学者,主要是进行国别研究,使用描述法,以区域研究为主;第二级为已具有初步比较教育知识者,主要是进行跨文化问题研究;第三级为专业人员,一种为撰写学位论文的课题研究,另一种是旨在解决某些教育问题而进行的政策性研究,主要进行跨学科的跨文化比较教育研究,可采用多种技术和方法进行。此外,他又提出了一种适用于政策制定和教育革新的新的研究水平,这种研究的主要任务是为了指导决策。

埃德蒙·金强调进行比较教育研究时必须要考察各国背景和所处的历史环境;他倡导生态学式的比较研究,并提出了社会与教育发展模式观。他认为把教育做普遍性的概括是不可能的,任何教育都是特定文化背景中的产物。世界各国教育都是相对的,必须从各国实际出发来分析研究教育,而不应该把一国教育模式作为评判别国教育发展的标准。埃德蒙·金认为不存在任何教育都具有的共同规律或发展原则,教育是由特定的文化创造的,每个研究者都应认识到自身的文化局限。他主张进行国别研究,把精选国别教育的个案研究作为比较教育的中心内容。在《别国的学校和我们的学校》一书中,其对象国明显考虑到更广泛的文化相对性意义,兼顾了不同地域和不同发展水平的国家。这种分析模式丰富了比较教育学科的理论体系,对促进国际间的相互理解,揭示民族文化对教育的作用,提高教

① 孔令帅.试论霍尔姆斯的比较教育研究方法——问题解决法[J].外国教育研究,2005(5):8.

育决策功能，克服盲目照搬他国教育模式，创建本国特色的教育体系方面起了很大作用。[1]

20 世纪 60 年代以来，“科学的”比较方法成为比较教育研究的主流。但是，许多学者认识到，教育是一种十分复杂的社会现象，“科学方法”（特别是定量方法）只适用于比较教育的某些方面，而对其他一些教育现象进行比较研究，“科学方法”则表现出一定的局限性。如黎成魁认为，在比较研究中，定量方法虽然对于呈现、描述、分类乃至“解释”和“预测”教育现象是有用的，但是并不能提供真正的因果关系，因为统计上的“解释”总是有限的，它对复杂的社会因素进行了过于简化的处理。实际上，根据统计学原理，统计模型表述的变量之间的因果关系即使很好地拟合了数据，也不能完全肯定这一关系的实际存在。在这种背景下，除比较教育研究中传统的历史方法、哲学方法以外，人文范式的其他一些研究方法也开始运用于比较教育研究之中，如梅斯曼（V. L. Mase - mann）、海曼（R. Heyman）、海尼曼（S. Heyne - man）提倡人种志方法，克里格尼特（R. Clignet）提倡现象学方法，还有学者提倡解释学方法等。在比较研究中，人种志方法和现象学方法都强调研究者深入他文化或若干不同文化环境下的教育现场，并解释教育现象的意义。基维斯和亚当斯（J. P. Keeves & D. Adams）指出，在比较教育研究中，自然主义的、人种志的、现象学的以及其他描述和解释方法，对教学过程和教育组织背景提供了丰富的、细致的分析。跨文化人种志研究、观察、访谈、文献分析等方法的不断完善，大大提高了描述和解释自然情境下教育现象的准确性，有利于解释教育背景的意义。[2] 目前，在比较教育研究中，形成了多种研究方法综合运用的趋势。

第二节　比较教育研究的方法论基础

方法论是关于方法的学说。叶澜教授认为：方法论关注的不是对现有方法合理性确认以后的具体运用，而是对现有方法的核心部分与理论基础的反思、对它的不合理性的发现、对新的方法结构的构建，进而使方法总体发生突破性的变化。严格地讲，方法论是对研究方法整体与研究对象特性之间适宜性问题的探讨，对某种活动为达到一定目的而必须遵循的原则及模式、方法的说明及阐述。对研究对象的认识，是人们选择、改造或更新方法及方法体系的根据和出发点；对象观的转变和对对象认识的深化，往往导致研究方法论的突破性进展。

一、比较教育方法论的发展

比较教育方法论，就是关于比较教育研究方法的理论，是对比较教育研究方式的探讨，即比较教育研究的基本原则或态度。换句话说，是指在进行比较教育研究时，研究者所持的观点（perspectives）与所采取的途径（approaches）。由于时代的发展以及社会的变迁，比较教育发展史上出现了各具特色的方法论流派，比较教育方法论的不断发展、流变，意味着

---

① 王娟涓. 试析埃德蒙·金的比较教育方法论[J]. 西南师范大学学报，2004(6)：37.

② 蒋凯. 比较教育研究方法的相关问题分析[J]. 教育研究，2007(4)：37.

研究者对于已有学科成果的反思与批判，它将极大地推动比较教育的发展。我们应当从历史演变的发生学角度，研究比较教育研究中对象与方法的关系问题，才能进一步客观地看待比较教育的方法论建设问题。

何塞·加里多曾将19世纪初以来的主要方法论观点总结为描述倾向、解释倾向、应用倾向和评价倾向。他认为："一位比较教育家很少同时主张上述四种分类观点中的两种。"[①]很显然，加里多在分类时运用了功能主义原则，以方法论对研究功能的指导作为主要的分类依据。按照这一分类体系，朱利安、库森、阿诺德等人的方法论都是以描述外国教育制度为主，康德尔、汉斯、施奈尔则通过寻求"民族特点"以解释教育现象生成的原因，霍姆斯和埃德蒙·金则格外强调比较研究的应用性，加里多本人更为重视方法论的评价倾向，认为所有的比较教育研究或多或少都要对一国或多国的学校制度及机构进行评价，这种评价的客观性和中立性在埃普斯坦考察的三个流派（新实证主义、新马克思主义和新相对主义）的争论中甚至成为了焦点。加里多还认为，找到一种进行客观评价的"方法"是"今天和明天的比较教育工作者在方法论上面临的主要挑战"。[②]

日本学者小林哲也还从研究立足点的角度将比较教育方法论分为以下四种：19世纪初期以人类进步和福利为立足点的普遍主义（普世主义）；19世纪中后期以民族国家利益为重的民族主义；19世纪70年代以后以追求民族利益为基础、以国际合作为手段的国际主义；20世纪后半期兴起的以国际间的民主主义为原则的全球主义。[③] 我们发现，从某种意义上说立足点似乎更接近于认识论或者世界观，然而这种接近也仅仅是一种接近，我们更多的还是在比较教育学复杂的文化自我意识和文化视角的意义上运用这一词汇，其方法论意义直接体现在对问题的选择和对分析单位的选择上。比如，以全球主义为立足点的学者选择的问题是在他自身所属的文化中被认为重要且具有普遍性的问题或国际性的重大问题，而以国际主义为立足点的学者选择的问题则一定发生在与本国利益紧密相关的各个国家。同样，全球主义的分析单位是具有某种相同性质的国家，因此必须按照某种标准对国家进行分类，因此出现了库姆斯以"现代化理论"为基础，按照经济与教育上的统计资料将国家分为未开发、开发、准先进和先进四类，[④]或者是索科洛娃以马克思主义为依据，将国家分为资本主义国家、社会主义国家和发展中国家，或者是用文化人类学及文化形态学中的文化概念，将世界划分为欧洲、亚洲、非洲、美洲各文化区域[⑤]。

从比较教育发展史来看，比较教育的方法论基本上遵循了实证主义与人文主义此消彼长、相互对立又相互融合的发展轨迹。实证主义的方法论较为强调运用自然科学的方法，使用一定的检测手段对研究结果进行严谨的验证，避免研究者的主观偏见，注重研究方法的可操作性、研究成果的可重复性，并通过研究成果来扩展知识，讲究知识生成的科学性和知识推广的普遍性。人文主义的方法论则更加重视反省自身与研究对象的关系，它关心的

① 何塞·加里多.比较教育学概论[M].北京：人民教育出版社，2001：95.

② 何塞·加里多.比较教育学概论[M].北京：人民教育出版社，2001：100.

③ [日]小林哲也.国际化社会与比较教育学[A].赵中建，顾建民.比较教育的理论与方法——国外比较教育文选[C].北京：人民教育出版社，1994：62.

④ Philip Coombs. The World Educational Crisis：A System Analysis[M]. Oxford University Press，1968：30.

⑤ 索科洛娃，库兹米娜，罗焦诺夫.比较教育学[M].北京：文化教育出版社，1982：56.

是人本身,而非客观规律。人文主义的方法论关注的是各民族国家的历史、文化对其教育的影响,它着眼于对研究对象的构成性理解,强调对研究对象的理解与诠释,并通过这种诠释生成新的教育决策。

18、19 世纪的欧洲盛行经验主义,人们开始以实证的态度强调对事物进行观察、比较和实验。在启蒙思想运动的推动下,以经验主义为基础的实证思想在法国思想界占据了主导地位,实证主义哲学思想正在酝酿产生。朱利安的《计划》明显受到了这种实证主义思想的巨大影响。他在书中提出,调查研究要通过能真实反映各国教育制度与教育内容之实态的问卷法来进行。他指出建立在这种事实与观察基础上的教育的比较研究将促进比较教育学的发展。朱利安希望"各种方法和分析表"成为整理信息的工具,并建议建立一些收集、分析这些信息的机构以促进国际合作。朱利安的比较教育思想远远超前于他的时代。他研究的动机是人道主义的,其研究方法体现着实证主义精神。

从 19 世纪后半期开始,比较教育方法论开始转向人文主义。在比较教育中历来有注重方法论的传统。著名的比较教育学者如康德尔(Kandel)、汉斯(Hans)等人认为研究者应该在一个国家经济、政治、文化和社会力量的大背景下来理解教育,即注重教育的经济、政治文化和社会背景。他们的方法论不仅提倡详细地描述教育制度,还主张教育现象所隐藏的含义应通过解释限定教育制度的经济、政治、文化和社会条件来获得。他们都相信,如果不懂教育制度的历史发展就不能理解和懂得现在的教育制度和实践。[①] 因此,他们强调文化、历史在比较教育研究中的重要性,其作品主要是描述的、历史的和文化的,从而被称为历史哲学学派。

20 世纪 50 年代后期开始,实证主义者开始在学科中又发出自己的声音。以贝雷迪、诺亚和埃克斯坦、安德森等为代表的实证主义者指出,哲学、历史、文化的方法是不科学的,其没有清楚的方法论框架。他们重新倡导朱利安时代的实证精神,他们将客观、价值无涉的实证主义理论作为方法论基础,使比较教育研究超越了以往纯思辨的方法论,促进了比较教育研究的科学化,同时对比较教育实证主义方法论体系的构建起了重要作用。实证主义方法论在贝雷迪、诺亚、埃克斯坦、霍姆斯以及安德森等人那里逐渐走向成熟。在实证主义方法论大肆彰显其优越性的年代,人文主义者亦没有销声匿迹。以埃德蒙·金为代表的人文主义学者依然在为人文主义方法论做着辩护。

综上所述,不同的研究理论和研究方法都是由不同时期、不同国家的学者或者教育官员根据不同的研究目的和所要解决的问题,而采用、探索或创造出来的。早期的比较历史法、因素分析法,后期的比较四步法、诺亚与埃克斯坦的验证假说比较法、霍姆斯的比较教育问题研究法等比较方法,都是在其特定的背景下提出的。20 世纪六七十年代,随着实证主义方法论在比较教育学研究领域受到更多的诘难,以合理化理论、依附理论、世界体系分析以及批判理论为代表的"新马克思主义"理论得以出现,比较教育学方法论开始呈现出更加多样化的发展局面。对于比较教育学方法论的多样性问题的争论,从此开始日趋激烈,围绕这一问题也产生过形形色色的观点。但今天比较教育学界对这一问题的认识却又趋于统一。如 1999 年鲁斯特(Val D. Rust)等人对这个问题发表了自己的观点。他认为,一

---

① 秦行音.比较教育研究方法的发展与争论及其对中国比较教育的意义[J].外国教育研究,2004(1):25.

方面，比较教育学方法论的多样性可能被认为是比较教育学领域的一个严重的问题，因为方法论是对比较教育学进行定义和使其具有专业感的重要条件，方法论的多样性可能导致它失去学科身份，失去促进学科成长与兴旺的内聚力；然而，这种方法论的多样性也可以被视为摆脱曾经的、五六十年代那种令人窒息的理论和方法论方面的正统地位之争的窘境，它代表了该领域的自然扩展。再如，阿尔特巴赫（P. G. Ahbach）也曾发表过类似的观点：比较教育学无论如何都算不上是一门“学科”，而是一个多学科的研究领域，是在跨文化背景下对教育的研究与主张（不一定局限于学校或正规的教育机构）。对于一个如此混合的领域，根本不可能存在正统的方法论。相反，倒是社会科学和行为科学方面的多种方法论都可以适用于比较教育学研究。[①] 再如，凯利（G. P. Kelly）在 1992 年回顾了比较教育学的发展历程之后论述道：“多年来，该领域要么在其研究方法上，要么在指导研究的理论结构上寻求对其自身的界定，并且它始终未能形成一个公认的定义、方法或理论。比较教育依旧是一个难于界定的学科领域，它的各种理论参数是模糊的……。这一领域没有中心——相反，它是一个各种跨学科研究的混合物，充斥着大量不同的理论框架。该领域中的争论可能会随着时间的推移、教育实践与需要的变化而更换，相信特定的理论、社会制度或改革的责任感会自行地证明其正确与否。该领域未能解决有关文化、方法和理论的各种争论，这一事实也许是一种优点而不是缺点，它有助于该领域产生活力，也有利于它持续地发展。”[②]

因此我们看到，自 20 世纪 80 年代以来，跨学科的方法在比较教育研究中得到了广泛的应用，许多重大的比较教育研究都是由不同领域的学者共同合作完成。即使是单个学者或知识结构相近的学者群体在比较教育研究中，也试图从跨学科的视角对某种比较教育研究对象进行多种层面的理解、把握。这必然导致大量新的理论或范式被运用于比较教育研究，如批判理论（*critical theory*）、现象学社会学（*phenomenological sociology*）、历史社会科学（*historical social science*）、合法化理论（*Legitimation theory*）、批判人种学（*critical ethnog raphy*）、世界体系论（*world systems analysis*）等。比较教育的方法论已从过去的“一元”、“单极”走向现今的“多元”与“多极”，即由过去片面地强调定量的分析方法与统计技术逐渐走向目前的定量与定性相结合、宏观与微观分析相结合的多元研究方法这一趋向。

二、比较教育研究的基本原则

在进行比较教育研究时，我们应以马克思主义哲学辩证唯物主义和历史唯物主义作为其方法论基础，在具体的研究中，应遵循下列基本原则：

（一）求是性原则

客观实在性是物质的唯一本性，自然界的规律是客观的，社会规律也是不以人的主观意志为转移的。这是马克思主义辩证唯物论的基本原理。根据这一原理，比较教育学的研究一定要坚持求是性原则，一切从世界各国客观存在着的教育实际出发，实事求是地反映

---

① 卫沈丽. 试论比较教育学研究中的批判民族志方法论[D]. 东北师范大学. 2009：26.

② G. P. Kelly. Debates and Trends in Comparative Education[G]. Emergent Issues in Education：Comparative Perspectives，New York：Sunny Press，1992：21－22.

客观现实,从中引出固有的而不是臆造的教育规律性。只有这样,才符合邓小平同志反复强调的"解放思想,实事求是"的精神。要做到这一点,从正面说,必须认真搞好调查研究,搜集充足材料,掌握各国教育的全面而真实的情况。在此基础上,用正确的立场、观点、方法,作实际的比较分析,并作出科学的理论概括,力求主观符合客观。从反面说,必须防止过去曾经发生过的两种偏向。一种是唯感情论,根据好恶判断是非:与我们友好的国家的教育理论和教育制度尽善尽美,与我们敌对的国家的教育理论和教育制度一无是处。政治上一边倒,科学上也一边倒。另一种是唯生产力论,根据生产力发展水平判断优劣:发达国家的教育理论和教育制度十分优越,发展中国家的教育理论和教育制度不值一提。这两种偏向都违反实事求是原则,在实践中都产生了极其不良的后果。在对外展示我国教育成就和介绍教育经验方面,也要力求实事求是,切忌弄虚作假,以免造成不良影响。①

(二)实践性原则

实践是认识的根本来源,也是检验真理的唯一标准,这也是辩证唯物论的基本原理。比较教育研究必须贯彻实践性原则,主要包括三方面的内容:第一,理论联系实际,收集符合教育实际发展情况的真实可靠的研究资料,并联系教育实践加以分析研究。第二,通过比较研究得出的结论,还要在现实的教育实践中接受检验。各国学者提出的教育理论或者教育改革倡议,可靠性不完全一样。有的经过较长的时间和较大规模的实验研究,可靠性较大,适用性较广。有的仅经过较短时间和较小规模的实验研究,有的甚至纯粹为一种理论假设,可靠性和实用性都是很有限的。所以,对于各国各个时期提出的教育理论,进行的教育改革,要持特别谨慎的态度。因为往往有这样的情况:某种教育理论或教育改革倡议,乍一看,似乎合理,但经过一段时间的实践,就显出弊多于利,并非一种完全合理的理论或倡议。所以要判断外国教育理论的优劣或教育改革的成败,只有一个方法,就是科学地分析他们较长一段时间且具有一定规模的教育实践,经过实践证明能够取得良好效果的东西,才是符合客观真理的东西。由于比较教育研究的主要目的之一在于借鉴,所以还必须"坚持以我为主,为我所用的原则",判断外国经验是否适合本国国情,是否符合"教育要面向现代化,面向世界,面向未来"的战略决策,是否有利于"培养社会主义现代化要求的一代又一代有理想、有道德、有文化、有纪律的公民",有利于"培养德、智、体等全面发展的社会主义事业的建设者和接班人"。必须通过本国的实践来鉴别某项结论的适用范围。通过试验,取得经验,再逐步推广,这是借鉴外国经验的关键所在。② 第三,要结合我们的教育实践来开展教育科学研究,从当前和以后的教育实践的需要出发来开展比较教育工作。比较教育研究人员,一方面应当密切注视国内外的教育实践,注意别人科学研究的成果,另一方面,如有可能,也应深入实际,亲身从事一定的实验研究,以便推陈出新,揭示二级本质、三级本质……的东西,使教育理论沿着真理的长河不断推进,并最终在教育实践中真正体现比较教育研究的科学价值。

(三)全面性原则

一切现实的事物都是作为系统而存在,作为过程而存在,而系统和过程又都充满着矛

---

① 吴文侃.再论比较教育研究的基本原则[J].福建师范大学学报(哲学社会科学版),1998(4):89.

② 吴文侃.再论比较教育研究的基本原则[J].福建师范大学学报(哲学社会科学版),1998(4):89.

盾,这是唯物辩证法的核心观点。据此,比较教育研究一定要注意全面性原则。按照事物的矛盾本性,运用矛盾分析方法,全面地观察问题和分析问题,发现真理。第一,全面分析研究各国教育发展与改革的普遍矛盾与特殊矛盾。要善于异中求同,同中求异,从宏观上探索国际教育发展与改革的共同规律和各国教育发展与改革的特殊规律,以便在互相借鉴时,把普遍真理与具体实际结合起来。第二,全面分析研究各级各类学校教育过程中的各种矛盾,有利于教育工作者争取教育过程的整体优化,提高教育质量。第三,全面分析研究教育发展的内因与外因。生产力发展水平、政治经济制度、社会意识形态、地理环境、人口等,对教育发展有着重大的影响,这是众所周知的事实。但这些外因,如何通过教育本身的内因产生这种影响,则有待进行深入研究。

(四)发展性原则

比较教育研究中要坚持唯物辩证法的发展观来看待各国的教育问题。首先,要看到教育以及与之相关的其他社会因素都是在不断的发展变化之中。在分析各国的教育状况和教育问题时,我们一定要把一切都看成是动态的东西,从它们的动态发展过程中来说明问题的原因及其解决的途径。其次,要把影响一个国家教育发展的内部因素和外部因素结合起来,从内外两个方面来解释教育的发展变化。再次,要根据不断变化着的历史条件和社会实际来考虑问题,不能不顾客观条件,脱离实际的谈论教育模式和教育经验的借鉴。第四,要认识到事物发展过程中的矛盾是可以相互转化的,在某一历史阶段对某个国家的教育发展来说是不利的因素,在一定条件下也可以转化为有利因素,反之亦然。最后,要看到任何国家的教育制度都是在不断发展中逐步完善的,没有哪个国家的教育制度是已经尽善尽美、无需改变的。我们要努力做到高瞻远瞩,把握世界教育的发展趋势。

第三节　比较教育研究的方法体系

“方法”从语义学的解释是“按照某种途径”(出自希腊文“沿着”和“道路”的意思);从字面上讲指的是“关于沿着——道路——(正确地)行进的学问”。它指的是人的活动的法则,是“行事之条理和判定方形之标准”。[①] 具体地说,“方法”就是要到达一定的目的而必须遵循的程序和行为。作为科学的概念,马克思主义认为,方法一般指认识和研究自然界、社会现象和精神现象的方式和手段。总的来说,方法就是主体在活动中按照对象的规律和主体的目的而建立起来的认识和改造对象的规则、手段、途径的总和。合规律性与合目的性的统一是方法的实质。

比较教育主要研究各国在教育领域不同方面的教育经验,以及一些世界性的教育理论和教育现象,由于研究对象的错综复杂性,所以一个研究往往需要运用几种方法相互配合进行研究。比较教育的研究方法是多样的,但目前对它们的分类也很不统一。一些学者在这方面作了一些尝试。美国比较教育学家贝雷迪(G. Z. F. Bereday)是对研究方法进行分类的一个典型代表。他将比较教育的研究方法分为“地区性研究”和“问题性研究”。“地区

① 陈向明.质的研究方法与社会科学研究[M].北京:教育科学出版社,2000:5.

性研究”在方法上分为描述性研究和解释性研究，在任务上不仅应描述现状，收集数据，而且还应分析现状，处理数据；在要求上应掌握和了解该地区的语言知识、风俗习惯，并善于控制自己的思维定势和先入之见，保持客观公正的态度。“问题性研究”旨在对几个国家或几个地区进行专项课题的研究。这种方法又可分为并置性研究和比较性研究。并置性研究是指对从各国或各地区收集的资料进行初步分类，建立比较的标准；比较性研究是在并置性研究的基础上进行深入的比较分析，它包括跨学科、跨国家或地区的理论分析和实际应用。①

另外，布鲁德福德(Broadfoot)研究了五年里发表的比较教育的文章，他把比较教育的研究方法划分为：(1)基于一个特定文化背景的对教育现象的微观经验性的研究；(2)国际性的争论、理论框架、一个问题的经验性事例的研究；(3)根据严密的推理的比较研究；(4)教育背景的比较研究；(5)运用比较研究形成理论的研究。② 中国学者冯增俊认为从研究法属性划分，比较教育的研究方法可以划分为三类：(1)纯粹比较研究法；(2)社会科学研究法；(3)教育问题研究法；从比较教育研究方法的使用功能划分，可以分为五种：(1)分析性研究法；(2)描述性研究法；(3)评价性研究法；(4)探索性研究法；(5)预测(或决策)性研究法；从研究所把握的范围和内容来看，比较教育的研究方法可以划分为宏观战略比较研究与微观个案比较研究法；从研究方法的性质划分，比较教育的研究方法还可以分为定性研究法和定量研究法及假设检验法。还有很多分类方法，这些不同的分类方法都是依据不同的标准来划分的，都有其合理性。这里采取按研究方法的属性划分的标准，简要分析比较教育研究的方法体系。

一、纯粹比较研究法

比较研究法可以理解为是根据一定的标准，对两个或两个以上有联系的事物进行考察，寻找其异同，探求普遍规律与特殊规律的方法。《牛津高级英汉双解辞典》解释说：比较研究法就是对物与物之间和人与人之间的相似性或相异程度的研究与判断的方法。比较研究法在教育科学研究中广泛运用而且具有极高的价值。教育比较研究法即根据一定的标准，对两个或两个以上有联系的事物进行考察，寻找其异同，探究教育之普遍规律与特殊规律的方法。我国吴文侃、杨汉青主编的《比较教育学》认为：比较法是根据一定的标准，对不同国家或地区的教育制度或实践进行比较研究，找出各国教育的特殊规律和普遍规律的方法。比较研究法要求研究对象必须具有可比较性，并从比较的角度把握对象特有的规定性；研究方法上以比较分析为主；其研究结论的客观性还有待实践证明。比较研究法可以帮助人们更好地认识事物，把握教育的普遍规律，有助于深化教育科学理论的研究；能使人们更好地认识本国、本地的教育状况；能帮助人们获得新的发现；能为教育政策的制定提供依据。

比较研究法的最初运用可追溯到公元前4世纪，古希腊哲学家亚里士多德曾对158个城邦制(宪法)进行了比较研究，写出了著名的《雅典政治》一书。但是，比较研究作为研究

① 有宝华.比较教育分类法研究综述[J].外国教育资料,2000(2):10.
② 秦行音.比较教育研究方法的发展与争论及其对中国比较教育的意义[J].外国教育研究,2004(1):26.

的一种重要方法是在 19 世纪以后被引入的。19 世纪前的比较研究是以“旅行者的传记”的形式出现的,一些杰出的旅行家在对他国文化教育状况所作的零星记录与描述中,有意识地作了一定的比较分析。至 19 世纪,一些研究者通过专门的实地考察、访问,有意识地收集不同国家的教育制度和教授法资料并作简单的类比,为本国教育借鉴。典型的人物有法国的朱立安,美国的霍拉斯曼,英国的马修阿诺德。这个时期,比较研究虽有发展,但仍以描述为主,是一种带有功利目的的教育借鉴活动,还不能解释教育现象的种种内在原因,比较分析的方法也未成为对研究者们起主导作用的方法。根据不同的标准,我们可以把比较研究法分成如下几类:

1. 单向比较和综合比较

单项比较是按事物的一种属性所作的比较。综合比较是按事物的所有(或多种)属性进行的比较,单项比较是综合比较的基础。但只有综合比较才能达到真正把握事物本质的目的。因为在科学研究中,需要对事物的多种属性加以考察,只有通过这样的比较,尤其是将外部属性与内部属性一起比较才能把握事物的本质和规律。

2. 横向比较与纵向比较

横向比较就是对空间上同时并存的事物的既定形态进行比较。如教育实验中的实验组与对照组的比较、同一时间各国教育制度的比较等都属于横向比较。纵向比较即时间上的比较,就是比较同一事物在不同时期的形态,从而认识事物的发展变化过程,揭示事物的发展规律。在教育科学研究中,对一些比较复杂的问题,往往既要进行纵向比较,也要进行横向比较,这样才能比较全面地把握事物的本质及发展规律。

3. 求同比较和求异比较

求同比较是寻求不同事物的共同点以寻求事物发展的共同规律。求异比较是比较两个事物的不同属性,从而说明两个事物的不同,以发现事物发生发展的特殊性。通过对事物的“求同”“求异”分析比较,可以使我们更好地认识事物发展的多样性与统一性。

4. 定性比较与定量比较

任何事物都是质与量的统一,所以在科学研究过程中既要把握事物的质,也要把握事物的量。这里所指的定性比较就是通过事物间的本质属性的比较来确定事物的性质。定量比较是对事物属性进行量的分析以准确地发现事物的变化。定性分析与定量分析各有长处,在教育科学研究中应追求两者的统一,而不能盲目追求量化,教育毕竟是一个不同于工人制造产品的活动,很多东西并非能够量化。但也不能一点数量观念都没有,而应做到心中有“数”,并让数字来讲话。

5. 宏观比较和微观比较

认识一个事物,既可以从宏观上认识,也可以从微观上认识。从宏观上把握事物的本质,对事物的异同点或基本规律进行比较,则是宏观比较。从微观上把握事物的本质,对事物的异同点或基本规律进步比较,则是微观比较。

6. 同质比较与异质比较

同质比较是一种对两种或两种以上同类事物所具有的特征进行比较,从而认识它们的相同点和不同点的研究方法。同质相同点比较即“同中求同”,它可以揭示事物发展变化的共同点;同质不同点比较即“同中求异”,它可以揭示事物发展变化的特殊性。异质比较是对两种或两种以上性质相反的事物，或者一个事物的正反两个方面进行比较，以寻找它们的相同之处和隐含的共同规律。

7. 文献性比较、实验性比较和调查性比较

文献性比较是一种查阅现有的教育、心理文献资料，对所查阅的文献资料进行比较分析，揭示教育、心理现象的本质和规律的研究方法；实验性比较是一种依据实验研究的基本思路和设计，通过实验进行比较研究，作出结论的研究方法；调查性比较是一种对某一教育、心理现象或问题的调查结果进行比较分析，从而揭示其实质或规律的研究方法。

对比较研究法的运用，乔治贝雷迪在《教育中的比较方法》一书中提出了四阶段比较研究法，分别是：描述、解释、并列、比较。具体来说，比较研究法的运用可分为五个步骤：(1)确定比较的问题，这一环节包括选定比较的主题、研究比较的项目、确定比较的范围；(2)确定比较的标准，比较标准就是把比较对象的材料按可比较标准排列起来；比较的内容和概念要明确，标准要具体，要有可比性和稳定性，数据要精确；否则，比较是不科学的，甚至是错误的；(3)收集资料并加以分类，解释。收集资料并加以分类，解释比较结果的取得是建立在对所获材料进行分析的基础上，收集的材料是否完整、全面、客观，对所收集的材料如何进行整理和分工，都会影响到比较研究结果的科学性和准确性；(4)比较分析。这是比较研究最重要的环节，不仅要说明教育现象是怎样的，而且还要说明为什么这样，分析其形成的原因；(5)结论，结论这一步骤要求通过对材料进行全面的分析比较，得出结论，并对所得的结论进行理论和实践的论证。

比较法之所以成为比较教育最基本的研究方法，其最重要的内在学理依据便是它的跨文化特性。由于比较教育研究先天地要在跨文化的视野中考察不同民族、国家和地区的教育现象，这就决定了它们之间必然的参照关系。但在比较教育研究中，比较法不仅仅是一种具体的研究方法，而且更主要的还是一种比较视野，是比较教育特有的研究范式。

二、社会科学研究法

这类方法运用不同社会科学的学科观点及分析对教育进行比较研究，这类方法应用很广泛。如社会学法，注重在比较教育研究中运用社会学的原理和研究法，强调比较教育研究中关注教育与社会关系过程，分析教育与社会发展的互动关系；经济学法则注重经济发展与教育发展的互动关系，将人力资本论运用于比较教育研究，向发展中国家推广发达国家的教育与经济互动模式；人类学则将人种志研究的实地调查研究和跨文化比较研究运用于比较教育研究之中，注重微观与宏观研究的统一，注重文化背景的分析；历史学法则注重从历史发展的角度来进行教育的比较分析。

1. 历史研究法

从 19 世纪末 20 世纪初开始，由于受到当时西方历史主义学派形成和发展的影响，加之当时民族主义兴起的推动，比较教育研究方法论开始出现人文主义的转向。在兰克(L · Ranke) 、特洛奇(E · Troeltsch)、迈纳克(F · Meinecke)等历史主义学派看来，每个国家都有其个性，代表一种个别的精神，而无共同的历史可言；作为历史事物，其具有单一性和相对性，在方法论上他们强调历史是不可重复的，不能像自然科学那样用普遍规律或模式进行推理研究。而 19 世纪末 20 世纪初民族主义的发展，使得民族国家成为国际事务中的

重要单元,为了实现民族国家的发展与振兴的目标,各国政府纷纷将教育视为强国之本大力推动教育改革。在这种背景下,历史主义研究范式开始在比较教育中兴起,并逐渐在比较教育研究方法论中占据主导地位,比较教育研究开始由初创时期的描述性研究向寻求历史解释的研究取向转变。历史主义研究方法的要点有二:一是强调一个国家或地区的教育发展与教育制度的形成受该国或地区的社会、政治、经济、文化、历史、自然环境和民族传统等各种因素的影响,因而要把它放在一定的背景中加以研究;二是强调教育中历史传统的持续性,强调要从历史的角度看待比较教育。

1900 年,英国比较教育学者萨德勒(M. Sadler, 1861—1943)发表了《我们从对别国教育制度研究中究竟能学到什么有实际价值的东西?》的演讲,这标志着比较教育学科体系与历史主义研究范式开始形成。在这篇著名演讲中,萨德勒率先提出比较教育的主要目的是用比较和历史研究中获取的经验来影响本国教育政策的制定,强调比较教育的研究要通过文献分析,以直觉及历史的方式,探究教育制度背后的影响因素,强调一个社会之中的学校必须在那个社会背景中进行研究。此后,汉斯、施奈德、康德尔、乌利希等人遵循这一思路,又进一步加以继承和发展了萨德勒的观点,他们都注重对产生各国或地区教育现象的因素进行纵向分析,特别是对其历史背景进行分析研究。而另一部分学者如马林森等则更强调形成各国或地区教育现象的横向原因,十分重视文化、宗教、政治环境、经济状况,特别是民族历史传统的分析。萨德勒、汉斯(Nicholas Hans, 1888—1969)、施奈德(Friedrich Schneider,1881—1974)、康德尔(Issac. Kandel,1881—1965)、乌利希等比较教育学家一改朱利安时代比较教育倾向于朴素的、现实主义的客观描述的实证方法,转而通过历史、文化的考究来挖掘民族国家教育制度的成因,强调对他国教育的借鉴应该是理性的借鉴,①比较教育学者应努力挖掘对象国教育制度形成的诸多因素,并对这些因素进行合理的解释。

在 1900 年《我们从对别国教育制度研究中究竟能学到什么有实际价值的东西?》的演讲中,萨德勒提出研究外国教育制度必须要深入到学校之外去寻求“维系着实际上的学校制度并对其取得的实际成效予以说明的那种无形的、难以捉摸的精神力量”②,因为“学校之外的事情甚至比学校内部的事情更重要”③,强调研究外国教育不能离开其扎根的特定社会背景。不仅如此,他还指出,“任何出色的真实有效的教育都是民族生活与特点的写照。它根植于民族的历史中,适合于他的需要。”④强调研究他国的教育制度必须关切与之密切联系的社会文化和民族特性。萨德勒的这些主张,为以因素分析为主要特点的历史主义范式确定了方向。正如美国当代比较教育家卡扎米亚斯所说:“萨德勒的这些原理,构成了 20 世纪比较教育的理论方向的奠基石。”⑤

美国比较教育学家康德尔深受萨德勒的影响,他指出:“比较研究首先要求理解形成教育的无形的、不可捉摸的精神和文化力量,这些校外的力量和因素比校内事务更重要。因

---

① 赵明玉 李雅君. 徘徊于人文主义与实证主义之间[J]. 外国教育研究,2006(9):22.

② 王承绪. 比较教育学史[M]. 北京:人民教育出版社,1999:64.

③ 王承绪. 比较教育学史[M]. 北京:人民教育出版社,1999:66.

④ Sadler. The Unrest in Secondary Education in Germany and Elsewhere, in Board of Education, Special Reports on Educational Subjects. Vol. 9, London: HMSO, 1902:162.

⑤ [美]卡扎米亚斯,马西亚拉斯. 教育的传统与变革[M]. 北京:文化教育出版社,1981:3.

此，教育的比较研究必须建立在对学校所反映的社会和政治理想的分析之上，因为学校在传递与发展中集中体现了这些理想，为了理解、体会和评价一个国家教育制度的真正意义，有必要了解该国的历史与传统，统治其社会组织的力量和态度，决定其发展的政治与经济条件。”[①]他不仅接受了萨德勒强调学校外部因素的观点，而且提出了根据历史学科研究的中心点来理解比较教育学科领域的新观点，指出“要理解任何一种制度以及两种制度间的差异，不深入到其背后发现影响其形成的因素，那是不可能的。”[②]强调从历史的角度研究国家的教育制度，认为比较教育是“延续至今的教育史研究。”[③]为了全面清晰展现他对比较教育方法论的见解，他还提出民族主义、民族性和“力量与因素”等概念，用以说明比较教育的方法论。

在《比较教育的历史研究法》中，汉斯也强调了历史主义研究对比较研究的重要性：一是任何比较资料的解释都需要历史背景；二是对于比较资料的解释必须有其他方法作为补充。[④] 在汉斯看来，虽然历史研究并不能得出解决所有学校问题的最佳方法，但是“历史的影响常常具有决定性的作用，即是现时代也不例外”；[⑤]“唯有历史研究才能解释种种教育政策的差别。”[⑥]不仅如此，在1949年出版的《比较教育——教育的因素与传统研究》一书中，汉斯还构造了由自然因素、宗教因素和世俗因素构成的因素分析的框架，倡导通过这些因素的历史形成、发展过程和在教育上的反映等历史事实进行分析比较。除了萨德勒、康德尔、汉斯之外，施奈德在比较教育方法方面也倡导比较法，只不过在使用比较法时他重视哲学辩证法，非常重视民族性和教育的内部发展动力的作用。

概括言之，历史主义研究方法不满足于对教育现象的描述，非常重视教育扎根的社会背景和文化的分析，强调历史分析的解释作用。通过这种分析解释，历史主义研究范式旨在说明每一种教育制度是如何表现其独特性的，由此来强调教育中适用性的重要作用。[⑦]

2. 批判民族志法

在比较教育学的质的研究的转向过程中，批判民族志方法进入了比较较教育学者的视野，其中以梅斯曼、法利等人为典型代表。依据梅斯曼之见，“在比较教育学研究中，运用这一方法（批判民族志）来探究学校中活生生的经验，但却又不仅将分析囿限在行动者对本身情境的知觉上，这也应该是可能的……把理论观点建立在对教育革新的民族志研究的这些问题上应该是可能的。可以进行对中心国课程传播和接受国文化再生产的详细研究。”[⑧] 1982年，梅斯曼在《比较教育评论》上发表了《论比较教育研究中批判人种志》一文，说明了

① Kandel. Comparative Education[M], Greenwood Press Publishers, 1933. ? Ⅵ - X IX.

② Kandel. The New Era in Education: a Comparative Study, London, Harrap, 1955: 46.

③ 王承绪. 比较教育学史[M]. 北京：人民教育出版社，1999：73.

④ Hans. The Historical Approach to Comparative Education[J]. International Review of Education, 1959(5): 300 - 301.

⑤ 赵中建，顾建民编. 比较教育的理论与方法[C]. 北京：人民教育出版社，1994：101 - 88.

⑥ Hans. The Historical Approach to Comparative Education[J]. International Review of Education, 1959(5): 300 - 301.

⑦ 陈时见，刘揖建. 比较教育研究范式的发展及其走向[J]. 比较教育研究，2006(6)：2.

⑧ 卫沈丽. 试论比较教育学研究中的批判民族志方法论[D]. 东北师范大学. 2009：29.

比较教育研究与当代思潮的关系。[①] 他认为,比较教育作为一个研究领域,基本上反映了当代的思想潮流。该领域的早期研究关注国家教育体系的类型学(y - Pologies),而这种发展与当代人类学和社会学用类型来定义社会有关。随着经验研究渐受重视,比较教育研究也开始转向大规模的教育成果或效果调查研究及比较上。在梅斯曼看来,比较教育研究中应该有可能运用这样一种方法,去探究学校中活生生的经验,但却未必将分析囿限在行动者对其本身情境的知觉内。其中的一种方法就是批判民族志。[②] 梅斯曼批判民族志方法论应用于比较教育学研究中是有选择性的,她特别看重民族志与理论建构两个方面的运用,而其中首位的就是强调批判民族志方法论中的民族志部分。她希望这种小型的(反对巨观的)、参与观察的质的研究方法能够将活生生的教育事实表达出来。看得出这是她对实证主义量化研究的反思的结果,更是对比较教育学研究中的微观研究的向往。她认为,这一点对于能够在情境中参与理解其中的行动者的文化和符号生活的民族志研究来说,是完全能够做到的。因此,她最先将比较教育学研究的质的转向与民族志连结在一起。同时,梅斯曼的观点中也表露了她的比较教育学研究中的批判倾向与对权利关系的重视。[③]

(1)追求理论的运用

比较教育学者从未放弃过对理论的追求和应用,以期发现更多更为有效的教育发展规律。而批判民族志方法论能够满足比较教育学研究的这一追求。批判民族志方法论是微观研究与宏观研究的结合体,微观研究是指民族志研究的方式和方法的本质是质的研究,而宏观研究则是指两个方面:一个是在研究过程中以各种社会理论作为研究的指导思想或理论基础,二是在具体研究之后对各种现存的社会理论的证实、补充、改良甚至创新。马林诺夫斯基就曾经强调:"民族志学者应当了解现代科学研究的结果及其原理、目标,并接受其启发……在理论上有良好的训练,并且熟知最新的科研成果,并不是要负担'先入为主的成见'……如果他带进田野中的问题越多,越能习惯于根据事实来建构理论,并以相关理论来看待事实,那么他对于工作的准备就越充分"。

(2)反对"见闻式"研究

比较教育学研究领域经常会出现一些学者对比较教育研究的严谨性和有效性提出批评和表示担忧,这其中就包括对一些非理论化的、肤浅的、未涉及更为宽广的学术话语的、"见闻式"的研究文章的批判。马越彻在他的一篇文章中对这种情况表示担忧:"如果比较教育学的研究者仅仅是某个国家或地区的'情况家'、'信息家',情况就不妙了"。他总结了市川昭午在《比较教育学的再思考》一文中对日本比较教育研究的批评:"把搜集某个国家的教育信息和介绍其比较教育理论误认为是比较教育研究;不进行'比较',而罗列'各国报告',在比较教育研究中很盛行"。

这些情况在比较教育学研究领域是确实存在且难以解决的。因为,这与比较教育学的目的、发展阶段、研究手段、研究者的素质等各个方面相关。所以,我们并不能抱着希望将这些问题彻底解决,而是要以正确的态度对待并作出应有的努力。提出这些问题的比较教

---

① Vandra Lea Maseman. Critical Ethnography in the Study of Comparative Education[J]. Comparative Education Rivew, 1982(2).1-15.

② 刘彦尊.人种志方法在比较教育研究中的应用[J].外国教育研究,2006(9):33.

③ 卫沈丽.试论比较教育学研究中的批判民族志方法论[D].东北师范大学.2009:29.

育学者大多也都在进行问题的分析和解决之道的探索。比如,芬德罗提倡比较教育学“向人类学取向的方法论开展研究”;马越彻提出彻底地进行区域研究,与学科互动,从而促进比较教育学理论化。而无论这两者哪一种,都可以将批判民族志方法论建构于其中,促使“真正的”比较教育学研究的开展。

这是因为,批判民族志方法论既有利于形成一种有效的微观与宏观综合的研究模式,同时还能保证真正的有效的实地调查研究。通过批判民族志的研究方法对实地进行研究,能够通过过程中的批判反思以及各个研究步骤的资料的相互印证来保障获得资料的有效性和深刻性,同时,在分析结果时,也会有意识地运用各种相关的社会理论来解释这种现象和问题,从而形成理论与实践相结合,促进微观研究与宏观研究相结合。如果这样的研究方法能够切实地运用到比较教育学研究中去,那么比较教育学者就会逐渐摆脱简单的信息描述和非理论化研究的桎梏。①

民族志是一种描述文化过程的研究,所以对民族志研究方法的探讨并不仅仅囿限于具体的方法层面上,重要的是方法背后存在的价值。因此,批判民族志方法对比较教育研究所给予的启示与其说是一种形式上的方法,不如说是一种带有文化人类学观念和意识的跨文化比较方法。

第一,民族志研究不仅仅是对人类文化做些“百科全书式”的描述,而是试图摈弃基于研究者个人文化的判断、先入之见和行为诠释,根据个人体验来建构研究中的文化世界观映像(image)②。这种映像脱离历史和它赋予意义的努力,自我剥离,力争成为纯粹的展示,成为原始奇观。在比较教育研究中,不仅要采用传统的比较方法,而且要吸收与借鉴民族志的研究方法,开辟研究的新领域。正如有学者所认为的:“这种方法要求研究者深入某一社群的文化,并在其中长期生活,从‘内部’提供对该文化的意义和行为的描述。研究者要直接参与该社群的社会、经济、仪式等方面的活动,并通过学习该社群的语汇或思考方式,来解释文化。”③但是,任何一种单一的研究方法都不能在整体上为比较教育提供全面合理的解释,每种研究方法都有其存在的价值和局限性,其合理性是相对的。不同的研究方法之间不应该对立,而需要合作、补充与相互促进。我们要学会从人类学视角去观察与审视比较教育问题,将比较教育作为传播与传递文化的重要手段,认识到比较教育视野中的文化也是社会文明的一个因子。

第二,民族志研究方法还提倡“局内人观点”(from the native's point of view),强调站在他人的立场上去著述他人,从研究对象自身文化的观点来看问题。比较教育研究中,研究者需要在平等看待研究对象的基础上,真正地理解比较研究对象,尊重文化的多样性,克服文化之间不平等带来的偏见,在拓宽研究空间的广度的同时,深入研究特定地域内的教育现象。

第三,民族志研究有一个一体两面的研究策略。其一,深入内部:民族志理论强调研究者要深入到特定文化背景的社群中,真正走入一个社会的内部,进行参与式的观察,将自己

---

① 卫沈丽.试论比较教育学研究中的批判民族志方法论[D].东北师范大学.2009:38.

② Nancy Harding. The Ethnography project: A Method for Increasing Sensitivity in Teaeher Candidates[EB/OL]. http://www.edchange.org/multicultural/papers/ethnography.html,2006-05-21.

③ 刘彦尊.人种志方法在比较教育研究中的应用[J].外国教育研究,2006(9):35.

浸淫于所研究的社会团体生活之中，在自然情景下采用多种数据收集方法对社会现象进行细致入微地观察，从多个层面对复杂的现象进行考察和比较，从整体上综合把握事物的本质，而不仅仅是看到或局限于事物的一个部位。其二，跳出来，即主动地与所身处的文化拉开距离。因为我们既不能完全进入一种文化，也不能完全摆脱自己的文化。因此，作为比较教育研究者的立场应该是在“此”与“彼”之间、在“己文化”与“异文化”之间保持一种度。①

3. 统计分析法

统计分析法是教育统计技术在比较教育研究中的具体运用，是进行教育比较研究时所采用的一种量化研究方法。具体地说，统计分析法是采用数理统计的方法，对比较教育的研究对象的各种要素进行量化分析，以期掌握教育情况，探索教育发展规律，评价教育效果，指导教育决策。在比较教育研究中，统计法既是收集教育资料的一种手段，也是其他研究方法的一个基础或补充，还可以是一种专门的研究方法。

一般说来，统计分析法包括两个方面：一是描述统计法。即对教育调查或教育实验中所获得的大量数据资料，用统计图表的形式进行分类，找出它们的大概的分布形态；在此基础上，计算数据资料的特征数，如集中量数、差异量数和相关量数，力求显示对象国或地区教育现象的真实情况，找出并分析影响教育发展的相关因素，从而揭示其内在规律。二是推断统计法。建立在描述统计的基础上的推断统计，是概率原理，利用样本的数据资料对总体进行估计和假设检验分析。总体估计包括点估计和区间估计两种；假设检验则包含有 Z 检验、T 检验、方差分析、回归分析、协方差分析、因素分析、聚类分析和一些非参数检验。推断统计法的目的是，从特殊去推断一般，使研究的结论应用于更广泛的范围，并达到一定的预测效果。

比较教育自朱利安时代起，从某种程度上就已利用了统计分析法。朱利安的表格已涉及到预测性数据资料的统计，按照朱利安的建议，应把小册子中的问卷分发给不同的国家，然后对问卷的答案进行数量分析和质量分析，从而使建议成立的国际教育委员会能够全面而且详尽地注意到某些主要的缺点和错误。通过问卷收集到事实后，将借助一些《分析表》进行研究，这样的分析将特别有助于改进师资培养和教材编写。朱利安的问卷，共有 120 个有关初等教育的问题，以及 146 个有关中等学校、古典学校的问题（他在小册子最后曾提到，将陆续公布另外四个系列的问题，即高等理科教育，师范教育，女子教育，教育与立法机构、社会机构之间的关系，但后来并未发表。）应该说朱利安提出的问题，是经过很好的设计和很好的组织的，它们确实体现了当时的注意中心，而且这些问题在总的结构上与国际机构今天提出的问题十分相似（这一点曾为罗塞洛所确认）。朱利安设计的《分析表》，与罗塞洛、国际教育局的设计也很相像。②

后来的比较教育学者如瑞士的杜塞罗、美国的哈里斯、德国的雷库姆以及莱瓦苏尔、伊登伯格和黎成魁等人，对统计分析法在比较教育研究中的使用都提出了自己的独到见解。统计分析法的最大长处，是通过对比较教育研究中的某些因素进行量化处理，提高研究的

---

① 刘彦尊. 人种志方法在比较教育研究中的应用[J]. 外国教育研究，2006，(9)：35.

② 张人杰. 评二战后西方比较教育研究方法的演变（上）[J]. 外国教育资料，1989(2)：36.

客观性和有效性。特别是用来在国际范围内检验特定的假说的有效性,如国际教育成就评价协会就运用相关分析来揭示学生的学科成绩与学校、家庭和社会背景之间的关系。但是,统计分析法的使用仍受许多条件限制,如多国教育现象的可靠资料的收集的困难,以及在教育中存在着许多难以精确统计和量化的因素,对于它们是无法依靠以概率判断为特征的统计分析来研究的。因此,对于唯量化研究才是科学研究的错误观念,我们应予以批判。

4. 文化主义分析法

1967 年鲍迪尤(Bourdien, P.)和帕塞伦(Passeron, J. C.)首次提到了对教育问题进行"文化主义"研究。霍姆斯在汉堡联合国教科文组织教育研究所比较教育专家会议上提出的《文化主义方法论》一文认为,正如在实际生活中,实践常常先于理论一样,文化主义方法具有实践应用价值。文化主义方法主要关心相似比较,同时探究一个工业社会的理论和实践在另一个相似的社会中能有多大的应用范围;若干这种社会的理论和实践之综合在形成国际教育网中能有多大的用途。

文化主义比较的两个参数是教育和文化,这一点虽然可以为人们接受,但还需要对这两项作进一步的说明。划分教育概念的一种便利方法是,接受那些与常用的教育分析相一致的范畴:目标、结构、课程和教育方法。这些范畴都很容易作进一步细分。因而,目标可以按照长期的或短期的来进行分析;进一步说,它们可能是以学生为中心的,以学科为中心的,以社会为指向的或以哲学为指向的。结构可以按照教育水平和横向或纵向差异程度进行分类。课程必须包含所有学习活动,不论是智力的、道德的、社会的还是审美的,也不管是否发生在正规教育场合;它们还必须明确地包括在教育机构中正式学习的所有学科内容。教学方法包括正规的和非正规的两类,它们一般和教有关,特别与一门学科或一组学科有关。另一方面,定义的某些限定必须得到承认:从这种分类中可以看出,两个重要的、常用的教育概念令人遗憾地不得不省略了,因为它们难以适合对文化主义方法的说明。它们涉及学习中所使用的资源和不论是学生、教师、教学内容还是教学方法的评价过程。另一个必不可少的参数,即文化本身不像教育那么容易分析。我们对教育产生影响的文化进行分类,可以将它分成:宗教态度、哲学态度、政治态度、社会和经济态度、知识态度。

文化主义的方法是牛津大学发展起来的。在牛津,有一个小组已经展开特别是课程方面的跨文化和跨国家的比较研究。第一项是牛津和欧洲议会课程和考试评估研究。研究报告的文化论据充分证实文化指标的比较研究的重要性理论。第二项研究是联合国教科文组织委托研究的课题。研究从一个国家的中等教育转到另一个国家的高等教育的背景下课程对等的问题和可能性。已经使用经过悉心准备和非常详细的学科题目调查表对五个国家课程的主要领域的一致程度进行估算,同时也对目标和评价过程的一致程度作了估算,结果,提出了许多实际措施,以改进"派遣"国学生所受的中等教育和"接收"国的高等教育之间的"适合"程度,并为学生做好准备以便他能适应不同的文化环境。因为,外国学生的学业失败常常不仅由于语言的困难,而且由于"文化的冲撞"。

文化主义方法研究的是事物的个性,认为任何教育都是特定文化背景中的产物。因此,不仅要研究教育本身,更重要的是研究教育中的各种文化因素,从各国的实际出发来分析研究教育,而不应把一国的教育模式作为评判另一国的标准。因为,比较教育的实践目的在于借鉴以促进教育改革。对文化因素的详尽考察,正是为了借鉴有用的东西。由于国与国之间,地方与地方之间的文化不可能真正匹配一致,那么,文化主义比较教育研究就要仔细分析决定教育的各种文化因素,从我们赖以生长、生活的独特文化中去寻找教育改革的依据,以提高教育决策能力,建立有特色的教育体系。①

5. 功能主义接近法

被称为社会学奠基者之一的涂尔干(E - mile Durkheim),在本世纪初早就指出,教育"完全是一个社会现象",它随着时间和空间而变化,"它要达到的目标或使用的方法,乃是它适应的一些社会需要,它要表达的正是一些集体的思想和感情"。② 法国涂尔干的这些论述,严谨地表明了社会学家对教育所持立场。20 世纪 50 年代末,美国的安德森就主张以结构功能主义作为比较教育研究的方法论基础。按照他的意见,比较教育不仅要研究各国的教育结构,还要研究教育结构的功能。涂尔干的观点,在卡扎米亚斯与马西亚拉斯(B. Massialas)撰写的《教育的传统与变革》中,也得到了充分体现。他们明确地提出,要使比较教育研究具有必要的客观性,就应该毫不犹豫地以功能主义接近法和协变法(method of co-variation)作为其"科学基础"。卡扎米亚斯和马西亚拉斯强调,康德尔等人用历史法对不同教育系统的异同点作出的解释,显然是不够的,因为这种解释失之于主观主义。

关于比较教育研究运用功能主义接近法和协变法的必要性,卡扎米亚斯和马西亚拉斯的阐述颇为简明。他们指出,首先,加以比较的两个或几个教育系统,在使用这种方法时已作为社会结构加以描述;然而相似的结构也可以完成不周的功能。例如,土耳其与美国的初等教育有相似的结构,但各自完成的功能有所不同。在土耳其,实施的是 5 年制教育,这是一种对多数学生说来具有终止性的教育。在美国,初等教育只是一个阶段,其任务是使全体学生能够继续受到中等教育。因此,若把这两个国家的初等教育结构进行比较,就可能犯错误——把不可比较的东西来作比较。社会学的功能分析则是更为可靠的方法。它可以揭示各种社会设施是怎样安排的,并揭示各种社会设施之间是以哪种方式发生影响的。不言而喻,这些论述的历史渊源可以追溯到涂尔干的社会结构及其功能差异说。卡扎米亚斯和马西亚拉斯认为,把功能主义接近法应用于比较教育,毕竟还是能够把教育结构中彼此有区别的变量析离出来,并确定它们之间的关系和社会结构完成的其他功能。使用协变法,正是为了确定各变量之间的关系。③

经验证修订的协变法,可以推广应用到教育规划等领域。在整个功能分析中,应把加以研究的事实不仅放在目前的总背景中加以审视,还应该放在历史的总背景中加以审视。卡扎米亚斯等在其《教育的传统与变革》一书中,用这种方法进行了两项主要研究:(1)教育与政治英才的形成(日本、英国、土耳其和美国);(2)关于若干国家的教育管理、学校组织和课程计划,涉及的国家除上述四国之外,还有希腊、法国、苏联、联邦德国和坦噶尼喀。

6. 教育分类法

比较教育研究尤其离不开分类。可是,提出比较教育理论和研究方法的比较教育学家,在过去却出人意料地并不强调教育系统的分类;提出这种分类者,多数不属于比较教育界。诚然,康德尔在 1938 年发表的《管理类型学》中曾指出,各国教育系统可以根据它们寻

① 袁春艳,邱白丽. 比较教育的文化主义方法[J]. 江苏高教,2004(5):119.

② Emile Durkeim. Education at sociologie[M]. Paris:Presses Universitaires de France, 1934:106 - 131.

③ 张人杰. 评二战后西方比较教育研究方法的演变(下)[J]. 外国教育资料,1989(3):69.

求的目标加以分类,施奈德也曾说明德、英、法三国教育系统的特点,试图把其他教育系统分别归入这三类教育系统。但前者的分类极其粗糙,后者则失之于简单化。确实,进行分类并不容易。它首先要依据某种观点,而这种观点却未必能被人普遍接受。其次,按照被分类的事物的形式、内容及其组成等进行的分类,至少对被分类的事物的主要特点,应提出一些假设。到目前为止,大致有三种分类①:

(1)按教育理论加以分类

H·A·格雷斯提出的不是各国教育系统分类,而是可以用作教育系统比较研究方法论的教育理论分类。在他看来,教育理论分类实际上也是一种高度的哲学思辨活动。整个分类至少在其深处含有一种哲学基础,教育系统亦然。因为,教育系统如果不能明确而又严密地提出目标和途径,就必定已推迟了哲理的探讨。但是,"拒绝探讨哲理,实际上还是在探讨哲理。"每个教育系统都在对教育问题作出自己的回答,倾向于维护本身的完整性。为了对这些"回答"进行分类,格雷斯借鉴一些行为科学,其中主要的似乎是心理学。为了说明教育理论的特点,他认为首先应该确定教育理论固有的目标,然后应该确定促进实现这一目标的心理学的种类,接着应该确定教育理论提倡的教学方法、教学方法的原则、学生的学习方式、师生关系以及其他更特定的问题。

收集到上述教育资料之后,把它们按四大类别加以分类。第一类是以行动为目标的随机理论。它的心理学是"联结"心理学。这类理论相当于人类发展史中的童年时代,主要说明北美教育的特点。第二类是内化理论。它说明大多数传统型的欧洲教育系统以及苏联教育系统的特点。教育的目标是灌输单一的信仰。支持这类理论的心理学是以满足本能的立论为基础的。它相当于人类发展史中的少年时代。第三类是经院理论,主要指亚洲——特别是中国孔子——的教育理论。它相当于人类发展史中的成年时代的初期,寻求的目标是发展思维。它的心理学是格式塔心理学。第四类是以实用主义为基础的理论,寻求的目标是发展有意识的行动。它的心理学是目的论心理学(使人意识到目的)。这类理论相当于人类发展史中的壮年时代。它有高质量的教育,但这是一种理想。

(2)按民族心理学加以分类

1964年,法国的J·利翁建议,根据民族心理学(或者说民族特性)对具有欧洲文化的各国教育系统进行分类。利翁首先指出:"在教育方面存在着一个基本的二律背反",即"紧张状态"和"同规律结晶状态"。这是他选择的教育领域的"动力线"。按照他的看法,作出这样的选择,可以把比较教育中有争论的事实的多样性与复杂性搁在一边不予考虑,还可以突出对教育的哲学问题作出回答时所持基本态度。根据这些"动力线"进行分析,尤其可以揭示社会本身的构想,即它要变成怎样的社会。因此,可以区分出彼此有很大差别的处于强紧张状态的教育和弱紧张状态的教育。前者倾向于抵制自卫的本能,后者也被称为处于同规律结晶状态的教育。在处于强紧张状态的教育系统中,预先就把儿童看成是"靠不住的",教育的任务是要克制儿童的本性和动物性,使之成为不热衷于物质利益的人,其途径是严格的训练。在这种教育系统中,一般都有"微型教育气氛"(类似于寄宿制),它的特征是,儿童与成年人隔离,对儿童在身心和智力方面有许多要求,并且有严格的纪律,

① 张人杰.评二战后西方比较教育研究方法的演变(下)[J].外国教育资料,1989(3):70.

与生活的联系也不多。相反，在处于同规律结晶状态的教育系统中，教育和学校“接近生活。”

以此为基础，J·利翁作了下述分类：A. 拉丁型教育系统，它包括法国、意大利、伊比里亚半岛和希腊的教育系统，在一定程度上还包括土耳其教育系统。智力至上为其特点：力求使学生在口头和书面表达上具有明确性、客观性和正确性。为此采用课文解释和作文练习等形式。儿童的学习负担很重。“非智力方面的”教育或多或少被忽视了。B. 德国型教育系统，介于拉丁型教育系统与接着就要谈到的斯堪的纳维亚教育系统、盎格鲁一撒克逊教育系统之间的教育系统。在这类教育系统中，“紧张状态”与“同规律结晶状态”是均衡地存在的，这可以部分地归因于同时有着天主教和新教的影响。它一方面保持了像法国进行的含希腊语和拉丁语的中学毕业会考（强紧张状态的教育），另一方面却又几乎不存在“微型教育气氛”，而且也不存在法国那样的十分激烈的竞争性考试。此外，传统的教育形式已被音乐、唱歌和艺术教学所削弱。C. 斯堪的纳维亚型教育系统，它与德国教育系统有某些相似之处，“紧张状态”的减弱极为明显，但实科教育已有所加强，且强调身体健康和心理卫生。这实际上是一种“全面”教育，让个人有自由，如同美国教育。D. 盎格鲁一撒克逊型的教育系统，它有一系列与众不同的反常之处。它是“处于强紧张状态的”教育系统，但与拉丁型教育系统又有许多差别。换言之，这两种类型教育系统都保留了中世纪的不少特点，可是，拉丁型教育系统主要保持了修道式的制度，而盎格鲁一撒克逊型教育系统进行的则类似“新骑士”教育。它在智力方面的要求，看来不如对强壮体魄的要求那样高。抵制“微型教育气氛”是它的另一特点。E. 美国型教育系统，它保留了英国的某些教育结构，然而，它本质上是“处于同规律结晶状态”的教育系统，与英国教育系统有很大区别。美国教育的特点是学生十分自由，直到中学毕业前，学生基本上都能升级，而且设有含课程很多的选修制，等等。

（3）按统计加以分类

按统计加以分类主要是由联合国教科文组织和国际教育局制订的一种分类方法。某些比较教育研究者也使用这种方法。它可以囊括所有的教育系统，其主要优点是能为各成员国提供定量和定性的资料。统计分类法的原则是，或者根据各级教育的入学率，或者根据各类教育中的学生人数年增长率将各有关国家分类。

60 年代初期至中期，除了系统地利用教科文组织和国际教育局出版的著作中的上述资料之外，比较教育研究者还着手开发统计分类法，其中值得一提的有拉斯卡（J·A·Laska）。

J·A·拉斯卡在这方面提出的教育发展阶段类型学，虽然没有修正各国的统计数据，但是为教育规划指出了教育发展阶段的序列问题。他依据“功能”观点，用三种百分比（完成小学 4 年级学业的学生所占百分比，完成小学全部学业的学生所占百分比，完成中学学业的学生所占百分比）之间的关系，确定了教育发展的三个阶段。根据一个国家达到其中的哪一个阶段，便可以确定这个国家的教育发展处于什么阶段。此外，卡扎米亚斯和马西亚拉斯用这种分类，确定教育民主化在不同国家的发展程度。

纵观上述三种分类法，我们可以这样说，虽然分类法在比较教育研究中的使用其起步较迟，且各自都有一些不足之处，但在比较教育研究的方法论上，确是一些有益的尝试：格雷斯试图依据教育理论，对所有的教育系统进行分类，利翁试图强调，民族心理学在对相同文化类型(欧洲文化)的国家进行分类的重要性,而国际机构以及费尔奈格、拉斯卡等人,则试图对各国中小学发展水平进行分类。这些尝试多少可以表明,分类法是总结和推进我们认识的一个有效的工具。

三、教育问题研究法

这类研究法介于纯粹比较研究法与社会科学研究法之间,纯粹比较研究注重从"比较"与"教育"两个概念在研究中的意义,强调对一般教育现象和制度的比较,而教育问题研究法则注重于对教育面临的问题进行研究,具有横向性、多样性及紧迫性等特点,这类课题不一,范围不一,但都是属于当前迫切需要解决的某一特定的教育问题,这类研究包括很广泛,教科文组织亚太教育办事处的各种教育项目,大多以问题研究来策划和开展。世界全民教育的主题也主要是应用了问题研究法。

比较教育的研究对象是一个或多个国家的教育制度,教育制度与历史、文化、民族性、政治、经济等多个要素之间关系的复杂性决定了单一的研究方法远远不能满足研究的需要,必须从其他学科借用研究方法。因而长期以来,人们承认各种传统的学科的研究方法都可以用在比较教育研究之中。事实上,在任何研究中,采用何种方法都应取决于研究的内容和任务,各种方法应该结合起来使用。

而实际上,在比较教育研究中,并不存在单一的科学探究方法。比较教育研究既可以采取科学方法,也可以采取人文方法。前者一般包括问卷调查、测量和统计分析等;后者一般包括文献分析、人种志方法和描述研究等。这是因为,教育现象不但具有量的方面,而且具有质的方面的差异。在比较研究中只注重定量方法而忽视定性方法,或者只注重定性方法而忽视定量方法,都不利于全面、准确地解释教育现象。具体到一项比较教育研究中,主要采用定量方法还是定性方法,或者综合运用这两种方法,则取决于所研究问题的需要。综合运用多种方法,有利于对所研究的教育问题获得更全面、准确、深入的理解。因此,在使用或主要使用比较方法的教育研究中,越来越多的研究者自觉地把各种比较方法结合起来,或者把比较方法与其他研究方法结合起来。

根据基维斯和亚当斯的观点,当代比较教育研究方法表现出以下发展要求:(1)需要运用多种方法,各种方法互为补充,特别是教育背景的意义与教育提供的丰富性可以经过艰苦的、长期的现场观察和分析而达到;(2)需要开发更为严格的抽样程序;(3)需要认识到各国之间具有可比性的全面、高质量教育资料数据的价值;(4)需要开发适于多层次分析的计算机程序,这种程序不但要综合考虑各种稳定的或随机的变量,还要考虑学生、学校、国家等不同层次;(5)需要国际组织努力发展可用于比较研究的教育指标。他们还认为,运用比较方法开展教育研究,越来越需要集体工作乃至国际协作而不是仅仅依靠研究者的个人努力。①

这种由少到多,由单一化到系统化、多元化、科学化的发展过程是历史的必然。在进入信息时代的当今社会,必将涌现更多、更新的比较教育研究方法。

---

① Waston, Keith. Comparative Education[A]. P. Gordon. A Guide to Educational Research[C]. London: Woburn Press, 1996:360-392.

第四节　比较教育研究的基本过程

比较教育研究方法不但涉及如何比较的问题,而且涉及与之密切相关的一些问题,如为什么比较,有哪些类型的比较,在何种层次上比较,研究对象和资料数据是否具有可比性,以及运用比较方法进行研究所须经历的阶段(主要程序或步骤)。如果从一个完整的研究过程来看,可以分为以下六个步骤:

一、选择研究主题

选题决定教育研究发展的方向和水平,也是衡量一个科学工作者研究水平高低的一个重要标志。比较教育研究始于问题,首先应从问题入手。但教育现象极为复杂,需要研究的问题很多,在我们人力、物力和时间条件有限的情况下,如何选择那些带有全局性的规律性的问题,以更好地促进比较教育理论的完善发展,就成为一个至关重要的问题。因此在选题时,应注意以下几点:(1)问题必须是有价值的,不仅具有好的学术效益、理论价值,而且有高的社会效益、应用价值。也就是说,不仅要有助于检验、修正、创新和发展教育理论,而且要有利于为我国的教育提供合理的借鉴。(2)所选定的课题必须有一定的科学理论依据和事实依据。(3)课题必须具体明确,那种大而空、笼统模糊的课题往往科学性差。(4)课题要新颖,具有独创性,即该课题的研究对原有理论框架、思维模式或实践方式将有所突破、更新和再创造。(5)课题要有可行性,不仅具有相应的主客观条件,而且有一个时机问题。也就是说,要从大处着眼,小处着手。那种选题范围太大,主攻方向不清,或课题太小价值不大,或在现有条件下课题太难、资料缺乏而无从下手等情况,都应尽力避免。

二、建立研究假设

比较教育研究的第二个步骤应对所选择的主题进行理论构思,把选择问题时的思考进一步深化,提出有关假设。研究假设是根据已有的科学知识和新的科学事实,在进行研究之前对所要研究的问题的本质、规律或原因所作的一种推测性陈述、假定性解释。假设实际上是预先设想的、暂定的理论,形成假设在于进行理论构思。假设的价值首先在于它是理论的先导,使教育研究具有明确的研究方向、主题思想和研究目标,具有纲领性作用;假设还规范调节着教育研究的过程和方法以及制约着研究成果的界定、成果构成形态以及成果的评价解释。研究假设,是关系教育研究科学水平高低的重要一环。但在我国目前的比较教育研究工作中,对形成研究假设仍重视不够,往往没有任何研究假设,只凭一个大致想法,或者是重复固定的结论。由于研究主攻目标不清,因而也就很难衡量研究的效益价值。

一个好的研究假设应具有科学性、推测性、逻辑性和可检验性。当然,一个好的有价值的研究假设的提出是要经过一个过程的,同时研究者要不断地对研究假设进行检验并不断完善假设。假设的提出本身就规定了研究的方向和要求。提出假设后,研究者必须对假设的有关概念具体化,明确研究的最关键概念,并提出相应的研究指标,在比较基础上,对研究作出相应的设计,包括研究的类别,通过何种方式,采用何种方法、研究手段、具体的研究安排、人员组织等。

三、收集和整理资料

对比较教育来说,收集和处理资料相当重要,包括查阅大量文献,调查研究,进行长期观察,量化数据,统计分析,再筛选、鉴别并进行补充调查等工作,应采用多种手段和方法,其中应利用各种先进的仪器设备如电脑、录像等辅助工具来开展资料收集工作。处在信息社会的今天,教育文献资料数量的增长是迅速的,分布也是极其广泛的。据国外有人估计,在使用的文献资料中,大致分为三种情况:一部分是必要的情报,约占全部文献的30%左右;一部分则是错误的情报,约占5%左右,而相当部分则是冗余的情报(又分为必要的冗余与不必要的冗余)。因此,在进行比较教育研究时,如何从众多的文献资料中准确迅速查找出符合需要的文献,这就不是一个简单的、耗时间拼工夫的问题。一方面,要懂得工具书的使用办法,懂得文献检索的主要方法,会抓核心期刊核心文章;另一方面,要有一定的查阅文献资料的能力,做到认真细致,查准查全,避免疏忽而形成的论据失误或因偏见而造成的曲解引申,断章取义。其中重要的在于勤于思索和创新,带着问题钻研,善于进行比较分析联想,逐步形成自己解决问题的思路,才能超越前人。在收集资料基础上,还应应用相应的方法对资料进行分类分别处理,使之形成相应的可比性资料,便于进行具体的分析探讨。贝雷迪、诺亚、埃克斯坦都强调这一工作。

当研究者在选择收集数据方法的时候,常常会考虑这些问题:应收集哪一类信息?信息的来源如何?其所处的背景是什么?研究者应该清楚在社会科学领域证据的收集方法不外乎以下四种:(1)通过问卷或访谈从被调查者那里听来或询问到的信息。(2)行为观察,一般多指参与性的观察。(3)在历史学研究或文献评论中查找其历史性的报告或记录,也就是文献法和历史法。(4)对现有数据的研究。比较教育家所采用的收集论据的方法都能在社会科学领域中找到。在数据收集方面,比较教育没有独特的方法。比较教育学者在他们的比较研究中,都采用上述四种社会科学研究方法来收集论据。当然,我们也不能否定在传统论据收集过程的方法框架中,比较教育研究具有自身的一些特点,对比较教育研究者提出了特殊的要求。如比较教育研究者要学会调查特殊的机构和用特殊的方式进入学校或其他教育机构;他们要学习如何用特殊的方式进行自我介绍,如何取得教师和其他官员的信任;他们要和特殊的人群进行交流,并且依照一定的次序进行访谈;他们关注比较教育领域中特殊的事件和活动,依赖文献所提供的资料等等,这些是不同于其他领域的。在比较教育领域,这些方法是唯一真正能够在一种学徒式的学习方式下习得的,在这种学徒式的学习方式下,新手与经验丰富的比较教育研究者一起工作,并定期交流思想。①

在比较教育领域,有三种独特的分析数据的方法,其中最为常见的是分析世界各地区之间,或两个甚至更多国家之间教育的相同之处和不同。据学者统计,比较教育中1/3的研究分析的数据超过了一个国家。比较教育中另外两种分析模式是关于一个国家的研究,并且运用特殊的方法进行比较。一方面,如果比较教育研究考虑的问题已超出了所讨论的国家范畴,那么研究就可以在一个国家进行。比较教育学者能够从其他地方引用类似的研

---

① Val D Rust. Method and methodology in comparative education [J]. Comparative Education Review. 2003(3):3.

究，从而与另一个国家的研究进行比较，或者是提供一个全面介绍教育和理解教育的机会。另一方面，如果对单一国家的研究依赖于或是为了检验某种具有普遍性的理论，那么这些研究就与比较教育相关了。比如，一个研究者假设变量与一个国家的个案研究有着某种内在联系，由此就可以决定这种联系是否会阻碍这一个案研究。①

四、进行比较分析

对研究数据和资料进行比较分析之前，应提出比较的标准，并把抽象的概念标准转化为可操作的具体标准。根据收集的数据和资料情况来定，许多情况下分析应做到定量研究与定性研究相结合，以达到对研究问题更全面和更深刻的认识和把握。一般来说，要经过对所有个案进行全方位对称比较分析，探讨每一个个案中教育的发展特征、表现形式、演变过程及实施方式等，同时还应从历史和文化等方面考察教育发展的背景，找出有关教育发展或问题的共同性或差异性，通过这一系统化的综合比较分析，作出相应解释，在此基础上抽象概括，推断出研究结果。

五、验证研究假设

这是比较教育研究的最高层次的真正的比较研究，通过一系统化的综合比较分析，达到验证假设的目的。一般来说，在比较分析研究数据和资料后，研究结果自然就出来了。一个原则上不可检验的研究结果是没有科学价值的，因而也不是一个科学的假设。因此，我们要对研究假设进行验证，并对研究结果作出客观、科学的阐释。进行阐释时必须严格以研究所获得的数据和资料为依据，不能任意夸大或发挥；必须说明该项研究的局限性与限制条件；不能把结果绝对化和凝固化。

六、形成研究成果

上述阶段的研究结束后，就应该对整个研究过程及结果进行分析、总结，形成研究成果。研究成果的表述方式可以有以下形式：一是撰写有关研究报告，提供给教育决策部门；二是参与决策工作，向有关决策人员讲解并提供有关问题的咨询；三是把理论应用到对具体问题的分析，写出文章，大力倡导教育改革，并积极参加各种教育规划工作等。② 研究成果的表述应具有科学性、创新性和规范性。

---

① Val D Rust. Method and methodology in comparative education [J]. Comparative Education Review. 2003(3):3.

② 冯增俊. 比较教育学[M]. 江苏教育出版社，1996:256.

第四章

国别教育

国别教育研究是比较教育研究的基础，与比较教育研究的兴起与发展有着密切关系。本章首先对国家的定义和分类进行阐述，然后对各国教育制度与发展特征进行宏观分析，最后探讨国别教育研究的意义及其发展趋势。

第一节　国家的定义与分类

现代意义上的民族国家在比较教育研究的发展史上一直具有重要的地位。比较教育的产生与民族国家的形成密切相关。民族国家的教育研究作为比较教育研究的基本单元，是比较教育研究得以顺利开展的基石。

一、国家的定义

国家的定义在不同的文化语境与时代背景中有着不同的含义。作为比较教育研究基本单元的国家，是现代意义上的民族国家。清晰把握国家定义的发展脉络有助于比较教育研究的顺利开展。

在东方，“国家”一词在两千年以前就已出现。如《大学》有云：“家齐而后国治，国治而后天下平”。当时，把“天子”统治的国家称为“天下”，诸侯统治的领地称为“国”（或“邦国”），卿大夫统治的采邑称“家”（或“家室”）。“国家”就是“天下”、“国”和“家”的总称。秦汉以后，中国实行中央集权制，皇帝的统治范围统称“天下”，亦称为“国家”。

在西方，古希腊的小国寡民式的“城邦”即为国家，古罗马“共和国”称为国家，中世纪的“王国”为国家。到16世纪初，意大利的政治学家马基雅维利在其代表作《君主论》中，以新兴词语“stato”取代了拉丁文中代表国家的词汇“status”，并赋予其不同于中世纪的含义。从此，“国家”（ state）一词为现代所通用。自古希腊学者亚里士多德的《政治学》对国家的定义开始算起，两千多年以来，西方思想家对国家概念作过诸多解释，归纳起来，大致有以下几类：(1)将国家视为一种社会团体；(2)将国家视为一种管理或统治的组织；(3)将国家视为以权力（或权威）为中心的，由多种因素组成的复合体①。

马克思主义经典作家注重从阶级属性来为国家下定义。恩格斯曾指出：“国家无非是

① 石永义.现代政治学原理[M].北京：中国人民大学出版社，2004：67.

一个阶级镇压另一个阶级的机器"①。列宁也指出:"国家是一个阶级压迫另一个阶级的机器,是迫使一切从属的阶级服从于一个阶级的机器"②,"国家是维护一个阶级对另一个阶级的统治的机器"③。马克思主义经典作家指出了国家概念的两层含义:(1)国家是统治阶级借以进行阶级统治的组织;(2)国家是一部机器,是以公民权力为核心组成的一个机关体系。

比较教育研究领域中的国家主要指民族国家。因此,比较教育研究的主要对象是民族国家的教育体系。最初的民族国家是指中世纪时期西欧各大学中以学生所讲的方言母语为划分标准的学生团体。15至16世纪,资本主义经济的发展,为资产阶级革命奠定了坚实的经济基础,而伴随着英国、美国、法国资产阶级革命相继爆发所逐渐成型的是现代意义上的民族国家。在19、20世纪,由于大批殖民地的反控制与独立自主意识的逐渐觉醒,二十世纪各殖民地国家纷纷独立,使得民族国家成了当今世界普遍采用的国家形式。简单地说,民族国家就是建立在统一的政府管理的基础上、具有统一的民族利益以及统一的民族语言文化、由本国统治阶级治理并在法律上代表全体公民意志的主权国家。

二、国家的分类

国家这一概念具有多维语义特征,如政治、地理、经济和文化的语义特征,这是从单语义维度对国家进行的划分。如根据管理形式,可分为君主制国家和共和制国家;根据地理位置,可以分为亚洲国家、非洲国家、欧洲国家、美洲国家和大洋洲国家;根据经济发展水平,可分为发达国家、发展中国家和欠发达国家;根据文化特征,可分为东方文化国家、西方文化国家、佛教文化国家、伊斯兰文化国家和基督教文化国家;根据世界体系分析理论,世界各国可以划分为边陲国家、半边陲国家和中心国家,其中边陲国家对应不发达国家,中心国家对应发达国家,半边陲国家则是介于两者之间的国家。

除了单维度语义分类,对国家的分类还可以根据多种语义的复合维度进行分类。如台湾比较教育学者沈姗姗在《国际比较教育学》一书中对世界的国家进行了如下分类:(1)依政治与经济制度区分,最普遍的说法是将西欧、美、日等工业先进的国家视为资本主义的第一世界(the capitalist first world),将苏联与东欧等共产国家视为社会主义的第二世界(the socialist second world),而第三世界(the third world)则是指位于亚洲、非洲及拉丁美洲的开发中国家;(2)依经济发展与工业化程度区分,可分为已开发国家(developed countries),开发中国家(developing countries)或较不发达国家(less - developed countries);(3)用经济与政治指标区分,把世界区分为发达的、自由市场经济(第一世界),中央计划经济(第二世界),与不发达的、自由市场经济(第三世界)。④

因此,国家的分类可以是多元的,可以从单语义维度进行分类,也可以从复合语义维度进行分类。在进行比较教育研究时,通常选取其中一个维度进行国别教育研究。

---

① 马克思恩格斯选集[M].第3卷,13.

② 列宁全集[M].第4卷,33.

③ 列宁全集[M].第4卷,31.

④ 沈姗姗.国际比较教育学[M].台北:正中书局,2000:2-3.

第二节 不同国家的教育发展

国别教育研究在国别的选择上通常以英、法、德、美等发达的工业国家作研究重点。这种选择在比较教育研究中一直占主导地位。但是,20世纪下半叶到21世纪初,现代化大发展促进了全球化进程,多元文化共生,世界开始由单一世界体系过渡到复杂世界体系。在这种时代背景之下,比较教育的历史使命也发生了转向,其目的不再局限于借鉴,而在于促进国际合作、推动全世界教育的共同进步。由此,作为比较教育研究基本单元的国别教育研究也不再以研究发达国家为主,发展中国家也成为研究的重点。以下从地理维度出发,对欧洲、美洲、大洋洲、亚洲和非洲具有代表性的国家的教育制度与发展特征进行介绍。

一、欧洲国家的教育制度与发展特征

欧洲作为义务教育制度与大学的发源地,其丰硕的人类文明成果一直受到无数研究者的关注。而英国、法国、德国等老牌资本主义发达国家的教育又是人们关注的重点。随着全球化的推进,各国之间的理解逐渐加深,因此,除了对老牌发达资本主义国家的教育发展情况需要有所了解之外,还需要了解东欧、北欧等国的教育制度与发展特征。因此,这里主要介绍英国、法国、德国、俄罗斯、芬兰、挪威和瑞典的教育制度与发展特征。

(一)英国

英国位于欧洲西北部,地处相对独立的大不列颠岛,与法国等欧洲大陆国家隔海相望。英国的教育很发达,历来以其完善而优异的教育体制、优良的学术传统、严谨的学风和对世界的巨大贡献而享有盛名。英国教育行政机构分为中央和地方两级,其中地方教育当局主要负责初等教育和中等教育事务,中央教育部门的主要职能是确定并设立义务教育阶段的国家统一课程、统一负责科目设置、教学大纲和考试安排。为保证教学质量,英国有专门的教育督导组负责教育督导。英国比较注重保持教育的独立性,因此政府一般不直接干预教育事业,这在高等教育中表现比较明显。由于历史原因,苏格兰地区和爱尔兰地区均享有广泛的地方自治权,因此这里讲的英国主要指英格兰和威尔士地区。

英国的学前教育不属于义务教育,年龄范围为0~5岁。儿童可进入保育学校、保育班和幼儿学校先修班(幼儿学校先修班指招收未达义务教育年龄却获准提前就读小学的儿童)①接受学前教育。义务教育年限为5~16岁,共11年。其中初等教育为期6年,分为两个阶段:5~7岁进幼儿学校,7~11岁进初级学校。初级学校也可设置5~7岁幼儿班,招收5~7岁幼儿入学。《1988年教育改革法》的颁布,使全国初等教育阶段的课程得以统一,此后,英国初等教育阶段统一开设的课程有:英语、数学、科学、体育、历史、地理、技术、艺术、音乐、卫生等,其中英语、数学和科学属核心课程,宗教是必修课。② 中等教育阶段为期5年,也分为两个阶段:11-14岁为中等教育的第一阶段,14~16岁为中等教育的第二

① 沈姗姗.国际比较教育学[M].台北:正中书局,2000:189.

② 王承绪.比较教育[M].北京:北京人民教育出版社,1999:51.

阶段。英国的中学生在 16 岁时需参加“16 岁考试”(考试的全称为“普通中等教育证书考试”(General Certificate of Secondary Education, GCSE))以获取中学毕业证书,为升学或就业做准备。中等教育阶段之后为中等教育后教育阶段,为期 2 年,学生就学年龄为 16 ~ 18 岁,因此,该阶段又称为“十六岁后教育阶段”。该阶段主要有两类学校:第六学级和继续教育学院。第六学级是为学生升入高等教育机构做准备的机构,继续教育学院是为不打算升学的学生提供职业教育的机构。第六学级的学生需参加“普通教育证书”A 级考试(General Certificate of Education Advanced Level),以获取升入大学的资格。在英国,有一种完全独立的中等学校系统,从初等教育阶段的预备学校招生,它主要招收来自上层阶级家庭的子女,目的是为国家培养统治精英,这种学校称为“公学”(public school)。公学招生门槛高,注重对学生进行品德教育,崇尚培养学生艰苦奋斗与吃苦耐劳的精神,因此,公学的毕业生一般都能升入名牌大学。在高等教育阶段,主要有大学和高等教育学院。大学由古典大学(牛津和剑桥)、近代大学(如伦敦大学)、新大学(主要指 1992 年后由多科技术学院升级而成的大学)和开放大学(open university,主要从事继续教育与远程教育)组成。大学可以授予学士、硕士及博士学位。本科阶段学习年限为 3 年,硕士研究生 1 ~ 2 年,博士 3 ~ 4 年。高等教育学院属非大学高等教育机构,只有一部分具有学士学位授予权。

英国的教育一直以高质量、精英、学术性为其代名词,随着欧洲一体化进程的推进,英国的教育系统也逐渐纳入欧洲一体化的进程之中,其教育体系面临欧洲一体化的整体融合与本国教育体系传统独立自治之间的冲突与协调问题。

(二)法国

法国位于欧洲中部,与比利时、德国等国毗邻。其教育行政体制受拿破仑统治时期中央集权制的影响,实行中央集权制的教育管理体制,最高教育主管部门为国民教育部,全国共划分为 28 个大学区,各区设教育行政机构,由大学区长、学区行政机关及咨询机构组成,负责各区从小学到大学的教育工作。此外,法国 100 个省也设省级教育行政部门,由大学区督学、视导人员和咨询机构组成,不负责高等教育事务。

法国现行的学校制度是在 1977 年开始实行的《哈比法案》的规定之上建立的。义务教育年限为 10 年,年龄覆盖范围为 6 ~ 16 岁。初等教育年限为 5 年,面向 6 ~ 11 岁的儿童。其中,第一年为准备阶段,第二至第三年为基础阶段,第四至第五年为中级阶段。初等教育阶段实行统一课程:法语、数学、科学与技术、历史与地理、公民教育、艺术教育及体育。法国学生的升级压力较大,如果无法通过考试,学生就必须留级。据统计,法国 1961 年有 52% 的小学生有留级经历。[①] 中等教育 7 年,其中初级中等教育 4 年,高级中等教育 3 年。初级中等教育阶段属义务教育阶段,该阶段又划分为两个阶段,每个阶段 2 年,第一个阶段为观察期,第二个阶段为辅导期。在辅导期,教师根据前 2 年的观察结果对学生进行职业发展指导,如指导学生未来是升学还是就业。法国初中也实行统一课程和教学大纲。高级中等教育为期 3 年,其中第一年属义务教育阶段,第二年和第三年不属于义务教育,但其划分方法为前 2 年为一阶段,后 1 年为一阶段。其年级采取倒数计数法,如初等教育的 5 年外加中等教育的前 6 年共为十一年,因此小学第一年称为十一年级,中学第一年称为六年

---

① 沈姗姗. 国际比较教育学[M]. 台北:正中书局,2000:168.

级。高级中学教育阶段,学生可以根据自己的发展计划来选择普通高中备考升大学,也可以选择职业高中为就业做准备。法国的高等教育升学也采用类似于英国的证书制,学生需参加高中毕业会考(BAC),用高中毕业会考的成绩以申请进入高等教育机构学习。在高等教育阶段,有大学、大学校和短期高等教育机构。法国自启动并加入以构建自由贯通的欧洲高等教育空间的“博洛尼亚进程”之后,正在致力于使高等教育学制与其他国家接轨,以实现本－硕－博“3－2－3”的高等教育学制。

法国在欧洲以及在世界教育发展进程中起着重要的作用。它高度发达的人类文明成果一直深深地影响着世界各国的文明发展进程。但其高度中央集权的教育管理体制以及百科全书式的教学内容导致学校自主权较低、学生学业压力过大等问题。如何处理好政府与学校之间的关系,注重学生个性的发展及提升教育的创造力是值得关注的重点。此外,法国的高等教育如何在“博洛尼亚进程”中协调好本国文化与欧洲一体化文化之间的关系问题也是值得关注的。

(三)德国

德国位于欧洲中部,与比利时、法国等国毗邻。德国一向注重教育的发展,其教育制度在世界教育史上具有重要影响,现代通行的公立教育、义务教育、幼儿教育、实科教育等大多源自德国。德国的教育行政制度实行联邦、邦、地方的三级分权管理体制。1949 年,德国被划分为东德和西德,其教育体制各不相同。1990 年两德统一,主要采取联邦德国的教育体制,但由于地方分权制的影响,各邦之间学校制度不完全一致。

德国学前教育不属于义务教育的范畴,学生年龄范围为 3－5 岁,主要由幼儿园来实施。德国义务教育年限一般为 9 年,即 6－15 岁。但有些邦规定实行 10 年义务教育,如柏林、布兰登堡、不来梅等。初等教育阶段一般为 4 年,即受教育年龄段为 6－10 岁。但不来梅、洪堡和柏林邦区的初等教育年限为 6 年。中等教育阶段主要有文科中学(或称高级中学)、实科中学和主干学校。其中文科中学修业年限为 9 年,实科中学修业年限为 6 年,主干学校修业年限为 5 或 6 年,义务教育阶段覆盖到中学第五学年。初等教育年限为 4 年的邦区,其中等教育从第五学年开始,初等教育年限为 6 年的邦区,其中等教育从第七学年开始。在中等教育开始之时,学生还有 2 年的“定向阶段”,定向阶段的学校有两种,一种附设于各类中学,一种是独立的。该阶段的主要任务是通过观察学生的表现,家长、教师根据学生的兴趣确定学生的未来发展方向,然后根据所确定的方向升入不同类型的中学。文科中学的学生主要以升入高等教育机构为导向,而实科中学和主干学校的学生主要学习职业课程,以升入二年或者三年制的职业专门学校为导向。但是实科中学和主干学校的学生如果想升入学术性高等教育机构的话,也可以转入文科中学学习。在高等教育阶段,德国的学校继承洪堡注重教学与科研的传统,强调学术自由,追求纯学术科研。其高等教育机构除了部分私立大学(如教会资助的各种教会学院)之外,基本上实行免费政策。除了传统教学与科研并重的大学和私立大学之外,德国还设有艺术学院、高等专门学校等。艺术学院致力于培养艺术类人才,而高等专门学校则致力于培养专门技术类人才。德国的大学之前不设学士学位,随着欧洲共建高等教育区计划的拓展,德国于 2002 年修订法律,正式颁布学士学位,由此,其高等教育学位体系开始由学士、硕士和博士三级学位构成。

德国在上个世纪 80 年代以全方位的方式开展其教育改革,几乎涉及教育发展的方方面面。其改革的目标是积极调整教育理念，培养能应对全球化及欧洲一体化的具有国际视野的人才。如注重基础教育阶段的教育公平与质量问题，重视高等教育的国际化与质量保障问题，重视职业教育发展新空间以及教师教育培养模式的转变等。

（四）俄罗斯

俄罗斯位于欧洲东部，横跨亚欧大陆，1991 年 12 月苏联解体后，俄罗斯成为独立的民族国家。独立之后的俄罗斯积极进行教育改革，但原有教育体制的影响仍隐性存在。因此，俄罗斯的教育发展呈现出转型时期传统与现代之间的冲突及融合的特点。其教育管理体制由以往的中央集权制教育管理体制开始过渡到地方与学校教育管理权限逐渐扩大的教育管理体制，并呈现出民主化的特色。

俄罗斯的学前教育不属于义务教育，主要机构有托儿所、幼儿园和小学预备班，儿童入学的年龄分别为 0 ~ 3 岁、3 ~ 6 岁和 6 ~ 7 岁。俄罗斯的教育有两类：普通教育和职业教育。在普通教育方面，俄罗斯原有的初等和中等教育年限共为 11 年，后来俄罗斯政府于 2001 年 10 月通过改革方案，规定初等和中等教育为 12 年制，义务教育年限为 10 年。2002 年开始在全国范围内实行 12 年制教育改革实验。但是，12 年制并未在全国范围内推广，在俄罗斯的部分地区，基础教育仍然实行的是 11 年制的学制。因此，俄罗斯的基础教育学制存在多样化的特点，各地年限不一。在职业教育方面，有初等职业学校、中等职业学校和高等职业学校。初等和中等职业学校主要招收初中毕业生，学制 2 ~ 3 年，高等职业学校属大专层次的教育，招收初等和中等职业学校的毕业生，学制 2 ~ 5 年。高等教育方面，俄罗斯有大学、学院和其他高等学校。有日间教学、夜间教学和函授教学等形式，学习年限一般为 5 ~ 6 年，夜校和函授延长 1 年。① 俄罗斯于 2003 年加入博洛尼亚进程，在此之前，高等教育学位有四个层次，即大专、学士、硕士、科学副博士和科学博士四个层次。加入博洛尼亚进程之后，俄罗斯开始对本国的高等教育进行改革，按照 3 - 2 - 3 的学制，设置学士、硕士与博士三级学位制度。

俄罗斯教育自苏联解体以来开始经历一个发展的转型时期，从目前的趋势来看，俄罗斯自 2003 年加入“博洛尼亚进程”在一定程度上标志着俄罗斯教育开始朝着教育国际化的目标迈进。但是传统的教育力量根深蒂固，如何在传统与现代之间找到一个教育发展的平衡点，如何协调国际化与本土化之间的矛盾与冲突是俄罗斯教育值得关注的问题。

（五）芬兰

芬兰位于欧洲北部，与挪威等国毗邻。在经济合作与发展组织（Organization for Economic Cooperation and Development，简称 OECD）于 2000 年开始举行的国际学生评价项目（Programme for International Students Assessment，简称 PISA）中，芬兰的 15 岁中学生在数学、科学和阅读素养这几个评价范畴中都取得了不错的成绩，有过连续三次居于榜首的成绩，时间分别为 2000 年、2003 年和 2006 年。截止到 2011 年，OECD 共举行了四次 PISA 测试。第四次 PISA 测试于 2009 年举行，此次测试中国上海的学生总分排第一，芬兰总分排第三。

芬兰重视教育的价值以及教育的公平发展。每个人都有接受与他们能力相当的教育

① 邓红红. 俄罗斯学制的特点及发展趋势[J]. 教育探索，2006(5)：53 - 54.

权利。该教育理念可以用《2004 年芬兰教育部发展计划》中的一句话来表达:“每一个人都拥有根据自己能力和特殊需要接受教育的平等权利,而不管他们的经济情况如何。公共当局有责任确保每一个人拥有接受高标准的教育和培训的机会,不管他们的年龄、居住地、语言和经济状况如何。”①其教育管理体制为分权制,主要由地方政府负责教育事务,但中央政府负责对地方教育发展实行宏观调控,保证教育发展的均衡性。

在学前教育阶段,芬兰 5 ~6 岁的儿童享有 1 年免费的学前教育。0 ~5 岁的儿童可以在日托所接受收费的学前教育。义务教育阶段实行 9 年一贯制的综合学校制度。1 ~6 年级实行包班制,由一位教师负责班级所有的教学任务。7 ~9 年级实行科任教师制,即由一位教师负责年级一门或几门科目的教学,此外每个班级专门配备一名教师负责班级事务的处理。高级中学的学习年限为 2 ~4 年,一般 3 年完成学业的学生占大多数。高级中学的国家核心课程分成若干学科群,学科群由学习科目组成,每个学习科目下设若干科目课程。学科群主要有 10 个:母语与文学、外语、数学、环境与自然科学、价值观与信仰、心理学、历史与社会学、艺术和生理教育、体育与健康教育、教育与职业指导。② 芬兰的普通高中实行的是“无年级无固定班级授课制”,是指学校内不分年级,不设班级,学生上课没有固定的教室。只要学生按照国家规定的课程标准,完成 75 门课程(包含国家必修课程 47 ~51 门,国家专业选修课程 10 门以上,其他的国家选修课和校本课程 14 ~18 门,总数需达到 75 门课程)的学习,即可参加 3(芬兰语、瑞典语和英语) + X(任选 1 门学科群)高中毕业考试。在高等教育阶段,芬兰有全球排名前百名的赫尔辛基大学,还有奥卢大学、瓦萨大学等。芬兰政府也签署加入了“博洛尼亚进程”,该进程的目标是统一欧洲高等教育,共建欧洲高等教育区,加快统一欧洲的进程。在该进程的影响下,现阶段芬兰的高等教育主要关注质量保障体系的构建。此外,芬兰的非大学高等教育机构——多科技术学院也在职业教育领域享受盛誉。在成人教育阶段,芬兰政府拨有专款给各地政府开展成人教育,此外,芬兰政府还开设有专门针对移民的相关课程,如语言课程、芬兰社会与文化课程等,以促使移民能够更快更顺利地融入芬兰主流社会。

芬兰作为北欧地区素来有“淑女”之称的一个小国,却能够取得如此瞩目的教育发展成就。芬兰教育最值得关注的是注重公平的教育理念,近期芬兰实施的有关教师教育招生改革的举措旨在改变以往教师来源的单一局面,增加学生性向、教学潜力测验,实现以多样化的教学生涯潜力标准来代替单一的学业标准评价方式。

(六)挪威

挪威教育的基本方针是实现教育机会均等、促进教育的民主化与全民教育的进程,教育管理体制倾向于中央集权制。学校教育的目标是传递文化知识、促进人的个性圆满发展、促进社会政治和经济的发展。③

在学前教育方面,挪威于 1995 年 11 月 1 日制定了《日间护养机构的框架计划》,该计划于 1996 年 1 月 1 日起生效。制定该计划的主要目的是为学前教育的规范化提供一个约

① 张瑞海.芬兰实施义务教育成功经验探析[J].江苏教育研究,2010(7):56 -60.

② 柯孔标,周百鸣等.给发展机会大于给发展道理——芬兰、挪威普通高中教育考察报告[J].浙江教学研究,2010(1):13 -17.

③ 滕大春.外国教育通史[M].济南:山东教育出版社,1995:380 -391.

束框架。这是挪威第一个关于学前教育的框架计划。在义务教育方面,1969 年 6 月 13 日挪威颁布了基础教育法,规定在全国范围内普及九年制义务教育。1997 年在全国范围内贯彻实施了 10 年义务教育制度,儿童 6 岁入学。基础教育阶段实行综合学校制度,由初级小学阶段 4 年(1 ~4 年级)、高级小学阶段 3 年(5 ~7 年级)和初级中学阶段 3 年(8 ~10 年级)组成。在 1974 年颁布"标准计划"实行统一教学大纲之前,挪威的初中教育阶段采用的是平行大纲制,即国家根据学生水平的不同,制定三个平行但难度不一的教学大纲:大纲 I、大纲 II 和大纲 III,难度由低到高逐渐增加。这种教学大纲有利于教师根据学生的不同能力水平进行差异教学,但这种差异教学带来了严重的问题,与挪威崇尚平等的思想相冲突。在特殊教育方面,为使特殊儿童能够享有与普通儿童同等的教育权利并顺利融入社会,挪威于 1975 年颁布基础学校法修正案把特殊教育纳入普通教育之中,实行全纳教育政策。上个世纪 70 年代之前,挪威的高级中等教育实行多轨制,文科中学、职业学校、商业学校等并存设置。随着社会对文科中学需求的增加以及对劳动力素质水平提升的呼喊日益高涨,挪威于 1974 年 6 月 21 日颁布高级中等教育法,规定从 1976 年 1 月起,实行综合中学制,后于 1994 年重新颁布高级中学教育法,赋予 16 ~19 岁所有年轻人接受高中教育的法定权利。① 高中教育的目标是"为生活的教学",使学生能够适应社会生活的变化。高中阶段的学习年限是 3 ~4 年,由 1 ~2 年的基础课程阶段和 1 ~2 年的高级课程阶段组成。学生可以根据自身的实际情况选择学习哪一类课程,一般有普通教育、工艺教育、水产业和航海学科、体育、文书和商业学科、家政学、手工业和工业学科、社会和卫生学科、农业九个学科领域。选择职业课程的学生实行的是 2 +2 的课程模式,即前 2 年在学校学习普通课程和职业基础课程,后 2 年在企业和工厂实习。高中毕业考试实行 3(挪威语、英语和数学) + X(任意 1 门选修科)。在高等教育阶段,挪威的高等教育由两类学校组成,一类是普通的大学和专科学院,偏重理论学习,学制 4 ~7 年。第二类是地区学院和其他学院,提供职业技术教育,学制 2 ~3 年。挪威共有四所大学:1811 年成立的奥斯陆大学、1946 年成立的卑尔根大学、1968 年成立的特隆赫姆大学和 1969 年成立的特罗姆瑟大学,其中特罗姆瑟大学是地球最北端的高等学府。地区学院由郡设立的地区学院委员会进行管理。在成人教育方面,挪威于 1948 年制定了函授学校法。此外,挪威议会又于 1965 年发布了关于成人教育的 92 号议案,并于 1976 年颁布了挪威第一部成人教育法,使成人教育走向了正规化的道路。

(七)瑞典

二次世界大战之后,瑞典在教育体制和结构上进行了一系列的调整和改革,形成了初等、中等和高等教育三级一贯且注重成人教育的教育体系。教育管理体制倾向于中央集权制。学校教育的目标有三个,第一是使每个学生能根据内在性向得到发展;第二是把学生培养成能积极参与社会生活、对社会有用的人;第三是实现本民族文化遗产的传递。②

学前教育不属于正规的学校教育系统,实行免费教育政策。主要有全日制、半日制和

① 吴雪萍,史黎娟. 挪威基础教育改革评述[J]. 外国中小学教育,2004(1):1 -7.

② 滕大春. 外国教育通史[M]. 济南:山东教育出版社,1995:358 -370.

家庭式托儿所三种类型的学前教育机构。[1] 在初等和初级中等教育阶段，采用九年一贯制的学制体系，该阶段取消欧洲国家传统的双轨制，设综合学校。综合学校的教学按照三年一个阶段进行。1～3 年级为初级阶段，主要教授瑞典语以及初步的理论科目、宗教和乡土知识。4～6 年级为中级阶段，设定向教育科目，如社会、历史等。7～9 年级为高级阶段，实行选修制，选修的科目涵盖德语、法语、经济等。选修课占总课时的10%～15%左右。其中1～6 年级实行包班制，由一位教师负责班级所有科目的教学与班级事务的处理。7～9 年级实行科任教师制，不同的教师负责不同的教学科目。在高级中等教育阶段，设置综合高中，融合职业科、普通科以及学术科，学习年限为 3～4 年。高等教育阶段，瑞典的高等教育划分为 6 个区，每个区都以一所大学为中心，成立一个地区委员会，负责本地区的高等教育事务。高等教育机构主要面向本地区，具有地区化的特色。学习年限因专业而异，本科为1～3 年，本科毕业后，可直接申请读博士学位，博士学位的学习年限为 4 年。瑞典的六所大学分别为：乌普萨拉大学、伦德堡大学、斯德哥尔摩大学、歌德堡大学、于默奥大学和林雪平大学。此外，瑞典还有第七大学——农业科学大学。在成人教育阶段，有民众高等学校、广播电视大学、函授学校、学习小组等。政府对成人教育提供一定的补助，以鼓励广大民众积极参与。瑞典的第一所民众高等学校建于 1868 年。

作为与芬兰一样同属北欧国家的挪威和瑞典，其教育发达程度也值得关注。虽然北欧国家教育发展较晚，但政府与民众对教育的重视使北欧国家的教育取得了大力发展。自瑞典加入博洛尼亚进程之后，其高等教育开始按照 3－2－3 的学制进行变革，以期通过学制接轨、学分转换等方式来加快本国高等教育的国际化进程。但如何协调加入进程之后的共性与个性之间的问题值得关注。

总的说来，欧洲国家大多政治稳定、经济繁荣、福利待遇良好，教育实行免费政策且法制健全。这些国家都普遍非常重视国民的教育事业，注重教育的全民化、平等化、终身化，所有公众，无论其种族、地位、性别与年龄都享有受教育的权利。

二、美洲国家的教育制度与发展特征

哥伦布的发现之旅使北美洲这片广袤的土地迎来了新的发展篇章，其中尤以美国的发展最为世人所瞩目。美国的发展除有其地域位置、政治体制、经济制度等各方面的原因之外，其教育的发展亦为美国的崛起做出了巨大的贡献。

（一）美国

美国国土大部分位于北美洲南部，与加拿大、墨西哥毗邻。美国宪法规定：凡宪法未授予联邦，而又未禁止各州行使的权利，均保留给各州及人民。教育管理权即属于此项权利。因此，美国的教育管理体制为较明显的地方分权制，联邦教育部的职责是负责协调各州教育事务、发放教育资金等。其教育管理体制为联邦、州与地方三级教育管理体制，各州在地方设学区。在这种分权制教育管理体制的影响下，美国五十个州的教育管理办法各有特色，义务教育年限、学校课程设置与课程标准、教师资格要求等也各不相同。

---

① 王钰莹，李潇．“学习型社会”背景下——瑞典教育及其启示［J］．继续教育研究，2010（1）：148－150．

美国的学前教育机构有保育学校和幼儿园。儿童入学年龄也因各州政策不同而不同，大致在3－7岁的范围。义务教育年限各州不一：16个州9年、19个州10年、7个州11年、6个州12年、2个州13年。义务教育开始的年龄也不一：21个州7岁、18个州6岁、9个州5岁、2个州8岁。[①] 因为种种差异的存在，美国的学制类型也较为多样，有6－3－3、6－6、8－4、4－4－4等。在初等教育阶段，美国有四年制、六年制和八年制小学，其中六年制小学居多。中等教育阶段，美国的学校大多数为综合中学，学生可以在综合中学中选修职业课程。中等教育阶段的学习起始年限因初等教育阶段学习年限的不同而不同。美国的中学生若要升入高等教育机构继续接受教育，则要参加学术性向测验（Scholastic Aptitude Test, SAT）和美国学院测验（American College Testing Program, ACT），这种考试由大学入学委员会（the College Entrance Examination Board）举行，考生可以根据自己的实际情况进行选择。在高等教育阶段，美国主要有大学和社区学院两种类型。大学主要侧重教学和科研，社区学院主要面向本地社区，为本地社区发展服务。社区学院的学生可以向大学进行有条件的流动。高等教育学位有副学士、学士、硕士和博士四个层级，其中副学士学位的授予要求是完成2年的初级课程即可获得，学士、硕士和博士学位的学习年限分别为4年、1～2年和3～4年。在美国的学校教育系统中，各个教育阶段除了公立学校之外，都存在私立学校，而且这些学校的教学质量颇高，中学阶段有与英国类似的，以培养精英为目的的著名的“公学”、高等教育阶段有享誉全球的私立大学（如哈佛大学等）。

作为当今教育体系最为发达的国家之一，美国的教育体系与教育成就令世人瞩目。自上个世纪初进步主义运动以来，美国这片土地上不断萌生出新的教育理念与教育实践。教育民主化、教育大众化、教育现代化、教育平等化等名词最早出现在美国。现今，美国教育因其移民的不断增多而面临多元文化教育的问题。其未来教育发展关注的重点在于如何增进本国内部各种族之间、各文化之间人们的理解，增进国与国之间的教育对话、教育交流，以及协调各州与联邦教育管理之间的关系等。

（二）加拿大

加拿大位于北美洲北部，与美国毗邻。加拿大联邦政府对教育极其重视。根据其法律，加拿大的教育实行行省负责制，每个行省的立法机构可以独立制定关于教育的法律。加拿大联邦政府没有管理全国性教育的诸如教育部之类的机构，由省政府和地方政府对教育进行具体的管理。

5岁之前的教育为学前教育阶段，学前教育机构有公立和私立两种，但都需要收费。儿童一般5岁入读公立小学的幼儿园，该阶段的学前教育属免费教育。义务教育年限也因各省政策的不同而有所差别，绝大多数省份实行13年普及义务教育（含公立小学幼儿园一年的免费教育阶段）。基础教育阶段，各省的学制不尽一致，有6－2－4制，也有6－3－3制，但一般以“6－3－3”制为主。在学校课程制度设计上，多采用“混合型”，即将一系列学术、商业和技术课程设置在一起，供学生们选择，目的是加强学生适应社会能力的培养。在高等教育阶段，有大学、大学学院、社区学院（技术学院）和职业学院四种。大学现有八十多所，教学和科研水平都较高。但不是所有的大学都具有学位授予权，而只有在达到一定的

① 沈姗姗. 国际比较教育学[M]. 台北：正中书局，2000：218.

要求后才拥有授予权。学位制度与美国、英联邦的学位制度基本保持一致。大学学院可以提供大学的学位课程,也可以提供学院的文凭、证书课程,但主要目的在于培养学生的实际技能,为就业做准备。社区学院的优势在于所开设的课程贴近实际,采用小班授课,学生可以在社区学院获取工作所需的职业技能。职业学院属私立机构,主要目的是通过短期培训使学生掌握实际技能,以尽快走向劳动力市场。[①] 总的来说,加拿大的教育制度因联邦各省制度各异而呈现出多样化的特色,且从学前教育到高等教育阶段,公立与私立教育机构并存。

加拿大的教育体系与美国的教育体系有一定的相似之处,都是地方分权制的教育管理体制。但如何保证各州之间教育水平的一致性,如何协调各州之间的教育流动等,是加拿大教育系统需面对的问题。

(三)巴西

巴西是南美洲面积最大的国家,有较为漫长的被殖民史,被葡萄牙统治将近 300 年(1549~1822 年)。葡萄牙统治期间,基督教对巴西的教育事业产生了较大影响。因此,巴西的教育在发展模式上有欧洲的特色,教育对象限于上层人士,教育模式也遵循古典主义的模式。虽然巴西教育发展受殖民史影响较大,但巴西政府较重视教育在国家发展中的作用,曾多次实施教育改革。根据 1961 年教育基本法,巴西的教育行政体制由中央集权制走向中央与地方合作制,联邦与州共同负责教育事务。州教育委员会负责各州的初等和中等教育,联邦教育部门负责高等教育、职业教育和成人教育以及教育经费的划拨。

巴西学制有 4 级:学前教育、初等教育、中等教育和高等教育。4~6 岁属学前教育,但学前教育不属于义务教育。初等教育属义务教育,学制 8 年。儿童入学年龄为 7 岁,接受教育至 15 岁。该阶段分为初级小学和高级小学,各为 4 年。中等教育由普通中学和职业技术中学组成,学制分别为 3 年、2~4 年。儿童入学年龄为 15 岁,接受教育至 18 岁。普通中学的教育目的是帮助学生升入大学,而职业技术中学的教育目的不是升学,是培养职业技术人员。普通中学毕业生升入高等教育机构需要参加全国性的统一招生考试。高校根据自身的招生名额以及考生的考试成绩来决定是否录取。高等教育包含大学和专科性院校,学制 2~6 年,主要是依据不同的专业设置不同的学习年限。此外,巴西的全民教育运动也很值得关注。“世界全民教育大会”于 1990 年在泰国的宗迪恩召开,宗旨是实现全民教育,保证教育机会公平、满足人民的教育需求,尤其是注重儿童和妇女的受教育权利。巴西积极响应该号召,制定了十年全民教育计划(1993—2003),以积极的姿态努力保证人民的受教育权,同时实现普及义务教育。在巴西,各级教育都有公立和私立学校,公立学校免学费并提供午餐和学生制服。高等学校除免学费外,还有一定数额的奖学金及生活费;而私立学校一般都要交纳学费等各种费用,但优秀学生也有一定的奖学金。公立学校的教育质量较高,其录取的要求也高,而一般只有来自较富裕家庭的儿童才能升入公立学校就读,家庭经济条件较差的儿童只能入读收费较少且教育质量相对低下的私立学校。虽然巴西政府采取了补救措施,但是收效甚微。因此,教育发展过程中的公平问题一直困扰着巴西政府。

---

① 丁增安.加拿大教育概况[J].出国与就业,2000(18):13-14.

巴西教育在最近几十年取得了一定的成就，如教育平等化、教育民主化与教育全民化的推进。巴西的潜在人力资源较为丰富，如何实现人力资源由潜在转化为现实高素质的人才，就需要借助教育体制的转型与升级。巴西要在未来取得长足的发展，就必须处理好教育发展过程中的教育公平、教育质量方面的问题。

总之，美洲国家的教育发展仍存在一定程度上的分化特征。主要表现在北美国家与南美国家教育发展的现代化程度之间的差异。但是，作为“金砖五国”之一的巴西，最近几十年在教育方面所取得的成就仍值得肯定。

三、大洋洲国家的教育制度与发展特征

在强有力政策的支撑下，曾经作为英国殖民地的澳大利亚逐渐从“骑在羊背上的国家”发展成为“教育出口大国”。与其隔海相望的新西兰也由于采取“教育出口”政策而获取了丰厚的回报。

（一）澳大利亚

澳大利亚位于南半球，是一个远离其他各洲的独立的岛国。澳大利亚于 1991 年独立，属英联邦独立国家。因此，其教育体制带有明显的英式特色。根据澳大利亚宪法的规定，澳大利亚的教育管理体制为地方分权制，各州政府负责各州教育事宜，联邦教育部门（现为教育、培训与青年事务部）除负责协调各州教育部门的关系之外，还负责高等教育机构（如大学、学院）和原住民、移民和各州学校教育的财政事宜。此外，澳大利亚自上个世纪八九十年代开始积极推行教育产业化，通过提升教育质量和放宽留学生赴澳留学条件以达到提升教育声誉和吸引留学生之目的。

澳大利亚的学前教育属非义务教育，除极个别的州没有对学前教育做规定之外，大多数州的儿童一般 5 岁入学，接受一年的全日制学前教育，且学前教育机构一般附设在小学里。澳大利亚义务教育年限为 10 年。其中学制大致有三种，6 - 6 制、6 - 4 - 2 制、7 - 5 制。因各州负责其中小学教育事宜，所以各州之间中小学的课程设置、教学时间长短和教学方法等都有一定程度的差异。因此，小学学习年限为 6 ~ 7 年。中等教育为 5 ~ 6 年，分为前期与后期两个阶段。前期中等教育（相当于我国的初中）为 3 ~ 4 年，后期中等教育（相当于我国的高中）为 2 年，后期中等教育不属于义务教育。前期中等教育主要开设基础课程，如英语、数学和科学等；后期中等教育的课程主要是根据学生的性向选择开设学术性课程或职业性课程。澳大利亚的高等教育称为第三级教育，指所有中等学校之后的教育，不仅包含高等教育机构，还包含专科技术学院（TAFE）等。据 2002 年的统计，澳大利亚现有 44 所高等院校，其中有 40 所大学，而在这 40 所大学中只有 3 所私立大学。[①] 本科阶段学习年限为 3 年，第 4 年为荣誉学年，可授予学生荣誉学位。硕士阶段的学习年限为 1 ~ 2 年。博士阶段的学习年限为 3 ~ 4 年。专科技术学校是澳大利亚独具特色的教育系统，相当于我国的大专、夜大、中专、技校的综合体，教学多侧重于技能训练与实际操作，课程设计与当地企业的需求和就业市场密切相关。而且，技术专科学校的学生可在获取文凭后，通过专科

① 杨思伟. 比较教育[M]. 中国台北：心理出版社，2007：253.

技术学院与大学之间的学分转换机制，转到大学的相关课程继续学习，从而为学生提供多次选择的机会，有力地保证教育公平。

作为曾经的英国殖民地，澳大利亚的教育体系带有明显的英式教育传统色彩。但随着澳大利亚教育出口政策的实行，澳大利亚的教育开始出现大力扩张、大举招收国际留学生的现象。随着留学生数量增多而带来的留学生教育管理、留学生教育质量、留学政策与移民政策等诸多问题是澳大利亚政府重点关注的问题。

(二)新西兰

新西兰位于大洋洲，是太平洋上由一系列岛屿组成的国家，与澳大利亚为邻。新西兰的教育事业比较发达，吸引了许多国家的学生前来就读。为了方便管理及使新西兰的教育系统更为行之有效，新西兰的教育管理体系已经从中央负责统一管理的形式，发展到如今由独立中学和大学机构自行统筹管理本校事务的新阶段。中央只负责制定教育大纲、要求和资金安排，并通过政府机构进行全国教育系统的宏观性日常管理。由于现代新西兰的教育是随着英国移民的到来而逐渐形成的，因此，教育体制更多受英国等欧美国家的影响。

新西兰为5～19岁的学生提供免费教育，而义务教育覆盖的年龄段为6～16岁，共11年，故许多儿童5岁即入学前教育机构接受学前教育，主要的学前教育机构有育儿中心、幼儿园等。学制为小学6年，初中2年，高中5年。在高中第3年，也就是义务教育最后一年，学生可以选择参加高中文凭考试。在高中第4年，可以选择参加第六级证书考试。该阶段，学生可获得高级中学文凭。在高中第5年，学生若想进入大学学习，就必须参加大学公费考试或大学入学奖学金考试。高中阶段的各种考试都属于全国文凭考试，全国认可。目前新西兰共有7所大学，25所多科技术学院。此外，新西兰在教育的各个阶段都有为本地人——毛利人设立的幼儿园、小学、初中、高中和大学。其中专属于毛利人的大学有3所。

“教育出口”政策的大力推行使得澳大利亚与新西兰一跃而成为教育强国。教育出口成为两国重要的产业支柱。教育事业的发展为两国带来的不仅仅是经济上的丰厚回报，还有高级技术人才的吸引与国际地位的提升。在赞叹两国教育发展所带来的丰厚回报的同时，其教育政策与移民政策的不分离、国际教育的大力扩张等所带来的种种问题，如签证问题、小留学生问题、教育质量问题等都值得我们关注。此外，澳大利亚与新西兰土著居民的教育传统如何在以西方文化为主导的教育国际化的背景下生存也是值得关注的。

四、亚洲国家的教育制度与发展特征

亚洲国家的教育发展因受地理位置、文化渊源等因素的影响，其发展在一定程度上具有某些共性。尤其是与中国相邻的日本、韩国等国受儒家文化的影响较为深远。随着全球化发展的日益推进，这种传统文化与现代文化的冲突显得较为明显。

(一)日本

日本位于亚洲东北部，与韩国、中国隔海相望。古代日本教育长期深受中国的影响，具有深厚的儒学师道传统。此外，日本坚持“和魂洋才”的思想，积极学习西方发达国家的教育体制，在历史上先后学习过法国和美国。因此，日本的教育体制既带有东方儒家文化色彩，也带有西方教育体制的色彩。1872年的《学制》确立了法国式中央集权制的大学区制。

二战之后，日本战败投降，日本的教育体制又受美国的影响，实行地方分权制的单轨制教育体制。尔后，由于分权制教育管理体制无法满足日本经济社会对人才的需求，日本遂于20世纪80年代又进行改革，确立了倾向于中央集权制的教育管理体制。中央设文部科学省，地方设教育委员会。多次改革虽然使教育体制多有变化且不能保持一致性，但这些改革另一方面也使日本的教育能够紧跟世界的潮流。

日本现行学制受美国的影响，是单轨制的教育体制，实行“6－3－3”制，其中义务教育年限为9年，基本学制为小学6年，初中3年，高中3年。学前教育不属于义务教育，主要由私人机构承担。设有幼稚园和保育所，分别相当于我国的幼儿园和托儿所。幼稚园招收3～6岁的儿童，归文部科学省管理。保育所的入学年龄没有限制，归厚生省管理。小学修业年限6年，接收6～12岁的儿童。小学教育的目的在于：适应身心之发展，实施初等普通教育。初中招收12～15岁的学生，其教育目的在于：在小学教育基础上，实施中等普通教育。高级中等教育阶段设高等学校，相当于我国的高中，学制一般为3年，招收16～18岁的学生，

高等学校实行学分制（日本称“学分”为“单位”），除设有普通科，还有商业科、工业科等，学生可以自由选择。因初等中学升高等中学的竞争太激烈，学生压力大，所以日本自2005年之后，开始广设6年一贯制的中学，即学生只需参加小学升中学的考试，从而减轻了升学的压力。中小学的《教学大纲》每10年颁布一次，为教育事业的发展提供定期检阅、改进的制度化平台。教科书主要由地方根据文部科学省的规定，结合本地的实际情况进行选择，原则上至少3年采用同一本教科书，以保证教学的稳定性。中学升高等教育机构采取考试制，考试分两次，第一次是全国共同学力考试，第二次是各大学自行实施的考试。第一次考试是全国统考，主要考查学生对高中阶段知识的掌握程度。第二次考试各大学可以自己独立设考，也可以学校群的方式联合设考，主要是考查学生是否适合升入本校，是否满足本校的就读条件。日本现行的高等教育机构是短期大学类、4年制大学类和大学院类。短期大学类除短期大学外，还有高等专门学校和专门学校，招收高中毕业生，修业年限根据所学专业1～5年不等，主要是培养学生的职业技能，为就业做准备。4年制大学分为国立、市立与私立，私立大学中有著名的早稻田大学等名校。大学院主要是从事理论研究，硕士修业年限2年，博士3～5年。

近年来由于日本老龄化与少子化时代的到来，高等教育适龄人口不断减少，为争夺生源，日本大学间的竞争日益激烈。此外，日本的国立大学为提升教育质量与竞争力，开始实行法人化改革，即在国立大学里引入市场竞争机制，用管理企业的方法来管理大学，这种改革的成效，仍有待进一步研究。

（二）新加坡

新加坡位于南亚马六甲海峡，也有“狮城”之称。新加坡于1965年独立。其教育体系不仅受中国传统教育的影响，具有浓厚的东方教育色彩，而且由于它曾经是英国的殖民地，其教育体制也受英国精英式教育传统的较大影响。因此，在教育中形成了既推崇儒家因材施教，又致力于培育精英人才的特殊理念。教育管理体制为学校分权制，即教育部统管教育事业，各级学校拥有各自的教育管理权限，中间无其他层级之组织。教育目的在于培养精英式的国际人才。

新加坡无义务教育年限的规定,但政府给学生提供至少十年的普通教育。实行 6 - 5(4) - 3(2) - 3 的学制,小学 6 年,中学 4 ~ 5 年,大学预科或职业课程 2 ~ 3 年,本科 3 年。新加坡政府比较重视儿童的学前教育,年满 5 岁需入读学前教育机构学习 1 年。小学五年级和六年级属于定向阶段,对学生实行语言分流,根据成绩的高低分成 3 ~ 4 种课程类别,所以小学四年级时就要进行考试,以实现五年级和六年级的分流。学生在小学毕业时要参加统一的离校考试(primary school leaving examination, PSLE),该考试的目的一方面在于检验学生小学阶段的学习情况,另一方面在于评估学生适合哪种中等教育。中等教育阶段有三种班:特别班、快捷班和普通班,在课程方面,普通班又分成普通学术班和普通工艺班。成绩在前 10% 的可以进入特别班,然后根据成绩依次分到快捷班与普通班。特别班与快捷班的学生,中学第四年结业时就可以参加新加坡剑桥普通教育证书普通水准考试(Ordinary level),通过该考试之后就可以进入初级学院或大学先修中心。而普通学术课程的学生学习速度相对较慢,中学第四年也可以参加证书考试(Normal level),但其级别比特别班和快捷班要低。通过该水平考试的学生,可以继续第五学年的学习,以准备 Ordinary level 的考试,如果再次通过该考试,则学生可以进入初级学院或工艺学院。中等教育之后就是大学预科,又称后中等教育,包含初级学院或大学先修中心,修业年限 2 ~ 3 年,该阶段给想升入大学的学生提供学习课程,备考新加坡剑桥普通教育高级水平考试(Advanced level)。该水平的考试是升入大学所认可的重要考试(新加坡的大学有的也认可美国 SAT 考试的成绩)。高等教育主要有大学和学院两类。大学目前有 3 所,国立 2 所和私立 1 所。学院有国立教育学院和工艺学院等,国立教育学院主要负责师资培养。工艺学院有 4 所,主要是负责给学生提供实用主义导向的课程。

新加坡实行双语教学,从小学到大学,学生必须学习两种语言:英文和中文。这个政策的优势在于使所有的孩子都能掌握商业、科技和行政工作上所需要的英文,同时还能以母语来认识他们的传统文化。

(三)韩国

韩国位于亚洲东北部的胶州半岛上,与日本、中国隔海相望。韩国于 1948 年建国,在建国之初参照美国建立了立法、司法与行政三权分立的政治体系。因此,教育体系也带有西方文化传统的特色。此外,韩国在历史上也深受中国传统儒家思想的影响,尊崇儒道,属儒家文化圈中受影响较深的国家。所以,韩国与日本、新加坡相似,其教育体系既带有传统儒家文化的色彩,又带有现代西方教育体系的色彩。教育行政机构由 3 个层级构成:中央政府、九道七市共 16 个教育厅和各区教育室。中央教育部门为"教育人力资源部",主要负责学术活动、公共教育政策的制定和执行。各道市负责学前、中小学教育事务的管理。教育经费主要来源于中央政府,部分来自地方政府和学校(主要指私立学校)。其学校教育的目的在于:根据"弘益人间"的伟大理想,协助所有人完善其品德,培养独立生活的能力,取得有益于国家和全人类的公民资格。①

韩国学制为 6 - 3 - 3 - 4 制,2002 年开始正式实施九年义务教育。但其高中教育入学率于上个世纪 80 年代就已达到 90% 以上,而高等教育入学率现已达到 80% 以上,进入了

---

① 杨思伟. 比较教育[M]. 台北:心理出版社,2007:387.

高等教育普及化时代。① 韩国自1996年起允许学生跳级，有两次跳级的机会，一次在小学，另一次在中学。学前教育不属于义务教育，主要以幼稚园为主，有国立、公立和私立3种，接受3～5岁的儿童入园。虽然不属于义务教育，但儿童的入园率很高，达到90%以上。初等教育6年，儿童年满6岁即可入学。除普通小学之外，韩国还设有公民学校和特殊学校，普通学校内也可开设特殊班级。公民学校修业3年，主要招收超过适龄入学年龄的学生，对他们进行初等教育。特殊学校和特殊班级主要招收身体或智力有障碍的学生入学，修业6年，之后可升入特殊中学。初中3年，升学方式采取根据户籍所在地就近入学的方式，具体分到哪所学校，由抽签决定。高中3年，设有普通高中和职业高中，学生根据自己的初中学习情况以及高中升学考试的成绩选择入读哪类高中。在学前、中小学阶段，韩国实行的是十年一贯课程，所有学校都按照国家的课程规定进行授课，以保证教育公平。高等教育机构由大学、专门大学和研究所组成。大学有一般大学、教育大学等，学制为4年；专门大学由专门大学和技术大学组成，学制2年；研究所的硕士学位课程为2～3年，博士学位课程为3～5年。

韩国的高等教育因受其语言的限制，一直在高等教育国际化的道路上磕磕碰碰。虽然韩国的高等教育在国际化的道路上因语言、文化等方面的影响不是一帆风顺，但是韩国政府以及各高等教育机构一直努力地致力于其高等教育机构的国际化。在走向高等教育国际化的过程中，如何协调高等教育中的教育公平与教育效率之间的问题值得关注。

（四）印度

印度位于南亚次大陆上，与巴基斯坦等国毗邻。印度于1947年独立，1950年建印度共和国。印度有着漫长的殖民史，其教育体制在一定程度上受英国模式的影响而带有英国式精英教育的色彩，另一方面又带有本国多宗教、多民族与多文化的民族教育色彩。教育行政体制由中央和邦两级组成，为地方分权制，各邦有权制定自己的教育政策，但根据1976年的宪法第42修正案，将教育列入《并行条目》，从而使联邦在颁布与教育有关的立法上比各邦拥有更大的权力。② 印度中小学的课程和教材主要由各邦决定，但一般还是遵循中央教育部门有关的课程设置规定。

印度学制为“10－2－3”制，指10年普通教育，2年高中教育和3年大学本科教育，其中10年普通教育由8年小学和2年初中组成，8年小学为义务教育阶段。该学制是根据1968年颁布的《国家教育政策》逐渐建立起来的。由于历史传统的原因，学前教育并不太受重视，主要的学前教育机构为巴尔瓦迪，招收6岁前儿童。除了该机构，还有家政学院、教育学院等附设的实验幼儿学校等。儿童一般6岁入小学，小学学习年限为八年，小学又分为两段，前5年为初级小学，后3年为高级小学。接受了8年小学教育之后，学生即可升入中学。中学由初级中学和高级中学组成，各为2年。高中内设学术轨和职业轨，以实现分流。学校主要有四种类型，第一种是邦立学校，属公立性质，教育经费来源于邦教育部门。第二种是由一些私人组织如宗教团体举办的私立学校。这种学校具有比较明显的小团体色彩，如宗教色彩等。第三种是私立的公学和模范学校。该种学校设施好，师资水平

---

① 杨思伟. 比较教育[M]. 台北：心理出版社，2007：387.

② 吴文侃，杨汉清. 比较教育学[M]. 北京：人民教育出版社，1999：121.

高,收费昂贵,主要面向上层家庭子女。第四种是新式公立学校。创办于上个世纪 80 年代,主要目的是在保证教育平等的条件下保证教育的效率。在该阶段,还有相当于高中水平的职业学校,主要目的是提供职业类课程,培养学生的实际职业技能,以就业为导向。高中升大学时各个大学主要依据学生的高中毕业会考成绩择优录取,有些学校如印度理工学院等著名大学会单独举行笔试和口试。一般而言,著名大学的报考人数通常是录取人数的 10 ~12 倍,因此竞争非常激烈。印度现代意义上的高等教育机构始于 1857 年,以最早的 3 所大学的创建为标志:加尔各答大学、孟买大学和马德拉斯大学。高等教育的主体为大学和学院,大学目前有 230 余所,学院有 10000 余所。大学根据其经费来源分为国立大学和邦立大学;根据类型来划分,又分为附属性大学、单一制大学和联合大学。学院是进行教学的主体,有大学学院和附属学院两类。学位制度为三级:学士、硕士和博士,学士学位修业年限为 3 年,硕士 1 年,博士 3 年以上。

印度教育在独立后取得了较大的发展成效,但在发展过程中的两极分化、性别歧视与教育机会不均等问题比较严重。此外,高等教育机构盲目扩张,高校数量多,学生多,机构臃肿,教育质量保障问题值得深入研究。

亚洲国家的教育自二战结束以来取得了长足的发展,教育发展的成效较为明显,但教育发展过程中传统与现代的冲突不可忽视。因此,如何协调这两者之间的关系,实现教育效益的最大化则是需要关注的重点。

五、非洲国家的教育制度与发展特征

非洲拥有丰富的物质资源,在这片广袤的土地上也孕育出古老而多样化的文明,这些文明在一定程度上对世界发展产生过巨大的作用,如发源于尼罗河的古埃及文明被列为四大文明之一。但是,非洲地区由于其漫长的殖民史,导致教育发展的根基薄弱、起点低,教育发展的程度不高。但是,正是因为非洲国家教育发展的程度不高,才凸显出未来教育发展的巨大潜力。在此,主要对南非进行介绍。

南非位于非洲大陆最南端,是非洲最发达同时也是最具有发展潜力的国家。南非历史上有较为漫长的殖民史,历经荷兰和英国的统治,直到 1994 年新政府的建立才结束种族隔离统治的历史。因此,南非的教育体系带有浓厚的英国色彩,甚至可以说,南非的教育模式与英国几乎完全相同。教育管理体制因此就带有英式色彩,实行的是中央与地方政府合作的教育管理体制,中央设教育部,各省设教育厅,各地区设教育办公室。南非实行的"课程 2005 改革",旨在推行全国统一的国家课程,并规定该课程由学习领域、学生学业结果、国家评定及考试 3 个方面组成。体现了以结果为本位、注重结果平等的课程改革理念。

南非教育系统由学前、小学、中学、大学、研究生 5 个阶段组成。南非政府自上个世纪 90 年代以来,逐步开始重视学前教育。学前教育包括两个组成部分,第一部分是托儿班,面向 0 ~4 岁的儿童,第二部分是学前班,面向 5 岁以后,小学一年级以前的儿童。此外,南非政府非常注重儿童的学前教育,并启动了一系列国家早期教育项目(如 1996 年的国家早教临时政策(Interim National Policy on ECD)和 1997 年国家早期教育领航项目(The National ECD Pilot Project)),通过加强研究与改善入学机会,为处境不利儿童提供学前教育。义务教育年限为 9 年,涵盖小学 6 年和中学前 3 年。其小学 6 年,儿童 7 岁入小学,且小学由基础阶段和中级阶段两部分组成。基础阶段 3 年,主要以学生的第一语言授课,中级阶段 3 年,主要以英语或阿非利加语授课。小学阶段的主要课程包括:两门国语、数学、历史、地理、自然科学、健康教育、宗教教育、手工工艺、体育、音乐。中学教育由两个阶段组成:高级阶段和继续教育阶段。高级阶段学习年限为 3 年,学业结束后学生可获得普通教育和培训证书。继续教育阶段学习年限 3 年,学习结束时可拿到继续教育和培训证书。高中升大学采取 4 +2 的全国统考的制度,其中 4 是必考科目:数学、英语、理化与外语,2 是选考科目,考生可以从给定的科目范围内选择考试科目,通常有历史、地理、计算机、体育等。考生根据自己的高考成绩申请大学,各大学根据本校的名额与考生成绩来决定是否录取。高等教育机构约有 145 所,由 21 所综合性大学、15 所理工类大学、109 所教育学院和职业类学院组成。综合性大学主要侧重于理论学习与研究,学士学位课程一般为 3 ~4 年(医学系为 5 ~7 年),之后再学习 1 年的学士学位荣誉课程,即可获得荣誉学士学位,之后才可以申请攻读硕士学位,硕士学位课程一般为 1 ~2 年,博士学位课程一般为 2 ~5 年。理工类大学的学位课程学习年限大多与综合性大学保持一致,少部分大学因专业问题,不开设荣誉学士学位课程。教育学院主要是以培养中小学师资为己任。职业类学院相当于我国的大专,学习年限一般为 1 ~2 年,主要是培养学生的职业技能,为就业作准备。南非的大学有一个较为显著的特色,即高等教育采取积分制,学生可以根据自己的实际情况在各大学之间流动,只需积满学分达到毕业要求即可。

由于南非历史上的种种原因,如殖民史、种族隔离制度等,对于黑人来说,受教育权几乎不存在,直到 1994 年种族隔离制废除之后,黑人才逐渐拥有受教育的权利,但不平等问题受制于黑人的整体社会地位和经济地位,仍难从根本上解决。

总体上讲,各国教育制度和发展特征与各国所处的地理位置有一定的关系,往往处于同一区域国家的教育制度与发展特征有一定程度上的相似性。不可否认的是,虽然地理位置对各国教育制度与发展特征有一定的影响,但各国有其特殊的国民性、历史与文化积淀,因此,各国的教育制度与发展特征又各具特色。所以,随着各国现代化的推进与全球化进程的加速发展,各国教育制度与发展特征不仅有其共性,也有其个性色彩。

第三节 国别教育研究的意义与发展趋势

从 1978 年改革开放以来,由于我国的各项建设迫切需要了解其他国家的情况,因此迫切的需要了解世界其他国家的情况,教育领域也不例外。比较教育界也开始认识到,要借鉴外国教育的成功经验,必须对各国的教育发展进行深入系统的研究,才能把握各国教育的本质特点和发展脉络,于是开始了国别教育研究。①

简单地说,国别教育研究是指以国家为基本分析单元,对国家教育体系进行系统分析的教育研究,其目的在于理解与把握国家教育发展的脉络与本质特点。国别教育研究的内容较为广泛,既可以是宏观的教育政策研究,也可以是微观的学校课堂教学研究;既可以是

① 顾明远,阚阅,乔鹤.改革开放 30 年中国比较教育的重建和发展[J].比较教育研究,2008(12):3.

教育基本理论研究,也可以是教育实践研究;既可以是教育发展史研究,也可以是教育发展现状研究,几乎涵盖教育体系的方方面面。本节主要对国别教育研究的意义、发展阶段以及发展趋势进行阐述。

一、国别教育研究的意义

国别教育研究对比较教育研究的蓬勃发展有重大意义。主要表现在三个方面,第一,国别教育研究可以提升比较教育研究的理论价值;第二,国别教育研究可以提升比较教育研究的实践价值;第三,国别教育研究是推动教育改革和促进教育理解的重要途径。

(一)提升比较教育研究的理论价值

当站在本国的立场去看待其他地域、社会、政治、文化中的教育时,这种观察过程就构成了最基本的比较教育研究因子。这里包含着"他者—我性"的主客体关系,这种关系由描述、分析、解释、阐释等行为构成,同时也由地缘学、人类学、社会学等学术视角作为基础。但无论哪一种视角,都被限定在民族国家的框架内。现代民族国家之间以各自的特殊性作为彼此相区别的标准,形成国家间不可逾越的边界。重要的是,民族国家间的不同产生了"我性"和"他者"的概念和逻辑,"我性"和"他者"并不是臆想的产物,是历史发展的客观结果。比较教育研究也是以"我们的学校"和"他们的学校"为研究对象,使得不同民族国家教育的特殊性成为比较教育研究的正当性。民族国家教育也不是臆想的产物,而是历史发展的结果,是每一个民族国家根据自己民族国家的特殊性建构起来的教育实体。比较教育研究就是要对这种建构性进行各个视角的阐释,并获得民族国家教育相互区分而独特的知识,从而为民族国家教育的发展提供"意见"。[①] 从各国纷繁复杂的教育体系中抽绎出具有一定高度的理论成果,以此为比较教育研究的构建提供理论基础。因而对不同民族国家的教育进行国别研究可以提升比较教育研究的理论价值。

(二)提升比较教育研究的实践价值

比较教育作为一门新兴学科,其实践价值一直倍受质疑。而国别教育研究作为比较教育研究的基础则能够提升其研究的实践价值。自民族国家产生以来,各民族国家之间开始了既竞争又合作的相互关系,从政治到经济,从文化到教育,覆盖了社会的各个领域。而世界的发展逐渐走向全球化,各国之间的关系日益深化,因此,各国教育在发展过程中必然会面临相似的问题,这就给国家之间教育经验提供了可借鉴的基础。因此,通过研究其他国家的教育经验,可以了解世界教育的发展动态,了解全球教育发展的规律与教育发展过程中有可能出现的问题,从而为本国教育学者更加深刻地认识本国教育的现状提供一个外部视角,最终为本国教育决策部门提供理论与实践的建议,帮助其完善教育政策,达到提升本国国际竞争力的目的。此外,通过研究他国的教育系统,还可以促进国家间的相互交流与理解,为国际理解作出一定的贡献。因此,国别教育研究能够提升比较教育研究的实践价值。

---

① 朱旭东.民族国家教育知识和比较教育研究[J].比较教育研究,2007(3):28.

(三)推动教育改革和促进教育理解

国别教育研究在比较教育研究中的作用较为独特。通过国别教育研究,可以了解他国教育历史与进展情况,可以学习他国成功的教育经验与先进的教育思想、教育制度与教育实践,从而达到推动本国教育改革、促进本国教育发展与创新的目的。因此,国别教育研究是推动教育改革的重要途径。此外,随着二次大战的结束,各国之间认识到国与国之间相互理解的重要性,因此,在联合国教科文组织成立之初即以促进国际理解为自己的使命。随着全球化进程的加快,各国间人员、资源、信息流动的加快使得彼此间的联系日益紧密,各国在携手合作之时也面临着深刻的冲突问题,因此,随着时代的变迁,国别教育研究开始被赋予新的重要使命,即通过研究他国的教育,来了解“地球村”中“他人”的情况,了解他国的教育发展动态,从而更好地分析世界教育发展的趋势,促进教育领域的国际理解。①

二、国别教育研究的发展演变

纵观国别教育研究的发展历程,国别教育研究经历了史前阶段、形成阶段、外国教育经验收集阶段、系统化研究阶段四个不同的发展阶段。不同的发展阶段有不同的特点、不同的代表性人物,体现了国别教育研究发展的内在规律性。

(一)国别教育研究的史前阶段

国别教育研究的史前阶段主要采用见闻记录式的方式来介绍他国的教育情况,而介绍的人员也具有非专业性,并不仅仅局限于教育领域。

18 世纪以前的国别教育研究带有零碎的、描述性的、旅途见闻式的特点,其记录人员来自各个领域,有旅行家、政府官员等,有关国别教育的记载往往不成体系。因此,这一时期的国别教育研究往往被称为国别教育研究的史前阶段。如古代一些杰出的旅行家对他们所访问民族的教育习惯产生兴趣,并把这些教育习惯同自己国家的教育情况进行自然而然的比较。希罗多德、埃斯达本、色诺芬及其他人为我们留下了相关的材料。亚里士多德、普卢塔克、西赛罗、塔西陀等,甚至还有胡里奥·凯撒,都在著作中以旅行见闻的形式涉及其他国家的教育情况。在发现美洲新大陆之后,很多编年史学家和旅行家,也描述了有关新世界较开化的人民(印加人、阿兹特克人、玛雅人等)教育子女的方式。因此,以上这些以旅行见闻形式出现的对其他国家教育的描述或比较可称为国别教育研究的史前阶段。

(二)国别教育研究的形成阶段

从 18 世纪开始到 19 世纪初,几乎所有欧洲国家都经历了民族国家的形成过程。但各个民族国家的形成条件各不相同,这就导致国家之间教育发展水平各有特色,且参差不齐。这一时期,出于通过了解他国教育发展的经验来改进本国教育的目的,他国教育与国家发展间的关系引起了人们的关注,激发了人们对本国和他国教育进行研究的兴趣。

19 世纪比较教育研究的一个明显趋向是收集对本国有用的外国教育经验。在此期间,国别教育研究人员是政治家或与政府机构有密切联系的人。他们的主要兴趣在于巩固本国的国民教育制度,因此,他们的访问几乎总是带着事先筹划好的目的:找到适用于本国

① 何茜,温静.国别教育研究:意义、现状与发展趋势[J].比较教育研究,2009(6):16.

教育的经验。代表人物有法国的库森、美国的贺拉斯·曼等有政府官员身份的教育家。国别教育研究有更强目的性,就是要借鉴他国的教育经验,为本国教育发展服务,而且研究人员的队伍开始初具规模,大都具有政府身份,研究著作所产生的影响也较大。

在这一阶段,把一个国家的教育制度移植到另一个国家被认为是可行的。因此,国别研究工作的重点是发放问卷,收集一些描述性的教育资料,通过分类和比较,把一个国家的优秀经验移植到其他的国家。由于普鲁士比欧洲其他国家更早实施义务教育,它的教育成就尤其引人注目。因此,许多比较教育学家把研究视野集中到 19 世纪的德国。如法国的库森把目光投向邻国德国,希望从那里找到国家理想的教育范式。正如库森曾经所强调过的那样,虽然他研究的是普鲁士,但他思考的、心中所挂念的始终是法兰西。因此,在他的著作中,不仅充满着对普鲁士教育的赞美和欣赏,而且强调和分析法国可以引进的方面。在同一时期,西方一些国家的教育家以学校考察为目的,对一些国家先进的教育经验进行描述和评价,希望从中找到可以移植或借鉴的内容。在这一阶段,一些国家如德国、荷兰、英格兰、爱尔兰、比利时和法国,他们的教育制度、教学方法等方面都得到人们的关注和研究。

该阶段国别教育研究存在的问题也很明显,如在资料收集过程中普遍缺乏系统性。很多报告局限于罗列两个或两个以上国家的教育事实,几乎没有人完成教育制度或教育方法之间的真正意义上的比较。

(三)国别教育研究的系统化阶段

1900 年英国人迈克尔·萨德勒的演讲文稿——《我们从对外国教育制度的研究中究竟能学到多少有实际价值的东西?》对比较教育产生了重要的影响。萨德勒第一次以自觉和系统的方式提出了一种信念:研究一个国家的教育不能只涉及它的学校,在研究外国教育制度时,我们不应忘记,发生在学校外部的所有事情比发生在学校内部的事情更为重要。国别教育研究开始走向系统化的阶段,其研究方法更加科学,注重将教育与影响教育发展的外部因素联系起来进行研究,研究目的也更加理性,从直接借鉴过渡到基于本国实际情况的理性借鉴,研究人员更多是专门从事教育研究的研究者,研究的影响范围开始扩大。代表人物有英国的萨德勒、美国的康德尔等人。因此,从 20 世纪开始的国别教育研究可称为系统化研究阶段。

萨德勒对欧洲各国的教育情况进行考察以后,在描述和评价法国、意大利、普鲁士的中、高等教育的基础上,对法、英两国的教育也进行了比较分析。他强调要对决定教育发展的各种因素,尤其是历史因素进行综合的研究和分析,否则就无法理解和借鉴外国的教育经验。对此,俄国的教育家乌申斯基和托尔斯泰等人也进行了有益的尝试。如乌申斯基致力于对欧洲各国和美国的教育制度、教育实践等特征进行分类,并展开有意识的比较。而美国著名的比较教育学家艾萨克·康德尔的贡献同样不可忽视。康德尔在继承萨德勒的主要观点的基础上又有所发展。他在《教育的新时代——比较研究》一书和其他著作中,探讨了比较教育学的定义、对象和方法,并对英、法、德、意、苏、美 6 国的教育制度进行了系统的比较分析。

三、国别教育研究的发展趋势

国别教育研究在比较教育研究的发展史上占据着重要地位，其发展对比较教育研究的发展起着重大的推动作用。总的来说，国别教育研究的发展趋势主要体现在两个方面：第一，以国际理解和共同发展为研究的使命；第二，以理论与模式创新为研究的突破口。

（一）以国际理解和共同发展为研究使命

比较教育从它诞生之日起就具有国际性。1817年比较教育之父朱利安在《关于比较教育的研究计划和初步意见》中就提到，要建立一个国际教育协会，聘请公务人员，收集各国教育资料，定期用各种语言出版刊物，传播教育改革的经验。①这种国际性的特色在某种程度上来说是为了实现国与国之间的教育交流，最终促进国际理解。经过几个世纪的发展，国别教育研究在促进国际理解方面的作用显得更为重要，国际的内涵也不再受以往“欧洲种族中心主义”的限制，走向了更加宽泛的范畴。因此，通过国别教育研究使国际理解走向新的高度，是未来国别教育研究的一个发展方向。但是，我们始终要深刻认识到，促进国际理解并不是国别教育研究的最终目的，因为比较教育自产生之日起不仅包含国际理解的使命，同时也包含教育借鉴、改进本国教育的使命。在当今国际局势发生重大变化之时，费孝通先生的“美美与共，天下大同”之提法更加具有深意。因此，在促进国际理解的基础上改进本国教育，促进教育的共同发展，是国别教育研究的根本使命。

（二）以理论与模式创新为研究的突破口

比较教育学作为一门学科，其目的在产生之初就是教育借鉴，具有明显的实用性导向。国别教育研究作为比较教育的研究基础，因此也带有这种实用主义思维的烙印。这种思维与研究方式为民族国家教育重建、教育交流、教育发展做出过巨大的贡献，但随之产生的是人们对这种实用性导向思维的反思。即国别教育研究除了具有实用性、实践性之外，还需寻求能促进并指导其发展的理论体系。没有理论的指导，实践只能停留在生活世界层面，而无法上升到精神世界、符号世界层面。没有理论的指导，国别教育研究在当前日益变化的国际背景之下，难以取得长足的发展。国别教育研究也就只能仅仅停留在对他国教育体系进行描述的表层和浅层，而无法深入、系统了解影响教育体系发展背后的深层动力。

此外，在现代化通讯、信息等技术的支持下，国与国之间的教育交往日益频繁，各国之间出于共同的目的，在一定的区域内结成发展同盟，这就为超越国家层面的区域教育研究的兴起打下基础，原有国别教育研究的模式受到一定程度的冲击。但这并不意味着国别教育研究已不再是比较教育研究的基础，而是说，在这种情况之下，比较教育研究者们要及时把握住时代发展的脉搏，运用创新思维对国别教育研究的理论与模式进行创新，实现对国别教育研究中所存问题的突破。

---

① 王承绪，顾明远. 比较教育[M]. 北京：人民教育出版社，1999：2－3.

第五章

区域教育

民族国家作为比较教育研究的基本单位在比较教育研究中一直具有重要地位,国别教育研究也为比较教育的发展与各国教育改革做出了一定贡献,这些贡献都不可否认。但随着全球化进程的加快,各国之间教育交流与合作的增多,区域因其优越与便利的地理位置,区域内各国之间逐渐形成特色的教育交往。因此,区域教育越来越受到重视。

第一节 区域的定义与分类

一般而言,比较教育的基本单元是民族国家。但是随着民族国家之间的教育交往日益频繁,国与国之间的边界开始逐渐模糊。有学者就提出需重构比较教育研究的基本单元,打破原有的以国家为基本单元的研究模式。如著名比较教育学家贝磊和托马斯从地理实体区域划分的角度对比较教育的基本单元进行了界定。他们提出的立方体多维模型分析框架包含地域、人口和教育这三个分析维度,其中地域维度由七个层次构成,分别为:世界区域或大洲、国家、州或省、地区、学校、课堂、个人。①这七个层次也就是立方体多维模型分析框架下进行比较教育研究的基本单元。

一、区域的定义

《简明不列颠百科全书》对区域的界定为:"有内聚力的地区。根据同质性的标准与相邻诸地区或诸区域相区别。区域是一种学术概念,是通过选择与特定问题相关的特征并排除不相关的特征而划定的。"此外,"区域也可以由单个或几个特征来划定。社会科学中最普遍的特征是民族、文化或语言,气候或地貌,工业区或都市区,专门化经济区,行政单位以及国际政治区域"。② 此外,区域还是一个空间概念,无论何种类型的区域都表现为一定的地理单元。③

根据以上对区域定义的界定,区域定义主要有以下几种:第一,区域是一个空间概念,

① [英]贝磊,鲍勃,[南非]梅森.比较教育研究:路径与方法[M].李梅主译.北京:北京大学出版社,2010:71-102.

② 吴宣德.中国区域教育发展概论[M].武汉:湖北教育出版社,2001:22-23.

③ 和福生,李慧勤.中国西部区域教育现代化发展研究[M].昆明:云南教育出版社,2002:1.

表现为一定的地理单元;第二,区域具有内聚力,按照同质性的标准来划分;第三,区域具有多样化的界定特征;第四,区域是一个学术概念。因此,概括地说,区域是一个学术概念,在空间上表现为一定的地理单元,具有内聚力和同质性,同时也是按照一定的特征划分出来的地理、经济、文化和教育单位。

区域的特征主要有同质性、空间性、历史性、系统性、客观性以及结构性等特征。

(1)同质性。根据《简明不列颠百科全书》对区域的定义,“根据同质性的标准与相邻诸地区或诸区域相区别”。因此,区域与区域之间的本质区别在于区域内部的同质性,这表现为一定区域的内部具有某种相似性、共同性和一致性。因此,区域内部的同质性是区域的一大特征。这种同质性也可以被称为均质性。

(2)空间性。区域是一个地理空间概念,它是指根据一定的标准划分出来的地理单元,这种地理单元有一定的范围或界限。无论区域的划分是根据何种标准来划分,区域在地理实体上总表现为一定的空间性。如工业区、商业区、居住区等在地理实体上总表现为一定的空间性。

(3)历史性。区域也是一个属于历史范畴的概念,是特定历史条件作用的结果。任何区域的形成都与其历史发展进程分不开,如历史文化传统、语言、种族等因素的影响,所以区域是历史发展变化的产物,它随着社会生产与社会分工的变化而变化。

(4)系统性。区域系统内包含的构成要素有区域中心、区域孕育腹地和区域协作网。区域一般都具有一个以上的中心地,由中心地连接腹地,形成一个系统协作网的功能体系。区域的发展不仅受系统内部因素的影响,还受系统外部因素的影响。因此,区域并不是一个单一内涵的存在,而是一个具有丰富内涵与外延的系统性存在。

(5)客观性。一般而言,区域是地球表面的分类单位,它是客观存在的,有自身质与量的规定性。①如空间存在的客观性,地理实体存在的客观性,这些都是区域自身客观存在的不同表现方式。其中地理实体存在的客观性对区域存在的客观性影响较大,如地理实体的地貌、地壳构造等,都非人力所能轻易改变。

(6)结构性。作为一个复合系统存在的区域,与其内部各组成部分之间也存在着结构性的特性。大区域由各个小的区域部分组成,大区域通过政策等方式发挥对各区域部分的发展产生影响,同时小区域的发展为大区域的发展作出贡献。

二、区域的分类

区域有不同的划分维度。按地理表面自然条件可划分为不同的自然地理区;按人类经济活动的空间分布规律可划分为不同的经济区;按各种人文活动的空间差异可划分为文化区、教育区和商业区等;根据教育的发展水平可以划分为教育发达地区和欠发达地区等。以下举例说明从地理、文化、经济和政治等四个维度对区域的划分。

(一)地理维度

传统而言,根据地理区域进行划分是指根据全球地理实体的物理特性(如地质构造、物

① 和福生,李慧勤.中国西部区域教育现代化发展研究[M].昆明:云南教育出版社,2002:1.

理位置等特性)对全球进行区域划分。从这个角度出发,主要把全球划分为七大洲和四大洋,七大洲指亚洲、欧洲、北美洲、南美洲、大洋洲、非洲和南极洲;四大洋指太平洋、大西洋、印度洋和北冰洋。某些国际教育组织,如联合国教科文组织、国际教育成就评价协会等,在进行大型研究项目时,为比较便捷与高效地收集项目所需的资料,常常采用地理实体区域划分的方法,把地理实体上比较相近的国家合并起来研究。如中美洲和南美洲国家合并为拉丁美洲国家、澳大利亚和新西兰等国家合并为澳洲国家等。

(二)政治维度

从政治维度进行划分是比较重要的划分方式。它是从国家的政治本质与政治属性出发,通过归纳各国政治特色,最终从政治维度对各国所属的类别进行划分的一种方式。依据这个维度,可以划分为民主国家与专制国家、资本主义国家与社会主义国家、第一世界、第二世界与第三世界国家等。“三个世界”划分理论由我国建国主席毛泽东于1974年2月首次提出,其中的战略思想主要是:美国和苏联属于第一世界国家;亚非拉及其他地区的发展中国家和中国属于第三世界国家;处于以上两者之间的是第二世界国家。① 该划分理论的提出因顺应当时国际政治发展的大趋势,与当时国际政治环境的风云变幻密不可分而具有积极的政治意义。

(三)经济维度

从经济发展的角度对全球区域进行划分主要依据各国经济发展的发达程度进行划分,如发达国家与发展中国家、北方国家与南方国家等。这种划分是学术界比较流行的一种划分方式。在比较教育领域中,与此相关的主要代表性学派有世界体系分析理论学派和依附理论学派。世界体系分析理论的代表人物是美国“新马克思主义”的代表性学者沃勒斯坦。他在《现代世界体系》中从经济发展差异的角度把全球区分为“中心国家”、“半边陲国家”和“边陲国家”,并对这三类国家及其相互转化的条件进行了研究。“中心国家”即经济发达、工业先进的国家,如早期的英国、法国、荷兰等;“边陲国家”指文化社会结构单一且以原料生产为主的落后国家,往往为其他国家所牵制,如非洲和拉丁美洲的欠发达国家;“半边陲国家”则是介于中心国家和边陲国家之间的国家,他们既受中心国家的控制和剥削,同时又可以部分地控制和压榨落后的边陲国家,如拉丁美洲一些经济增长强劲的国家,以及亚非地区一些迅速崛起的国家,它们既可以上升为中心国家,也有可能衰退为边陲国家。

依附理论的代表人物主要有弗兰克、阿明等。该理论是在马克思有关社会理论和列宁有关帝国主义与殖民地理论的基础上,吸收和借鉴一些发展经济学家的理论观点而形成的一种理论体系。该理论应用“二分法”,把世界上的各个国家划分为“中心国家”与“边陲国家”,“中心国家”主要指早起内发型的老牌资本主义国家,如英国、法国、荷兰等;“边陲国家”主要指晚起外发型的较为落后的亚非拉国家。而且,这一理论还主要分析了“边陲国家”不发达的原因,并指出“中心国家”与“边陲国家”间不平等关系是造成“边陲国家”不发达的重要原因。

(四)文化维度

从文化维度进行划分是指从文化的起源、成型与特征等角度出发,对全球区域进行划

① 李正鸿.三个世界划分理论与当今时代的发展[J].东北大学学报(社会科学版),2004(2):132.

分,而语言通常是文化划分的标准。[①]如美国著名学者塞缪尔·亨廷顿在《文明的冲突?》(1993年)和《文明的冲突与世界秩序的重建》(1996年)等一系列著作中,从全球文明差异的角度,把全球划分为六种现代文明区和两种候选文明区共八个文明区,六种现代文明区分别为中华文明、西方文明、印度教文明、伊斯兰教文明、日本文明和东正教文明,两种候选文明区为拉丁美洲文明和非洲文明。此外,还有英语国家、法语国家、拉丁语国家,新教国家、天主教国家、穆斯林国家、佛教国家等不同的划分类型。

(五)复合维度

以上四个区域划分维度并不包含所有的划分维度,在实际操作层面,这四个维度之间也存在交叉与重叠的现象。一般意义上讲,纯地理维度、纯文化维度、纯经济维度或纯政治维度的区域划分方式相对较少,大部分的区域划分都是几种划分方式交叉与重叠的结果,如按政治-经济维度划分有资本主义市场经济、社会主义市场经济等。而欧洲联盟(European Union,简称EU)、东南亚国家联盟(Associataion of South East Asian Nations,简称ASEAN)和非洲联盟(African Union,简称AU)则是地理、政治、经济、文化等多重维度结合产生的区域共同体组织,这种组织内部在地理范畴上分布集中,分享共同的政治、经济和文化诉求,致力于本区域的共同发展与繁荣。

第二节 不同区域的教育发展

比较教育研究的切入点多样化,如可从政治、经济、文化、社会等角度切入进行研究。从传统上讲,比较教育往往将地理实体作为比较分析的基本单位。[②] 本部分试图打破以地理实体划分比较分析基本单位的传统,从复合维度出发对区域进行划分。在此,选取非盟、东盟与欧盟这三个区域共同体,对各自区域的历史与文化、教育发展的特色、教育发展中存在的问题以及发展趋势进行分析,以期从整体的层面、系统的角度把握各区域的教育发展特征。

一、走向现代化进程的非盟教育

非盟教育的发展史,实际上是一部教育走向现代化的历史。教育发展在本质上表现为历史传统与现代化进程的融合与冲突。

(一)非盟的历史与文化

非盟全称为非洲联盟,正式成立于2002年7月9日~10日在南非德班召开的非盟第一届首脑会议。非盟设有非盟首脑会议、执行理事会、非盟委员会、泛非议会、非洲法院、和平与安全理事会、常驻代表委员会、特别技术委员会等机构。现阶段非盟首脑会议为每年两次。非盟的前身是成立于1963年5月25日的非洲统一组织(Organization of African

---

① [西班牙]何塞·加里多.比较教育概论[M].万秀兰译.朱伦校.北京:人民教育出版社,2001:123.

② [英]贝磊,鲍勃,[南非]梅森.比较教育研究:路径与方法[M].李梅主译.北京:北京大学出版社,2010:71.

Unitiy，简称非统组织 OAU），非统组织的宗旨是根除一切形式的殖民主义、促进非洲国家的统一与团结、保卫和巩固非洲各国的独立及主权与领土完整、加强非洲国家的合作、改善非洲人民的生活、促进国际合作。① 非统组织的首要任务是促进非洲国家的统一与团结，但是，随着非洲各国纷纷获得独立权，各民族国家的发展已经基本步入正轨，非统组织的宗旨已经不再满足非洲国家希望迫切改变自身现状，实现发展的共同愿望，因此，在这种情况下，一个新的、致力于非洲国家的发展与复兴的非洲组织——非洲联盟应运而生。构建非盟的设想最初于 1999 年 9 月非统组织第四届特别首脑会议上通过的《苏尔特宣言》中提出。2000 年 7 月，《非洲联盟章程草案》获批通过。2001 年 7 月，第 37 届非统首脑会议决定正式向非盟过渡。2002 年 7 月，非统向非盟的过渡正式完成。截至 2011 年 8 月，非盟现有 54 个成员国，几乎涵盖非洲所有的国家。虽然非统与非盟的任务有区别，但是它们的思想基础都是泛非主义。泛非主义是一种倡导非洲人民团结起来，联合自强，共谋解放，实现大陆统一的民族思潮。② 这是非盟这一区域性国际组织逐渐成型的动力来源。

非盟区域位于大西洋与印度洋之间，隔地中海与欧洲相望。东北角的苏伊士运河为非洲和亚洲的分界线。非盟区域处于东西方交通之要道，苏伊士运河是欧洲与亚洲交往的最为便捷之要道。赤道从非洲大陆上横贯而过，在北半球副热带高压带的影响下，非洲北部形成了撒哈拉大沙漠。而在撒哈拉大沙漠以南，则是连绵的黑土高原，如有“非洲屋脊”之称的埃塞俄比亚高原、东非高原、索马里高原等。赤道的伤疤东非大裂谷、南非好望角等自然景观都位于非洲大陆上。

非盟区域在地理上习惯分为北非、东非、西非、中非和南非这五大地区。总面积约为 3,020 万平方千米，仅次于亚洲，占世界陆地总面积的 20%，其中撒哈拉以南非洲的面积为 2,000 多万平方千米，约占非洲总面积的三分之二。截至 2012 年，非洲区域人口约为 10 亿，占世界总人口数的 15%。非盟区域种族众多，语言多样，因此文化、宗教等也非常多样，此外，该区域因有漫长的殖民史，所以其文化不仅有非洲本土的土著文化，也有西方文化的形态，如英国、法国、葡萄牙等国曾是非洲的宗主国。在种族方面，非洲有尼格罗人、尼格利罗人、科伊桑人等；在语言方面，非洲人使用的语言有 2000 多种，占世界上语言总数的 30%，主要有亚非、尼日尔 - 科尔多凡、尼罗 - 撒哈拉、科伊桑和马达加斯加 5 大语系。③ 在撒哈拉以北的国家，宗教信仰主要以伊斯兰教为主，撒哈拉以南则主要为各土著宗教，土著宗教一般都相信万物有神论，具体表现为自然崇拜、图腾崇拜、祖先崇拜等。

总的来说，非盟的成立有其特殊的历史背景，是对非统组织的进一步发展，同时也反映了非洲各国人民对非洲发展与复兴的强烈愿望。非盟区域地处地中海以南，与亚洲接壤，幅员辽阔，民族、语言、文化、宗教众多。

（二）非盟教育发展的特色

相比较而言，非盟区域的教育发展水平较低，在教育现代化的进程中也颇为曲折，但是自非统组织成立以来，都较为重视教育的发展，尤其是非盟组织成立后，为了实现非洲复

---

① 新华网. http://news.xinhuanet.com/ziliao/2003-01/27/content_709611.htm. 2012-04-22.

② 夏吉生. 继往开来话非盟[J]. 西亚非洲，2004，(1)：53.

③ 罗美娜. 非洲国家的多元语言使用问题[J]. 世界民族，2011(2)：76.

兴,非盟更是把区域内各国教育的发展放在了战略性的重要地位,先后发布与教育有关的各项文件,以此明确教育在非洲复兴中的地位。此外,非盟各国因地制宜,也非常重视职业技术教育的发展,以此为区域的发展提供技术人才。总的来说,非盟现阶段的教育发展特色有以下几点:第一,重视教育的战略性地位;第二,教育发展处于转型时期。

1. 教育发展处于战略性地位。虽然与非统组织一样,非盟的形成基础也是努力为实现非洲复兴而奋斗的泛非主义,但是二者的不同在于非统致力于帮助非洲国家摆脱殖民统治,确保非洲国家主权的实现,而非盟则致力于非洲国家在新的国际化、全球化背景下的发展与复兴。相比较而言,非盟的理念中多了现实的色彩,少了理想的成份。非盟把教育的发展放在非洲复兴的战略性地位,较注重通过发挥教育在人才培养、社会服务等方面的功能来促进非洲复兴。如非统和非盟先后共制定两个非洲教育的十年行动计划,旨在通过行动计划对非盟国家的教育发展规划作出指导,以期从整体层面促进非盟国家教育的发展。第一个"非洲十年教育行动计划 1997—2006"由非统制定、非统(1997—2002)和非盟(2002—2006)实施,第二个"非洲十年教育行动计划 2006 - 2015"由非盟制定并实施。相比较而言,第一个十年计划由于宣传力度不够、执行制约力不够等各方面因素的影响而成效不显著,第二个十年计划在充分吸取第一个十年计划经验教训的基础上,明确了教育发展在非洲复兴中的重要战略作用:教育是关键,其绩效直接影响甚至决定非洲发展的质量和规模;教育是非洲开发人力资源,传授适当技能、知识和态度的最主要途径等。[①] 在这种理念的指导下,非盟各国纷纷致力于教育的发展,如在非盟成员国的倡导下 2007 年成立了旨在监控非盟国家全民教育实施情况的"非洲教育监察所"(African Education Obserbatory),监察的内容涵盖教育机会的平等、教育中的性别平等、弱势群体的教育保障、教育经费落实等内容;2007 年非盟起草并通过《非洲职业技术教育和培训振兴战略》,对非盟各国职业技术教育与培训政策的制定与执行提供政策框架和指导意见;2007 年《非盟高等教育一体化战略》的通过,对非盟区域高等教育的一体化提出了指导意见等等。非盟区域各国多年的血泪史使得各国开始认识到教育发展在非洲复兴中的重要战略作用,这种作用不仅体现在非洲复兴所需的人力资源的储备上,而是更加体现在通过教育增强非盟区域各国的"非洲认同"感,因此,在非洲复兴的道路上,教育的发展处于战略性的地位。

2. 教育发展处于转型时期。非统组织向非盟组织的蜕变反映了非洲各国希望获得新的发展机遇,实现非洲复兴的愿望。在这个宏大愿望的背后,是非洲各国对国际化与非洲化(本土化)之间冲突与融合的深刻认识。非统组织统领下的非洲已经顺利完成了摆脱殖民统治,实现民族国家自治的目标,在教育领域则体现为非洲各国现代化教育体制的基本建立。但是在国际化、全球化席卷全球的今天,非洲可以说是在毫无准备的情况下被卷入其中,因各方面条件的准备不足,非洲在这一过程中不断被边缘化,如人才流失严重、非洲认同感缺失、后备人力资源储备不足等,因此,非洲各国教育体制的建立实质上所体现的是西方文化对非洲文化的殖民。在这种情况下,为了实现非盟"非洲复兴"的伟大愿望,非洲教育发展必须进行调整,需要从非洲本土文化中吸取营养,为非盟各国教育发展的转型提供本土化的根基。具体而言,这种转型体现在发掘非洲文化精髓,从非洲各国本土实际情

---

① 万秀兰,田甜.《非洲教育"二·十"行动计划(2006 - 2015)》评析[J].比较教育研究,2010(4):2.

况出发,通过教育实现本土文化与本土语言的传承,增强非洲认同感,总的来说,就是要实现非洲教育从“外力拉动”式的发展走向切合非洲本土实际情况的“内力驱动”式的发展。而现阶段,由于第一阶段现代化教育体制的构建已基本完成,非盟各国的教育发展正处于从“外生”到“内生”的转型时期,这就要求非盟各国需协调好教育内生发展与国际教育发展、与本区域社会需求适切性以及教育内部的文化传承等各方面的关系。

(三)非盟教育发展面临的问题与发展趋势

虽然非盟国家的教育在最近几十年取得了一定的成绩,但是其教育发展呈现出教育事业起步晚、师资水平不高、性别歧视严重、民族间教育机会不均等以及人才流失严重等问题。此外,在非盟组织的倡导下,非盟教育也体现出走向一体化的趋势。因此,其教育发展开始呈现出新的趋势,一是教育民主化;二是教育信息化;三是教育一体化。

1. 非盟教育发展面临的问题

作为世界最古老的大陆,非洲的历史与文化很悠久,但由于非洲大陆特殊的地理位置与地形条件,外加漫长的殖民史,使得非洲区域各国的教育发展举步维艰。非盟教育发展中存在的问题主要有以下几点:第一,教育事业起步晚,师资水平不高;第二,性别歧视现象严重,性别之间的受教育机会存在差异;第三,过度依赖国际援助,人才流失严重。

第一,教育事业起步晚,师资水平不高。在殖民时期,非盟国家的教育事业实质上是殖民教育,如外国人在非盟国家举办学校的目的是对非盟广大国家的人民实行殖民教育,以传播所属国的语言、文字与观念,从而使殖民统治向纵深化发展。广大非盟国家在二战之后纷纷独立,由于国家建设的需要,在独立之初,各国并没有太多的精力与经费来发展教育事业。所以,因历史条件以及非盟各国发展水平和经济实力的制约,非盟国家教育事业的发展存在起步晚,起点低的问题。这又进一步制约了非洲师资的水平,如教师队伍数量不足、质量不高、结构性问题突出等。因教师数量不足导致非洲国家的师生比不高,2007 年非洲地区的师生比为 10 ∶ 44,而同年发展中国家为 1 ∶ 25,世界平均值为 1 ∶ 27。[①] 在教师质量方面,因为缺乏较为系统的集教师职前培养、入职教育以及在职提升为一体的教师教育体系,非洲各国的教师准入制度、教师培训制度等都不健全,导致教师队伍质量参差不齐,合同制教师与兼职教师比重大,教师队伍整体水平不高,2007 多哥仅有 15% 的基础教育教师接受了培训,而乍得也仅为 39% 。[②] 在教师队伍结构方面,教师年龄结构两极分化现象严重、性别比不合理以及城乡教师质量差异大,在 2006 年,加纳的城市不合格教师占全国教师总数的 4% ,而农村则高达 18% ;坦桑尼亚城市不合格教师为 29% ,农村则为 62% 。[③] 总的来说,因教育事业起步晚,国家发展水平低等问题制约着各国对教育事业的经费投入,而教师工作环境差、待遇低、进修机会少等问题也进一步制约着非盟地区各国教师队伍素质的提升,教师队伍素质又进一步限制着各国后备人力资源储备,导致国家各项事业发展缓慢,造成恶性循环。

---

① UNESCO. EFA Global Monitoring Report 2009, Regional Overview: Sub - Saharan Afirca[R]. Paris: UNESCO, 2009: 10.

② UNESCO. EFA Global Monitoring Report 2010, Regional Overview: Sub - Saharan Afirca[R]. Paris: UNESCO, 2010: 11.

③ 彭自力. 撒哈拉以南非洲基础教育教师队伍建设的研究[D]. 金华:浙江师范大学,2011:32.

第二，性别歧视现象严重，性别之间的受教育机会存在差异。非盟区域的性别歧视现象较为严重，在教育领域就折射为性别之间的受教育机会存在差异。相比较而言，撒哈拉以北的非洲因靠近欧洲、国家经济发展水平较高、人民观念较开放等原因，其性别间的教育机会基本保持着均等的态势，而撒哈拉以南的非洲女性的受教育权难以保证，以性别均等指数（性别均等指数若为1，则表示性别均等，在0－1的范围内，越接近0，则表示越有利于男性，若大于1，则越有利于女性）为例，2006年撒哈拉以南非洲的初等教育毛入学率的性别均等指数为0.92，中等教育为0.80，高等教育为0.80，该区域的女性文盲数及比重则为9.988万，占文盲总数的61.3%。[①] 这表明虽然撒哈拉以南的非洲在争取性别均等，保证女性的受教育权方面仍存在一定的改进空间。造成非洲区域性别不平等，女性受教育权难以保证的原因是多方面的，即与非洲社会的“父权主义”传统有关，也与女性家庭的经济条件，学校的卫生设施、距离的远近、女性教师的比重，以及政府干预等有关。

第三，过度依赖国际援助，人才流失严重。国际援助的主体一般是世界银行、联合国教科文组织等国际组织，此外还有部分私人志愿者团体。援助的途径一般有三种：一是直接的资源援助，如教育基础设施与教育资金的提供等；二是政策与经验援助，如政策制定咨询等；三是人员援助，如专家团队、技术团队的派遣等。[②] 出于改变本国现状，尽快走向现代化的目的，许多非盟国家对于国际援助抱有极大的热情。1981～1983年间，直接给予非洲各国中央政府教育部门的各类援助总计约9.15亿美元。其中3%来自世界银行集团和非洲开发银行的贷款，97%是以特惠援助的方式投向非洲教育。而在97%的教育援助中，有25%是以奖学金的形式资助非洲学生去国外留学，44%以技术援助的方式投向非洲。[③] 这种国际援助在初期带来了明显的社会效益，但是，随着国际援助进一步深入，非盟国家逐渐意识到这种援助在实质上附带有隐性殖民的色彩，援助所带来的不仅仅是资金、人员、技术和知识，还可能带来的是非盟国家的再次殖民化，只不过这种殖民化并不直接表现出来，而是以隐性的思想观念的形式传播，这就导致非盟国家的发展陷入深层依附发达国家的怪圈。导致非洲青年在一定程度上被西方发达国家所同化，“努力逃避严酷的社会化经济条件，乐意背井离乡，并准备在任何情况下忍受所在国的侮辱、敌意和排斥。”[④]

2. 非盟教育的发展趋势

随着终身教育、全民教育思潮的提出，世界教育走向民主化的进程是未来发展的必然趋势，非洲大陆也不例外。此外，各种现代化通讯技术在教育领域的运用能够在一定程度上缩小非洲各国因幅员辽阔所造成的地区教育资源分布两极分化的现象，而非盟组织在欧盟构建“欧洲认同”意识的榜样作用下，开始致力于本区域的教育一体化，以增进非洲区域的民族认同感。

第一，教育民主化。教育民主问题一直深深地困扰着非盟地区的广大国家。尤其是非

---

① 郑崧. 非洲女子教育：性别平等与政策干预[J]. 外国教育研究，2010(1)：37－38.

② 世界银行. 撒哈拉以南的非洲教育政策——调整、复兴和扩充[M]. 朱文武、皮维、张屹译. 杭州：浙江大学出版社，2008：9.

③ 世界银行. 撒哈拉以南的非洲教育政策——调整、复兴和扩充[M]. 朱文武、皮维、张屹译. 杭州：浙江大学出版社，2008：19.

④ [德]赖纳特茨拉夫. 全球化压力下的世界文化[M]. 南昌：江西人民出版社，2001：129.

盟地区女性受教育权利与受教育机会的问题一直备受国际社会关注。随着国际社会对女性受教育程度与社会效益间关系研究的深入,非盟各国日益深刻地认识到女性受教育的投资回报要高于男性受教育的投资回报。如女性的受教育程度越高,生育率也就越低、子女的培养质量也就越高等。因此,非盟国家加大了对女性受教育的扶持力度,如通过采取增加女性教师数量、降低女童受教育的费用、开设以社区为基础的小型学校(若学校离女童居住的地方太远,如广大的农村地区,那么女童受教育过程中的安全问题是家长考虑的一个很重要因素,因此,通过建立以社区为依托的小型学校,能够缩短学校与家庭之间的距离,加强女童的安全保护)、为女童提供学校膳食计划等措施来减轻女童受教育所引起的家庭负担,从而达到扩大女童受教育机会的目的。现今,发展中国家较多的区域之间小学阶段男女入学率差异在日益缩小,非洲女童入学率达 44%,亚洲为 43%,拉丁美洲为 48%。但是,小学后阶段的教育中,尤其是第三级教育中,男女入学率的差异仍然明显。如中等教育阶段,非洲的女性入学率为 34%,亚洲为 39%,拉丁美洲为 50%;在第三级教育阶段,非洲女性入学率为 21%,亚洲和拉丁美洲分别为 33% 和 45%。[①]所以,非盟各国教育民主化水平的提升是未来发展的趋势之一。当然,教育民主化并不仅仅局限于保证女性受教育权,除此之外,非盟各国也纷纷致力于教育管理效率的提升、教育与政府的关系的协调等,在“非洲复兴”理念的指导下,非盟各国会日益重视教育民主化进程在增进非洲认同、促进社会发展、实现非洲复兴方面的作用。

第二,教育信息化。教育信息化是非盟教育发展的又一个趋势。由于非盟地区幅员辽阔,地形复杂,经济发展程度差异巨大,导致区域教育资源分布不均衡。在非盟地区,既有黄金产量丰富的南非,也有石油、天然气储备量较多北非各国,这种区域教育资源的不均衡分布导致不同地区人民受教育的机会也不均等。为了响应联合国教科文组织构建全民教育社会的号召,通过何种方式加强人民之间的教育联系便成为非盟国家思考的问题。日新月异且费用相对较低的现代化信息技术教育为全民教育、终身教育等理念的实现提供了契机。如马拉维政府于 1965 年创建了马拉维函授学院,作为正规教育系统的辅助系统招收小学毕业生。该学院教学系统的基础是无线电、通信设施以及一些学习中心。学生所需要提交的只是函授教材费。学院授课的成本也较为低廉,每名学生的经常性费用不到一名国立中学学生经常性费用的五分之一。[②] 而喀麦隆的德昌大学为了满足人民对高等教育日益增长的需求,于 1996 年开始正式开设远程教育项目。该项目秉承“边学习,边挣钱”的原则,用法语和英语两种语言教学;主要招生对象为女性、年轻的农业经营者、农业技术人员和边缘人群;授课方式主要是通过印刷品、录音带、录像带、计算机和多媒体。[③] 因此,通过现代化教育信息技术的推广与运用,能够在最大程度上扩大教育的影响范围,拓宽教育覆盖面,为边缘群体如女性、边缘地区的人群提供受教育机会,在一定程度上能够起到均衡分布教育资源,实现教育质量整体提升的目的。

---

① 世界银行.撒哈拉以南的非洲教育政策——调整、复兴和扩充[M].朱文武,皮维,张屹译.杭州:浙江大学出版社,2008:75.

② 世界银行.撒哈拉以南的非洲教育政策——调整、复兴和扩充[M].朱文武,皮维,张屹译.杭州:浙江大学出版社,2008:72.

③ 郑崧.喀麦隆高等教育研究[M].北京:中国社会科学出版社,2010:96-99.

第三，教育一体化。2002年非盟的正式成立为非洲的复兴带来了契机，也为非洲教育的发展带来了新的希望。非盟各国在充分认识到教育在促进非洲认同、提升人力资源水平、实现非洲复兴方面的作用后，于2007年8月在埃塞俄比亚首都亚的斯亚贝巴正式提出了《非洲高等教育一体化战略》。该战略的目的是在非洲建立一体化的高等教育系统，通过创新的合作形式加强高等教育机构的能力，满足非洲国家高等教育的多种需求，保证高等教育质量按一致同意的卓越标准进行系统的改善，并促进非洲大陆毕业生和学者的流动。[①]具体的措施为：第一，明确参与主体。参与主体为国家教育部、教育质量保障机构、高等教育机构、学生、区域一体化组织以及雇主协会和专业协会。第二，构建透明的信息交流机制。如构建一个透明、准确的信息数据库，为各参与主体的相互了解与合作提供一个平台。第三，建立高等教育系统的绩效评估系统。第四，制定统一的高等教育资格证书体系，并制定证书的最低标准。第五，促进学生与教师等人员的流动。该计划的目的在于通过明确参与主体，制定信息平台与证书转换体系，保证教育质量，以达到提升非盟区域内教育质量、促进非盟区域内的教育交往的目的，从而通过增强非洲区域认同感，最终实现非洲复兴。虽然非洲教育一体化的进程还在开展之中，也遭遇到各国学制不统一、教学语言多样化、管理体制不完善、资金缺乏等问题，成效不是很明显，但是，从长远来看，在非盟组织的强有力推动和非盟各国的积极合作之下，非盟区域的教育一体化是必然的趋势。

二、走向制度规约的东盟教育

东盟的教育发展随着2007年《东盟宪章》的签署以及随后有关东盟教育发展的各类文件的发布，体现出逐渐从非制度规约走向制度规约的发展态势。

（一）东盟的历史与文化

东盟全称为东南亚国家联盟，成立于1967年8月8日，东盟常设机构是秘书处，位于印度尼西亚首都雅加达。东盟的产生并不是一蹴而就的，其产生也有其独特的历史与环境原因，主要有外在冷战格局的威胁与内在区域意识的觉醒。在东盟成立之前，东南亚国家有过先后两次探索组建区域组织的经历，一次是东南亚联盟（Association of Southeast Asian，简称ASA），一次是马菲印多（The Maphilindo）。[②] 这两次探索因各种原因先后失败。东盟是东南亚国家所作的第三次构建区域性国际组织的尝试。东盟最初是1967年8月7－8日由印度尼西亚、马来西亚、菲律宾、新加坡和泰王国这五个国家的外交部长在泰国曼谷外交部所签署的《曼谷宣言》启动。该宣言提出在东南亚建立一个区域性的政府间国际组织，以保护本地区免受冷战威胁，通过区域内合作，实现和平发展。合作的领域涉及经济、社会、文化、技术、教育等领域。[③] 1967年8月28～29日，马来西亚、泰王国、菲律宾三国在吉隆坡举行部长级会议，决定把东南亚联盟升级为东南亚国家联盟。尔后，该组织开始逐渐发展壮大，1984年文莱国加入，1995年越南社会主义共和国加入，1997年缅甸联邦和老挝人民民主共和国加入，1999年柬埔寨王国加入。现今，东盟已经发展成为一个涵盖十个东

① 万秀兰，孙志远．非盟高等教育一体化战略评析[J]．比较教育研究，2011(4)：30．

② 侯振宇，凌云志．国际视角下的中国－东盟研究[M]．桂林：广西师范大学出版社，2008：29．

③ http://www.asean.org/20024.htm．2012－04－22．

南亚国家的区域性国际组织。其在国际政治舞台上的作用日益增大,成为了一支不可忽视的力量。

东盟十国在地理位置上处于亚洲东南部的中南半岛和马来群岛上。缅甸、泰国、老挝、柬埔寨、越南位于中南半岛,马来西亚、新加坡、印度尼西亚、文莱、菲律宾位于马来群岛。东临太平洋、西濒印度洋,扼东西方交通之要冲,是亚洲、非洲、欧洲以及大洋洲之间海运交通的必经之地,如著名的马六甲海峡就位于此区域。与中国接壤的国家分别为缅甸、老挝、越南,而老挝是东盟国家中唯一一个没有海岸线的内陆国家。

东盟十国总面积约为440余万平方公里,人口5.6亿。由于东盟地处交通要塞,对外交往活动频繁,地形复杂多样,国与国之间被河流、海洋等分割,且东盟在上个世纪均有过较漫长的殖民史,如英国、法国、日本、荷兰、美国等国先后对该区域的国家施加过影响,因此,东盟国家的文化呈现出多元文化的态势。该区域民族众多,如印度尼西亚有100多个民族,菲律宾有90多个民族,越南有50多个民族。宗教信仰也很普遍,其中最为流行的是佛教、伊斯兰教、基督教、印度教等,原始族群还有各种原始宗教信仰。

总的来说,东盟的产生有其特殊的历史与环境背景,其目的是致力于东南亚区域国家的相互交往与社会发展。东盟地理位置特殊,扼东西方交通之要冲,地形复杂,文化多元,民族众多,宗教信仰普遍。

东盟国家在上个世纪都有一段殖民史,如柬埔寨、老挝和越南曾是法国的殖民地,菲律宾曾是美国的殖民地,印度尼西亚曾是荷兰的殖民地等。这些国家独立的时间都较晚,大都在二战结束之后的六七十年代成为独立的国家,而文莱则直到1984年才成为一个具有自治权的、独立的民族国家。因此,东盟国家的教育发展普遍呈现出水平低、起步晚等问题。针对此问题以及各国期望通过教育强国的愿望,东盟各国政府都非常重视教育事业的发展,无论是从管理上,还是从经费支持上,都尽量给予支援。此外,为了促进国家的发展,东盟国家也非常重视教育事业的社会作用,直接表现为重视教育与社会需求的接轨。任何国家的教育发展都离不开国家的历史背景与现实状况,东盟国家的历史背景与现实状况有一定的共性,集中表现为宗教氛围浓厚、民族教育色彩突出等。总的来说,东盟教育发展的特色有以下四点,分别为:第一,重视政府在教育事业发展中的作用;第二,重视教育与社会需求的接轨;第三,教育中宗教与民族色彩较为突出;第四,重视社会力量办学。

1. 重视政府在教育事业发展中的作用。东盟国家在历史上都有一段屈辱的殖民史,这段历史给东盟国家国民教育事业的发展带来了毁灭性的打击。虽然殖民者们在殖民期间也开办了一些学校,如柬埔寨直到1935年在法国殖民者自身利益的需求下才开办了第一所现代意义上的高级中学,这也是当时柬埔寨唯一的一所高级中学,这所中学1935－1939年间才毕业了4个学生,而高等学院直到柬埔寨独立后在本国政府的努力下才开始建立。其他东盟国家的情况也较为类似,教育发展一直较为落后,根本原因就在于殖民者实行的是愚民政策,其目的不在于把知识传播给殖民地,而在于奴化殖民地人民,以达到保存殖民地,牟取各方利益的目的。美国学者黑尔兹就曾一针见血地指出,在柬埔寨,“法国最大的玩忽之罪就是在教育部门”。[①] 在这种背景下,东盟国家取得独立地位之后,认识到教育事

① 蔡昌卓.东盟教育[M].桂林:广西师范大学出版社,2009:53.

业在国家发展中的重要作用和重要地位，非常重视教育事业的发展，以构建现代化意义上的国民教育体系。主要表现为明确教育主管部门的职责、重视教育投入、制定相关教育法规等。如文莱的教育经费一直占政府年度财政预算的10%以上，此外，文莱法定公民享有从学前教育到高等教育阶段的免费教育，免费的内容包含住校生食宿费、一定的交通费等。而印度尼西亚在1958年就拟订了《印尼高等教育法》，对高等教育机构的性质、办学目标等做出了具体的规定。随后，在1989年通过的《印尼国家教育法》对国民教育的年限、目的、宗旨等做出了具体规定，使教育事业的发展有了法律上的依据。东盟其他国家的政府也根据本国教育发展的实际状况先后制定了相关的教育法规，成立了教育管理部门，规范化教育事业。

2. 重视教育与社会需求的统一。东盟国家的独立虽然使得各国获得了国家的主权与自治权，但由于较长的殖民史的影响，造成国家各项事业的发展都处于较低的发展水平。其中教育事业的发展更是处于亟待重建的状态，教育事业是培养人的事业，因此，在这种背景下，教育事业的社会效益难以发挥出来，如教育的经济效益等。独立后的东盟国家又急需各类人才来保证本国的发展，于是，各国都教育重视把教育事业与社会需求接轨，通过教育来培养国家需要的各类人才。东盟各国在这方面都做得较为成功，如马来西亚从中小学教育阶段就开始给学生传授职业生涯发展所需的各种知识与技能，注重培养学生的职业意识，如在学前教育阶段就开设培养儿童生活技能的生活课程，在基础教育阶段开设培养学生操作能力和独立生活能力的操作技能课程和生活技能课程。在20世纪80年代经济腾飞以及90年代末的金融危机之后，东盟国家更是汲取经验教训，大力发展与社会需求直接接轨的职业教育事业。如新加坡、泰国等国逐渐开放职业体系，引入市场竞争机制，以此通过市场的筛选功能调整职业教育体系中的专业设置、课程内容、教学方法等，从而提升职业教育的社会效益。如新加坡的“教学工厂”模式规定技术课程中70%的时间要用于技能训练，30%的时间用于理论学习；马来西亚则重视高新技术产业的发展，在职业教育中开设电子商务、数码技能等课程，以使马来西亚发展成为东南亚的“多媒体超级走廊”。[①] 缅甸政府除了建立较为系统的职业教育体系之外，还十分重视偏远地区的职业教育，因地制宜地开设面向这些地区的农业、畜牧业、手工业等课程。

3. 教育中的宗教与民族色彩较突出。作为东西方交往的要塞，东盟国家的语言、文化、宗教、民族等呈现出多样化的态势。在殖民教育与国民教育阶段之前，东盟各国的教育基本上是通过宗教实行的，如各种寺庙教育等。教育事业的发展与社会其他子系统之间联系紧密，这就在一定程度上造成东盟国家教育中的宗教与民族色彩较为突出。如文莱教育的主要目标是：使受教育者在智力、精神、社会、体美等方面得到全面发展；树立“马来伊斯兰君主制”原则为中心的价值观和文化准则，灌输伊斯兰教义等。为了实现以上教育目标，文莱政府的教育政策有：坚持马来语为主、英语为辅的双语制；进行伊斯兰教教育等。[②] 马来西亚政府也倡议在各级各类学校中开设“伊斯兰教育”课程，规定马来语为学校教育的官方语言，此外，在入学、升学、奖学金申请等方面还制定了各种有利于马来族学生的政策，采取

---

① 袁媛，白景永. 东盟国家高等职业教育发展特点及其启示[J]. 继续教育研究，2012(3)：167.

② 蔡昌卓. 东盟教育[M]. 桂林：广西师范大学出版社，2009：53.

按民族分配名额的“固打制”，限制非马来族学生的各种受教育权。现阶段东盟国家还设有一定数量的专门的宗教学校与宗教大学，致力于宗教人才的培养与宗教问题的研究，以此满足人民群众的宗教需求。这种重视宗教与民族色彩的教育体制在一定程度上引起了社会各界人士的强烈反响，但是，宗教与民族问题由来已久，也是一个较为敏感的问题领域，因此，这一特性仍会较长期的存在于东盟国家的教育发展中。

4. 重视社会力量办学。东盟国家的社会办学力量较为发达。这与东盟国家独立时间较短，国家实力有限以及民族、文化多元等问题有一定的关系。几乎所有的东盟国家都有较为发达的社会办学体系，为东盟国家的教育发展做出了一定的贡献，也为社会发展培养出了较多的人才。这些私立教育机构主要是由社会力量举办或者是由国外力量与国内社会力量联合举办的。如马来西亚的私立教育机构是国家国民教育体系的重要组成部分，其私立教育体系较为完备，贯穿学前教育、基础教育、中等教育和高等教育阶段，目前马来西亚共有约600余所私立高等院校，如英迪学院、汝南学院等。而菲律宾和印度尼西亚因一直以来都有举办私立高等教育的社会传统，所以其私立高等院校的数量超过公立院校。① 在法律法规方面，马来西亚、泰国和柬埔寨等国还制定了相应的法规来规范私立教育事业的发展。

除了以上几个特点之外，东盟国家还非常重视教育的国际交流，积极与其他国家、区域建立教育合作关系，开设合作办学的“双联课程”、合作办学机构等。随着东盟运作的不断规范化，东盟教育的发展将会体现出新的特色。

（三）东盟教育发展面临的问题与发展趋势

虽然东盟各国的教育发展经过几十年的发展取得了一定的成效，步入了现代化的进程，并迈向教育发达国家的行列，但是由于东盟国家特殊的发展历程以及多样化的文化、语言、宗教、种族问题，使得东盟国家的教育发展仍存在一定的不足之处，如区域内教育资源分布问题、教育中女性以及偏远地区儿童的受教育问题、教育中民族政策的过度倾斜问题等。针对这些问题，结合东盟教育发展中的现状，东盟教育的发展趋势主要体现在逐渐走向制度规约、重视教育质量保障以及发挥教育的社会维度作用等方面。

1. 东盟教育发展存在的问题

总的来说，东盟教育发展中存在的问题有以下几点：第一，东盟区域内教育资源分布不均；第二，民族教育政策有待进一步完善。

第一，东盟区域内教育资源分布不均。东盟十国教育资源分布不均衡。十国中既有教育现代化水平较高、以优质教育享誉全球的“狮城”新加坡，也有新兴的发展中国家马来西亚、泰国、菲律宾等国，还有饱受战争、军事管制、闭关自守的柬埔寨、缅甸等国。首先，从教育资源的国别分布来说，“亚洲四小龙”的新加坡和石油、天然气富国文莱，2006年的人均国内生产总值就已分别达到了31,762美元和29949美元。而同年马来西亚为5838美元，泰国为3296美元，菲律宾为1,405美元，印度尼西亚1622美元为，越南为724美元，老挝为

① 联合国教育、科学及文化组织，东南亚教育部长组织高等教育发展研究地区中心编. 东南亚高等教育[M]. 张建新译，昆明：云南人民出版社，2008：6.

595 美元，柬埔寨为 513 美元，缅甸为 256 美元。[①] 教育的发展与国家经济发展水平有密切关系，因此，东盟区域内国家之间的教育资源分布不均衡。此外，从国家内部教育资源分布来看，东盟国家地形复杂，如马来群岛以山地为主，多分布在马来岛中部，平原地带比较狭小，多分布在沿海地带。此外，马来群岛位于太平洋板块、印度洋板块和亚欧板块相交的地方，板块彼此挤压，因此火山、地震等频发，导致交通不便。如老挝国内的老龙族、老听族和老松族三大族类分别分布在平原和低地、海拔 3500 米以下的山区和海拔 3500 米以上的山区。马来西亚的人口中也有大部分人口集中在交通便利、资源丰富的沿海地区，如西马来西亚共有约 75% 的人口集中在马来西亚西海岸地区。平原、低地和沿海地带因地理位置优势，在交通、资源等方面都占有一定的优势，因此，这种分布势必会造成国家内部不同区域教育资源的分布不均衡。

第二，民族教育政策需进一步完善。东盟地区的国家民族众多，而且许多国家也制定了相关的民族政策来保证土著人的受教育权利，这种政策倾斜在一定程度上能够改善土著人在教育上的表现，但是，过于倾斜的民族教育所带来的不仅仅是土著人教育表现得改善，而是东盟国家内部各民族之间的冲突。此外，民族教育政策的倾斜不仅仅表现在升学、考试、奖学金发放等方面显性的倾斜于部分族群，而且还表现在国家的各种教育政策中隐性的倾斜于部分族群。如在东盟石油富国文莱，政府负责向全体公民提供从学前教育到高等教育的一切费用，但是政府却要求在教育过程中进行“伊斯兰教育”，不论学生的原始族群如何，都需要向学生灌输伊斯兰教义，并用马来语教学。在马来西亚，政府除了用“固打制”限制进入本国较好高等教育的非马来族群人数，还要求基础教育阶段也实行全国统一的马来语来教学，并规定不进行马来语教学的学校不能获得政府补贴。华人占马来西亚总人口约 20% 以上，这就导致很多华人家庭的父母难以接受马来政府的民族霸权，对政府政策纷纷提出质疑。因此，马来西亚的教育体系中有独立的华文教育体系，这类华文学校集中在中等教育阶段，不享有马来西亚政府补贴，办学资金主要来源于华人团体，学生主要升入本国的私立大学或海外大学深造。因此，对某些族群进行适度倾斜在一定程度上是必要的，但是如果这种倾斜变成了民族霸权，则容易造成一系列不良的社会影响。

2. 东盟教育的发展趋势

东盟各国的教育虽然存在以上诸多问题，但是这并不意味着东盟各国的教育会停滞不前。随着东盟制度的逐渐完善，东盟国家的教育发展也会逐渐走向制度规约，重视教育质量保障，并发挥教育的社会维度作用。

第一，走向制度规约。东盟自 1967 年建立以来，在长达四十年的历史中都没有形成一个具有约束作用的正式法律文件来规范东盟的运作，这就容易导致东盟的教育合作与交往处于较为零碎、松散的状态。如成立于 1995 年的“东盟大学网络”（ASEAN University Network）虽然其目标在于拓宽东盟各国教育交流的渠道，促进教师、学生的流动等，但是该联盟因涉及到东盟十国，各国之间的学制、教学语言、课程设置、专业设置等存在一定的差异，该联盟因缺乏一个各国之间对话的协调机制，因此，该联盟在促进东盟内部各国的教育合作方面的影响有限。但 2007 年东盟各国签署并通过的《东南亚国家联盟宪章》则使得东盟

① World Economic Outlook Database, April 2012.

各国在制定区域内教育交往与合作的政策、本国教育发展政策时开始有了一个较为正式、有制度规约力的对话机制,逐渐的改变了以往较为松散的状态。《东盟宪章》共 13 章 55 条,秉承的目标是“一个愿景、一种认同、一个共同体”(One Vision, One Identity, One Community),在第一章中,《宪章》就指出“通过在教育、终身学习、科技领域里更加密切的合作来开发人力资源,以此实现东盟区域内人的发展与区域的繁荣富强。”①除了该条款,还有一些条款也涉及到了教育领域的合作事宜。虽然《东盟宪章》并未直接对教育领域的合作事宜进行详细的说明,但综观《东盟宪章》,可以发现该《宪章》把教育领域的合作与相关教育政策的制定提升到了一个政治的高度,如“开发人力资源”、“加强公民终身学习意识”、“提供平等的入学机会”等,②为构建紧密联系的“东盟共同体”而服务。因此,《东盟宪章》的出台对东盟区域内的合作有了制度性的规约,而作为构建东盟共同体一环的教育事业也会逐渐地走向制度规约。

第二,扩大教育质量保障范围。东盟各国的教育发展自独立后逐渐地取得了较大的成果,如各国纷纷建立国民教育体系,制定针对各级各类教育的相关教育法案,使教育的发展有法可依。但是,在面临来自其他国家和地区高等教育机构的竞争已基本区域内部人民对优质高等教育的强烈需求之时,东盟国家的教育质量保障问题逐渐引起了注意。现阶段,由于东盟地区国家的国际交往频繁,有许多学校与境外教育机构合作办学,开设联合培养课程,或者是在东盟国家开设分校,这种做法有利于东盟地区高等教育的市场化以及国际化,但是市场化的本质是对利益的追逐,这种对利益的追逐如果不加以控制,则容易造成教育的本质属性受到侵害,如教育质量下滑、教育的过度盈利性等。针对此问题,东盟国家积极协商,开始加快教育质量保障的步伐。如东盟在 1998 年启动了区域性的“东盟大学网络——质量保障”运动,并把 1999 年确定为质量教育年。东盟的这一质量保障运动并非昙花一现,而是相继制定质量保障协议、成立质量保障工作室、确立质量评估标准、确定评估小组遴选方案等。总的来说,东盟此次所构建的质量保障机制提升了东盟国家的教育质量保障意识,但是,该评估体系要求参加该机制的高校必须有质量保障系统,有内外部审计制度与改革记录档案,③东盟区域的高等教育发展不过几十年,除少部分国家如新加坡的教育事业发展水平较高之外,其他国家的教育仍处于发展水平,因此,许多国家的内部教育质量保障系统没有科学的建立起来,东盟质量保障的门槛要求使得本来发展水平不高的国家的学校排除在了体系之外,这就容易造成区域内部教育质量水平的两极分化。因此,从东盟区域的整体发展角度考虑,只有少部分国家的发展并不能带动东盟整个区域的发展,而是东盟整个区域的教育质量都得到整体提升与保障才是真正的发展,所以,扩大教育质量保障范围是东盟教育发展的未来趋势之一。

第三,注重发挥教育的社会融合作用。欧盟在构建“无边界的一体化的欧洲”的过程中,非常重视教育在其中的作用,如启动伊拉斯谟项目促进欧洲各国之间教师与学生的流动,开设“欧洲公民”课程促进欧洲社会的融合等。但是欧盟是把教育看作是欧洲融合的辅助性政策,遵循的是“辅助性”原则,与欧盟不同的是,东盟把教育看作是促进东盟融合与东

---

① Association of Southeast Asian Nations. The ASEAN Charter[Z]. Indonesia, 2008: 4 - 5.

② 覃玉荣. 东盟一体化进程中认同建构与高等教育政策演进研究[D]. 上海:华东师范大学, 2009: 99.

③ 覃玉荣. 东盟高等教育质量保障研究[J]. 高教发展与评估, 2010(2): 93.

盟共同体构建的一种特殊的"东盟方式",这种方式不倡导欧盟式的超国家组织,把教育看作是一体化的辅助性措施,提倡的是构建国与国交往与合作层面的国家对话与协作组织,把教育看作是一体化中的一个重要环节。[①]虽然欧盟与东盟在运作方式上有一定的区别,但是与欧盟一样,东盟也开始注重发挥教育在促进东盟一体化,构建东盟共同体中的重要作用,也就是逐渐重视教育的社会维度作用。如东盟在2009年颁布的《东盟社会-文化共同体蓝图》(The Blueprint of ASEAN Social - Cultural Community)中明确指出,"确保教育融合在构建东盟共同体和知识型社会中的重要地位;确保公民接受基础教育的普遍途径;促进学前教育与学前保育的发展;通过教育与各种活动来增强东盟青年的东盟意识;在教育的友谊与合作的基础上构建东盟认同。"[②]这表明东盟也开始注重通过发挥教育促进文化认同、社会融合方面的作用,以此实现东盟"一个愿景、一种认同、一个共同体"的目标。

三、走向一体化的欧盟教育

欧盟作为世界上最有影响力的发达国家区域性组织,其教育发展的特色与非盟、东盟有一定的差异。现阶段欧盟教育发展呈现出一体化走向纵深的趋势,这是欧洲一体化这一大的政策框架下的必然趋势。

(一)欧盟的历史与文化

欧盟全称为欧洲联盟(European Union,EU),是由欧洲共同体(European Community)发展而来的,其主要机构有欧洲理事会、欧盟理事会、欧盟委员会、欧洲议会等,总部设在比利时布鲁塞尔。其正式诞生于1991年12月在欧洲共同体马斯特里赫特首脑会议上通过的《欧洲联盟条约》,即《马斯特里赫特条约》(简称《马约》)。1993年11月1日,《马约》正式生效,欧盟正式诞生。欧盟的诞生也是内因与外因双重作用的结果,是欧盟各国在强大的美国与崛起的前苏联的压力之下,同时也是欧盟各国寻求和平与发展的内在诉求之下逐渐成型的。其发展经历了欧洲煤钢共同体(The European Coal and Steel Community)、欧洲共同体与欧盟这几个阶段。欧洲煤钢共同体于1951年4月18日由法、德、意、荷、比(利时)、卢六国在巴黎共同签署的《建立欧洲煤钢共同体条约》启动,该共同体的目的在于通过对共同体成员的物资进行统一管理,以达到实现区域和平的政治目的。1957年3月25日,在煤钢共同体各国长达一年零九个月的谈判后,在罗马签署了《建立欧洲共同体条约》和《建立欧洲原子能共同体条约》,正式建立欧洲经济共同体(European Economic Community,EEC)和欧洲原子能共同体(European Atomic Energy Community,EURATOM)。1965年,欧洲煤钢组织、欧洲经济共同体、欧洲原子能共同体合并为欧洲共同体。1993年11月1日《马约》正式生效,欧洲共同体蜕变为欧洲联盟,简称欧盟。欧盟以"一体多元"为其原则,致力于构建一个商品、资本、人员、服务自由流动的无边界欧洲空间。

欧盟占地面积约为430万平方公里,截至2011年,欧盟有27个成员国,人口约为5亿。欧盟27国主要位于欧洲中部和西部,欧洲其余国家虽然未正式加入欧盟,但是也在就加入欧盟事宜与欧盟组织进行谈判。欧盟国家西临大西洋,北靠北冰洋,东连亚洲大陆,南

---

① 覃玉荣.欧盟与东盟高等教育政策演进比较[J].比较教育研究,2009(10):34.

② Association of Southeast Asian Nations. Roadmap for an ASEAN Community 2009 - 2015[R]. Indonesia,2009:68.

濒地中海，与非洲大陆隔海相望，地形较为平坦，以平原为主，南部有阿尔卑斯山脉，气候方面较为宜人，主要为温带海洋性气候。

欧盟区域文化呈现出多样化的态势，既有岛国盎格鲁－撒克逊文化，也有欧洲大陆的法兰西文化、日耳曼文化，还有南部欧洲的哥特文化、洛可可文化等。欧盟各国民族众多，主要有凯尔特人、日耳曼人、斯堪的纳维亚人等。欧盟的官方语言有二十余种，如英语、法语、德语、意大利语、希腊语等。因此，欧盟各国的语言、文化等都呈现出多样化的态势，但是，在欧洲一体化进程的推动下，欧盟各国之间的语言、文化除了呈现出多样化的态势之外，还体现出以“欧洲化”为主要特色的一体化态势。在宗教方面，欧洲是世界三大宗教之一基督教的发源地，因此，基督教信徒众多，此外，居民多信仰天主教、东正教等，城中之国梵蒂冈则是世界天主教的中心。

总的来说，欧盟从缘起到成型经历了四十余年的发展历程，在这一过程中，欧盟组织的功能不断拓展，欧盟的成员国数目也不断增加，至今（2011年）已有27个成员国，基本涵盖西欧、中欧、北欧的大部分国家，目前南欧与东欧的广大国家正在积极与欧盟谈判，因此，欧盟未来发展有东进之趋势。

（二）欧盟教育发展的特色

作为人类文明发源地之一的欧洲，其教育的传统也很深厚，现代意义上的义务教育制度、职业培训制度、高等教育制度等更是诞生在欧洲这片古老的土地上。历经数个世纪的流变，欧盟国家的教育发展形成了各自的模式，如盎格鲁—撒克逊模式、拿破仑一世模式、洪堡模式等。[①] 其教育模式的数量甚至比欧盟地区国家的数量还要多。总的来说，欧盟教育发展特色为：第一，精英主义的教育传统造就了双轨制的教育体制；第二，教育管理体制无论中央集权制还是地方分权制，亦或中央与地方协作制，都体现为政府主导型的教育管理体制；第三，福利国家的传统对教育发展产生了一定的影响。

第一，双轨制的教育传统。欧盟教育一直带有贵族精英色彩，典型的表现是双轨制的教育传统。双轨制指教育系统内部存在着两种并存的学习轨道，一般而言，这两种轨道分别是学术轨和职业轨。如英国的学制就是一种典型的双轨制：一轨为资产阶级和贵族子弟设立，另一轨为劳动人民子弟设立。为资产阶级和贵族子弟设立的学校有公学、文法中学和大学。这些学校的入学门槛高、学费高昂、设施齐全，目的是通过优质的教育培养国家统治精英和上层人物。为劳动人民设立的学校有初等学校、职业学校等。这些学校的入学门槛低、学费低廉，目的是为统治阶级培养体力劳动者。[②] 法国和德国的学制也带有双轨制教育传统的色彩。随着教育现代化进程加快，欧洲国家的教育体系有所调整，许多劳动阶层的子女也有机会享受高质量的教育，但双轨制教育传统的影响无法瞬间消除。影响仍然存在，如英国的公学仍然作为一种独立存在的学校系统招收预备学校的学生，为国家培养统治精英和上层人物。

第二，政府主导的教育管理体制。欧盟国家众多，各国的教育管理体制不一，纷繁复杂。总的来说，主要有三种类型的教育管理体制：一是中央集权制。实行这种教育管理体

---

① 阚阅．“欧洲高等教育区”视域下的硕士学位改革[J]．学位与研究生教育，2004(2)：56－59．

② 王承绪．比较教育[M]．北京：人民教育出版社，1999：45．

制的国家,中央教育部门拥有至高无上的教育管理权限,地方地府必须接受中央政府的领导。法国是实行这种教育管理体制的代表性国家。其教育管理体制的形成可以追溯到拿破仑一世时期。二是地方分权制。实行这种体制的典型国家是美国。在欧洲地区的代表是德国。地方政府拥有教育决策的实权,不需要事事都接受联邦政府的领导。但在欧盟地区实行这种管理体制的国家相对较少。三是中央与地方合作的教育管理体制。即中央政府和地方政府都有教育决策的权利,只是各自的分工不一,中央政府主要负责宏观调控,地方政府主要负责根据本地实际情况管理教育事业。英国是这种管理体制的代表。总的来说,欧盟教育管理体制以政府为主导,有的以地方政府主导,有的以中央政府主导。

第三,福利国家的教育传统。受凯恩斯国家主义的影响,欧盟国家基本上都属于福利国家,公民和永久居民享有免费接受义务教育的权利。在法国和德国等欧洲大陆国家,其高等教育也免收学费。因此,国家承担了大部分的教育成本份额,教育支出占国家财政预算的大部分。据联合国教科文组织 1998 年的《世界教育报告》统计,1995 年世界各国教育经费支出在国民生产总值中所占的比重全世界为 4.9%,其中较发达地区为 5.1%,欠发达地区为 4.1%,最不发达地区为 2.5%。而在 1980 年英国、德国和法国的教育经费支出占国民生产总值的比重就已分别达到 5.6%、4.7% 和 5.0%。亚非拉等发展中国家的这一比重基本上在 4% 以内徘徊。以我国为例,我国 2008 年这一比重为 3.33%,2009 年为 3.59%。[①] 远远低于近 30 年前(1980 年)欧洲国家教育经费支出占国民生产总值的比重。

(三)欧盟教育发展面临的问题与发展趋势

虽然欧盟各国的教育发展已取得一定的成就,其教育发展的水平也相对较高,但是,伴随着教育国际化进程的加快,欧盟各国的教育发展也面临来自世界其他国家和地区的冲击,而欧盟各国内部的多元文化教育问题也对欧盟各国教育发展提出了一定的要求。在发展趋势方面,博洛尼亚进程的启动以及欧盟其他一系列共建"欧盟高等教育空间"的措施使得欧盟的教育一体化从制度的对接逐渐走向纵深。

1. 欧盟教育发展中存在的问题

现阶段欧盟教育所面临的问题是高等教育面临来自北美及澳洲国家的冲击,作为大学的发源地,高质量的高等教育吸引着来自全世界各地的学生与学者,但北美及澳洲国家的教育发展各有特色,在一定程度上对欧洲高等教育的发展产生影响。此外,欧盟各国的移民数也较多,与北美及澳洲相似,多元文化教育也是要面对的问题。

第一,高等教育面临北美及澳洲国家的冲击。欧洲作为大学发源地,一直是世界文明创造与传播的集散地,如最早的意大利博隆纳大学、法国巴黎索邦大学、德国洪堡大学、英国牛津和剑桥大学等,在两次世界大战前一直独领风骚,吸引了无数来自全球各地的留学生,为文化的传承、创造与传播贡献了巨大的力量。但目前在美国大学学习的外国留学生达 58 万人,超过英、德、法三国留学生数目的总和,成为世界上最大的教育服务贸易进口国。[②] 而澳大利亚和新西兰也于上个世纪八九十年代启动高等教育产业化计划,通过提高

① 教育部 国家统计局 财政部关于 2009 年全国教育经费执行情况统计公告[EB/OL]. http://www.moe.edu.cn/publicfiles/business/htmlfiles/moe/s3040/201012/112378.html,2010-11-26/2011-10-9.

② 李长华. 推进欧洲高等教育一体化的博洛尼亚进程[J]. 外国教育研究,2005(4):69.

高等教育质量,提供各种优惠条件以吸引全球各地的留学生。这给欧洲高等教育造成了一定的冲击,影响了欧洲高等教育的国际竞争力与吸引力。主要原因在于欧洲地区高等教育设置复杂,难以与其他国家对接。如德国等国实行两级学位结构,无本科学位,第一级学位为硕士学位,取得第一级学位后就可以开始博士学位的学习。而英国、法国、丹麦、芬兰、冰岛等国则实行三级学位结构,即学士、硕士和博士三级学位结构。此外,学习年限也因国家的不同而不同。如法国大学第一阶段只有2年;第二阶段为3年,如不再读博士,可取得准硕士学位;第三阶段3~4年,可取得博士学位。而德国没有学士学位,大学5年取得硕士学位,再学4~5年(实际需要6~7年)取得博士学位。① 这种复杂的高等教育体系使得欧洲各国与北美及澳洲各国竞争时显得较为不利。

第二,多元文化教育面临新的挑战。相比美国、澳大利亚、新西兰等移民国家而言,欧洲国家的移民特色不那么明显。在欧洲区域内的多元文化教育问题主要表现为次级区域融合与民族融合。次级区域融合的问题主要表现为20世纪90年代以来,中东欧国家纷纷要求"回归欧洲"。原因在于1991年12月25日苏联解体造成东欧剧变,使中东欧国家处于急剧动荡的环境中,这种动荡的社会环境对各国的发展极为不利。因此,为了自身安全和寻求稳定的发展环境,不少中东欧国家纷纷要求"回归欧洲",积极向西欧国家靠拢,以重新获得强有力的政治、经济和军事依托。中东欧国家的回归对于欧盟和中东欧国家都有益。但是,中东欧国家由于长期处于苏联的统治之下,教育体制、教育制度、教育思想等都带有苏联教育的色彩,与欧洲教育有一定的差异。因此,中东欧次级区域的融合给欧洲一体化带来一定困难,同时也给欧洲教育一体化带来一定冲击。此外,在民族融合方面,自20世纪60年代以来,大量移民涌入欧洲,使欧洲许多国家的人口结构发生重要变化,如德国,8200万人口中,740万是外国人;法国,6100万人口中,430万是外国人。② 民族的多样化在带来文化多样化与文化繁荣的同时,必然带来文化冲突与摩擦,在欧洲国家内部,现阶段仍然存在种族歧视与文化歧视的现象。因此,如何更好地通过多元文化教育来实现种族与文化之间的交往与对话,最终促进欧洲一体化具有重大意义。

2. 欧盟教育的发展趋势

欧洲教育的发展一直受到欧洲一体化政策与理念的影响,尤其是最近几十年,教育的发展也逐渐走向相互融通。此外,重视提升教育质量也是未来教育发展趋势之一。

第一,欧盟教育一体化走向纵深。欧洲一体化进程始于经济上的合作,并逐渐向文化和教育领域延伸。由于欧洲各国具有自身独特的历史与文化传统,各国间因国家和民族之间的矛盾而留下一体化的阴影,并影响欧洲一体化进程。通过教育来加强欧洲各国之间的交流,对于促进欧洲一体化具有十分重要的作用。近期欧洲教育发展的显著特点是欧洲高等教育区(European Higher Education Area, EHEA)的构建。1999年6月,欧洲29个国家在意大利历史名城博洛尼亚(Bologna)开会研讨构建欧洲高等教育区,与会人员在"索邦声明"的基础上进一步深入磋商,最终规划出关于欧洲高等教育改革的"博洛尼亚进程"(Bologna Process)。该进程的主要内容是:到2010年,该进程的签约国中任何一个国家的大学

---

① 袁东. 博洛尼亚进程:建立共同的欧洲高等教育空间[J]. 中国高等教育,2005(17):46.

② 徐莉. Socrates Programme:文化多元背景下欧洲的教育对策[J]. 广西师范大学学报(哲社版),2005(4):102.

毕业生的毕业证书和成绩都将获得其他签约国家的承认,并可以毫无障碍地申请其他签约国的硕士阶段课程学习或者寻找就业机会。[①] 实现欧洲区域内高等教育学分转换、学历互认与学制对接。该进程的目的是加快区域内学生、教师的流动,通过构建一体化的欧洲高等教育区加速欧洲一体化的进程。在2003年柏林会议上,俄罗斯宣布正式加入该进程。截至2005年,加入该进程的欧洲国家已有45个。[②]除了通过构建统一的高等教育体制来加速欧洲一体化进程,欧洲国家还开设欧洲公民教育课程,从意识层面培养学生的"欧洲公民意识",使欧洲教育一体化走向纵深。

第二,构建数量与质量并重的教育系统。除了从数量上构建统一的欧洲高等教育空间,欧洲国家也非常注重高等教育质量的提升。1994年,欧盟委员会推出"欧洲高等教育质量评估先导计划",以建立一个欧盟层面的教育质量保障框架;1998年9月,欧盟委员会发布《关于加强欧洲高等教育质量保障合作的建议》,对欧洲高等教育质量保障的进行提出了具体的建议;1999年的《博洛尼亚宣言》更是强调欧洲高等教育质量保障的内容。在博洛尼亚进程的推动下,欧盟加强了"欧洲高等教育质量保障网络"(ENQA)在欧洲高等教育一体化进程中的作用。在该网络的运作下,欧洲各国开始建立高等教育质量认证机构。有的国家建立本国的认证机构,如比利时的法语区于2002年春季发起建立"高等教育质量控制署",波兰于2001年6月成立"国家认证委员会"负责大学最低质量的监控。另外还有一部分国家通过外国或国际机构认证高等教育质量。如丹麦、芬兰、匈牙利等国的一些高等教育机构主要由欧洲管理发展基金会运作的"欧洲质量改进体系"(EQUIS)进行认证。[③]

总的来说,欧盟的形成也不是一蹴而就的,是欧盟各国对区域外形势的正确估量以及各国期望和平发展的内在愿望的综合产物。欧盟区域民族众多、语言多样、文化多元,增加了欧盟教育一体化的难度。但是,伴随着教育一体化而来的是欧盟区域内各国交往与各国相互理解的加深,这又为欧洲一体化提供了教育与文化等各方面认同的保障。

第三节 区域教育研究的意义与发展趋势

一般而言,区域教育研究是以区域教育为研究对象,整体把握区域社会和区域教育实际,以促进区域教育协调快速发展,从而使教育更有力地促进区域经济和社会发展为目的的教育科学研究。[④] 开展区域教育研究的目的一方面是要揭示区域教育发展的特殊规律,并使区域教育更加符合区域经济和社会发展的实际,以此充分发挥区域教育对区域经济和社会发展的促进作用;另一方面在于构建区域教育研究理论,为比较教育学实现长足发展提供新的理论根基。

---

① 余子侠.中欧教育交流的发展[M].济南:山东教育出版社,2010:90.

② 中华人民共和国驻欧使团.博洛尼亚进程[EB/OL].http://www.fmprc.gov.cn/ce/cebe/chn/sbgx/jy/b/,2007-6-18/2011-10-10.

③ 阚阅."欧洲高等教育区"视域下的硕士学位改革[J].学位与研究生教育,2004(2):56-59.

④ 侯彦斌.略论教育理论原创与区域教育研究[J].甘肃联合大学学报(社会科学版),2006(6):115.

一、区域教育研究的意义

与区域教育研究目的相对应，区域教育研究的意义也主要表现在两个方面：一是促进教育学科或教育理论的丰富和深化；二是通过区域教育研究，揭示区域教育的特殊规律。

(一)促进教育理论的丰富和深化

通过区域教育的研究必将促进教育科学研究的多元化和多样化，开展区域教育研究"进一步丰富了教育科学基本理论，提供窥视教育学的崭新窗口"。[①] 从教育理论原创的角度来看，区域教育研究的意义主要体现在以下几个方面：

第一，在一定程度上增加教育理论的原创性。由于区域教育研究是真正面向实际、寻求本土理论的教育研究，它对增加教育理论原创性具有重要的意义。实际上，任何教育问题，本质上都是区域教育问题。区域教育研究是一种具体、真实而与教育实践密切结合的研究现实教育问题的一种形式。从这个意义上讲，区域教育研究有可能成为真正具有原创性质的教育研究。吴钢在 1995 年就发表论文《教育学的终结》，他对教育学界的种种问题进行剖析，并对教育学提出期望："如果教育学不再徘徊于教育学的废墟，而是'走向事情本身'，关注教育理论的真正发展，接受更多的现代知识训练，以经验研究(但不要误以为一般的教育调查就是经验研究)代替单纯的抽象思辨和现象直观，以教育事实代替教育文献，定会为教育理解提供富有解释力的理论图式"。[②] 这讲的就是区域教育研究。因此，提升对区域教育研究的重视程度，使教育学科走向区域教育实践，从本土教育实践中吸取养料，能在一定程度上增加教育理论的原创性。

第二，转变教育科学研究风气。相对于其他层面和类型的教育科学研究而言，区域教育研究直接面对区域教育中的实际问题，它所寻求的是真正关于区域教育的知识，对区域教育独特的解释、预测和控制等功能。因此，在区域教育研究中，要尽量避免宏伟叙事和夸夸其谈。对于研究者来说，开展区域教育研究不仅需要丰富的教育理论储备和良好的科学研究素养，还需要脚踏实地的作风、埋头苦干的态度和敢于奉献的品质。区域教育研究十分倡导教育理论和教育实践的有机结合。区域教育研究的这一特性不仅是当前教育理论原创的重要基础和有效途径，而且还有助于改善当前在我国教育科学研究中存在的理论与实践相分离的不良学风。

第三，丰富和发展比较教育学科理论。从比较教育的学科理论建设和实践研究来看，其中很重要的一项基础性工作是按照一定的标准确定比较的单元和主题，而无论是比较的单元还是比较的主题，都与区域和区域教育的划分密切相关。换句话说，比较单元和主题的确定必须以区域和区域教育的划分和研究为基础。从这个意义上讲，区域教育研究构成了比较教育研究的重要基础。没有建立在区域教育专题研究基础上的比较教育研究是空泛的、也是很难深入的。日本学者马越彻教授从充实比较教育学研究基础的角度，高度重视对教育进行"区域"研究。他说："为了搞活比较教育学研究，充实作为其基础的'教育的

---

① 焦凤君. 区域教育论[J]. 教育理论与实践，1995(1)：4 – 8.

② 吴钢. 论教育学的终结[J]. 教育研究，1995(7)：19 – 24.

区域研究'是迫在眉睫的课题"。① 他同时认为,日本比较教育学落后的原因主要在于区域研究的薄弱,而"没有能称得上是'区域研究'的研究,也就不会出现能称得上是理论的理论"。② 事实上,这一问题同样存在于我国教育学和比较教育学的研究领域。如有人就提出这样一种观点:我国教育学(包括比较教育学)在"繁荣"的背后是"落后",其中很重要的一个理由就是当前相关区域教育研究的贫乏。而教育理论(包括比较教育学理论)要想获得长足的发展,就必须有赖于区域教育研究的加强和相关知识的累积。因此,我国教育科学研究应该踏踏实实地从现实中的教育事实和问题出发,通过解决一些局部的具体的问题来获取对教育和比较教育的真正理解和认识。

(二)了解区域教育实践的变革和特殊规律

区域教育研究的实践意义主要表现在它所具有的促进区域社会协调发展的作用,主要表现为政治、经济和文化价值等方面。从政治价值来看,开展区域教育研究,促进区域教育与区域经济、社会的协调发展,有利于维护安定团结的政治局面和社会稳定;从经济价值来看,开展区域教育研究,有利于探索区域教育和区域经济相结合的有效途径,也有利于直接促进区域经济乃至整个国民经济的健康发展;从文化价值来看,开展区域教育研究,有利于传承和创造新的社会文化,促进社会文化发展和区域精神文明建设。

区域教育研究是建立在区域发展不平衡的基础之上。区域发展不平衡在一定限度内可以成为发展的动力,但如果差距过大,就会带来消极的影响。区域教育研究的出发点是承认差异与不平衡,但区域教育研究的最终目的是为了缩小差距,走向区域教育的均衡发展,进而实现区域教育与区域经济和社会发展之间的协调发展。无疑,这本身就具有维护社会稳定和促进各民族和谐相处的政治价值。

区域教育研究以承认和尊重区域差异为重要前提和基础。因此,通过区域教育研究,揭示不同民族、不同文化背景和不同发展水平区域之间的教育差异,倡导多元文化的和谐共存,这将有利于消除教育中的地域偏见和歧视。另外,教育研究的一项重要功能就是继承、创造、发展和革新社会文化。开展区域教育研究,充分发挥教育研究在革新、创造社会文化方面的功能,必将有利于区域独特文化的彰显和优秀文化的继承和发展,并达到优化区域社会育人环境的目的。

二、区域教育研究的发展演变

区域教育研究经历了萌芽、成型、系统化三个发展阶段。不同的阶段因历史背景的不同体现出不同的发展特点,也各自涌现出一批杰出的代表人物与他们的代表性观点。其中,区域教育研究的萌芽阶段为二战后到 20 世纪五六十年代,主要表现为区域研究的兴盛;成型阶段为 20 世纪 60 年代到 90 年代,主要表现为比较教育领域里区域教育研究的成型,如莫尔曼的"文化区域"理论的建构等;系统化阶段为 20 世纪 90 年代至今,主要表现为

① [日]马越彻."区域研究"与比较教育学—以明确"区域"的教育特质为目的的比较研究[J].饶从满摘译.外国教育研究,2002,29(4):4-6.

② [日]马越彻."区域研究"与比较教育学—以明确"区域"的教育特质为目的的比较研究[J].饶从满摘译.外国教育研究,2002,29(4):4-6.

区域教育研究的系统化。

（一）区域教育研究的萌芽阶段

区域教育研究的萌芽阶段为二战后至二十世纪五六十年代。而此时正值区域研究学科的成熟时期。区域教育研究的兴起与区域研究学科的成熟有密切关系，没有成熟的区域研究理论与实践体系，区域教育研究则很难在短时间内得以迅速发展。因此，区域研究学科的成熟在客观上为区域教育研究的成型提供了理论基础与实践经验。

区域研究最早出现在20世纪20年代末的法国。但系统性的区域研究最早出现在美国，在20世纪初到第二次世界大战之前，因美国本土研究需要，区域研究主要还是集中在西欧、美国本土的历史、文学和宗教方面，具有欧美中心主义的特征。到第二次世界大战之后，在一定程度上因美国政府制定对第二、第三世界国家方针政策的需要，区域研究开始得以大力发展。首先是区域研究系与区域研究中心的确立。区域研究系和区域研究中心大约在二战后至50年代在美国大学中立足，比较著名的有芝加哥大学的东亚研究系、普林斯顿大学的中东研究系、加利福尼亚大学伯克利分校东亚语言文学系等。区域研究系与区域研究中心在美国大学中的确立为区域研究提供了相应的人力、物力与政策等条件。第二是区域研究范畴的多元化。二战之前限于当时的需要，美国在区域研究方面培养的博士生截止到1940年大多数都是研究古代非西方世界的，研究现代非西方世界发展的博士生还不足60名。[①] 而二战之后随着各大学区域研究系与区域研究中心的建立，有关区域研究的范畴开始由以往的以西欧、美国本土为主要研究对象拓展到包含中东欧、亚洲、非洲、拉丁美洲及大洋洲的广大区域。第三是区域研究基金的设立。以福布莱特基金为例，1950年该基金设立国外区域奖学金计划（FAFP）。尔后该基金与美国社会科学研究理事会以及美国学术团体联合会共同设立跨学科的区域研究委员会。在此后的30年间，该基金提供了近3000项区域研究奖学金，为2800名从事区域研究的博士后提供了奖学金。[②] 这为区域研究提供了丰富的潜在人才资源。

随着区域研究系、区域研究中心的设立，区域研究范畴的多元化以及区域研究基金的设立，进行区域研究的人才逐渐增多，因而在客观上促进了区域研究学科的成熟。伴随着区域研究学科成熟而来的是为区域教育研究打下了理论、实践与人员的基础。这在客观上为区域教育研究的成型打下了良好的基础。

（二）区域教育研究的成型阶段

区域教育研究的成型阶段为20世纪60年代到20世纪90年代。在这30年的时间里，区域教育研究迅速借鉴区域研究科学的理论逻辑与实践经验，把区域研究引入比较教育研究领域，并对区域研究的理论与方法进行本学科化。其中美国比较教育学者莫尔曼（Arthur H. Moehlman）与贝雷迪（George Z. F. Bereday）的区域教育研究理论在客观上促进了区域教育研究的成型。

美国比较教育学家莫尔曼从文化与区域的关系出发，提出了“文化区域”的概念。所谓文化区域，是指以文化为标准进行划分的文化圈。这些文化圈主要包括欧洲文化圈、亚洲

① ［美］D. L. 桑顿. 美国区域研究的起源、性质和挑战［J］. 耕香摘译. 国外社会科学，2004（1）：15.

② ［美］D. L. 桑顿. 美国区域研究的起源、性质和挑战［J］. 耕香摘译. 国外社会科学，2004（1）：17.

文化圈、非洲文化圈和美洲文化圈等,其中欧洲文化圈包含英国、法国、德国、苏联等国家;亚洲文化圈包含中国、日本、印度等国家;非洲文化圈包含埃及、阿拉伯联合王国、尼日利亚等国家;美洲文化圈包含巴西、美国等国家。莫尔曼在其《比较教育制度》(Comparative Educational System,1963)中就是采用这种"文化区域"分类法对各国教育制度进行分析。构建"理论模型"是莫尔曼在区域研究基础上提出的重要思想。所谓"理论模型"是指在文化结构上体会特定教育的类型法则或形态论。[①] 而构建这种"理论模型"的关键在于确立影响不同文化圈教育发展的长期影响因素。莫尔曼最终确定了十四种长期影响因素,包括民族、空间、时间、语言、艺术、哲学、宗教、社会结构、政治、经济、技术、科学、健康和教育。[②]这十四种因素几乎涉及区域发展的方方面面,较为全面。在进行区域研究的方法方面,莫尔曼提出了实地调查与跨学科的研究方法。他认为进行区域研究需要研究者深入实地进行调查,在调查的同时注意运用跨学科的研究方法,而不仅仅局限于教育研究领域的方法,如结合教育学、社会学、政治学、人类学、文化学等各学科领域的方法进行调查,与各学科领域的专家进行积极交流。此外,教育研究领域内部专家的交流也非常必要。

贝雷迪是美国著名的比较教育学家,他也十分重视区域教育研究在比较教育学科建设中的重要地位,他曾明确指出在比较教育研究中,区域研究不仅是"合理的",而且是"不可缺少"或"绝对必要的"。[③] 他不仅从理念层面认识到区域研究的重要性,还从比较教育学科的方法论建设层面提出了自己独到的见解。在《教育中的比较法》(Comparative Method in Education,1964)一书中,贝雷迪提出比较教育研究的"四阶段法",对比较教育研究的"四阶段"进行了详细的说明。这"四阶段"包括描述、解释、并置与比较。其中前两个阶段属区域研究,后两个阶段属比较研究。而贝雷迪所定义的区域是一个非常宽泛的概念,虽然他比较强调对民族国家教育体系的研究,但他认为区域的大小没有既定的标准,区域既可以小到一个小小的村庄,也可以大到某块大陆。区域的选取主要是因研究者的需要而定。在研究方法层面,贝雷迪除了强调跨学科、实地调查的区域研究方法之外,还强调研究人员需掌握熟练搜集、整理与运用文献的能力。他认为仅仅靠跨学科、实地调查的方法是不够的,因为不同的区域有不同的历史、文化背景,通过掌握与区域历史、文化等相关的符号系统,有助于研究者加深对现实世界的理解。

虽然莫尔曼的"文化区域"与贝雷迪的区域教育研究风格各异,但是他们为区域教育研究的开展构建了理论框架与实践指导原则,因此,都在一定程度上促进了区域教育研究的成型。

(三)区域教育研究的系统化阶段

区域教育研究的系统化阶段为20世纪90年代至今。与区域教育研究成型阶段时比较教育学致力于把比较科学理论基础与实践经验本学科化相比,其主要特征为此时期区域教育研究的倡导者开始提倡区域教育研究的本土化,从而为比较教育学科理论性的提升提供实践根基。

---

① 张德伟.国际比较教育学领域倡导"区域研究"的新动向[J].外国教育研究,2009(6):15.

② 张德伟.国际比较教育学领域倡导"区域研究"的新动向[J].外国教育研究,2009(6):15.

③ George Z. F. Bereday . Comparative Method in Education[M]. Published by Oxford &IBH Publishing Company,1964:10.

马越彻于 1992 年在《名古屋大学教育学部纪要(教育学科)》第 39 卷第 2 期上发表题为《"区域研究"与比较教育学:以明确"区域"的教育特质为目的的比较研究》的论文中系统地论述了区域研究的思想。针对当时日本比较教育研究中存在对他国教育信息的简单介绍与罗列的现象,马教授认为日本的比较教育学理论没有摆脱借用或追随外国理论的框架,究其根源,在于"区域研究"薄弱。① 因为没有真正的区域研究,就不会有真正的理论,所以日本比较教育学加强自身学科建设的重要途径之一就是加强区域研究,以此加强比较教育研究的理论建设。

对区域所涵盖范畴的界定上,马越彻教授认为区域可以是单个国家,也可以从地理圈、文化圈的范畴进行划分。在区域研究的时间范畴上,马越彻教授认为区域研究应主要研究现代的教育问题,原因在于他倡导区域研究的"田野调查法",若区域研究主要研究以往的教育问题的话,就无法通过"田野调查法"进行研究。在区域研究的方法上,马越彻教授主要强调区域研究的"田野调查法"。在进行田野研究时,研究人员需关注两个"轴",即研究对象的现场和与研究对象现场相关的学科背景。这种学科背景是多学科与跨学科的,在进行区域研究时往往需涉及到社会学、历史学、政治学、经济学、文化学等许多学科,但主要集中在人文社会学科方面。在区域研究中,各学科之间也有主次之分,如何选择主次学科因研究者个人的需要而异。

总的来说,区域教育研究的发展与繁荣不是空穴来风。区域研究学科的成熟为区域教育研究提供了基础,而比较教育学科的纵深发展在客观上也促进了区域教育研究的发展。

三、区域教育研究的发展趋势

虽然区域教育研究在不断加强,区域教育研究的成果不断涌现,区域教育研究的课程、专业也开始在我国部分高校开设,但从总体上看,我国区域教育研究存在主要问题是研究成果不够丰富与研究队伍不够强。针对区域教育研究存在的问题以及现阶段全球教育发展的整体趋势,区域研究模式、研究方法将会进一步发展,区域教育研究的队伍也会不断壮大。

(一)研究理念的创新

上个世纪八九十年代,随着全球化进程的推进,原有的冷战思维逐渐打破,随之而来的是区域主义过时与新区域主义(New Regionalism)的兴起。这是从国际关系学、国际政治学角度出发而形成的术语,最早由国际关系学界的学者比约恩·赫特纳(Bjorn Hettne)等人提出。该术语作为一种符号表征,实际上体现了人们思维方式的改变。根据比约恩·赫特纳的研究,区域主义与新区域主义之间的区别主要表现为以下几点:第一,前者形成于两极冷战背景中,后者发生在一个多极化的世界;第二,前者是由冷战时期对立的大国从外部、自上而下的创造出来的,而后者则是从内部自发出来的;第三,前者是保护主义的,后者是开放的与独立的;第四,前者具有更多的政治倾向与经济倾向,而后者则是包含政治、经济、文化与社会等多维度的一个过程;第五,前者关注的仅仅是正式的主权国家之间的关系,而

---

① [日]马越彻."区域研究"与比较教育学—以明确"区域"的教育特质为目的的比较研究[J].饶从满摘译.外国教育研究,2002(4):12.

后者关注的是全球体系各个层次的非国家行为体活动明显的全球性结构变革的新的组成部分。①

在这种背景下，区域的概念得到了发展，这对于区域研究的开展也产生了重大的影响，主要表现在区域研究理念的创新上。即区域研究的理念不能停留在冷战思维上，而应该根据现今局势的变化不断地调整，以顺应时代的发展，最终取得可持续性的发展。具体到区域教育研究理念方面，主要表现为：第一，打破冷战思维，重视世界多极化的背景；第二，重视深入区域发展实际，从内部寻求区域教育发展的内生性力量，也注重从内生性角度实现区域教育借鉴；第三，注重思维的开放性，时刻警惕思维中的保护主义、排他主义；第四，注重多维度的考察，而不仅仅从单一的政治或经济维度进行教育考察。

（二）研究方法的转换

比较教育在创建之初是以促进国际合作，改进本国教育实践而服务的。因此，最初的比较教育学主要关注他国教育制度，随着比较教育研究的加深，许多研究者如康德尔、埃德蒙·金、汉斯等人开始认识到“民族性”在教育借鉴中的重要性，而“民族性”是一个与“人类学”相关的术语，这就表明，在比较教育学发展过程中，许多研究人员都存在着或多或少的“人类学”研究意识并采用了“人类学”研究方法。虽然“人类学”研究方法在以往的比较教育研究中并没有成为主流，但比较教育研究与“人类学”之间的关系则无可否认。

区域研究因其系统性、全面性、跨学科性的研究性质，“人类学”研究方法作为其中的一个方法在区域研究中一直占据着重要地位。因此，人类学研究方法的应用是区域教育研究方法论创新的趋势之一。我国现阶段比较教育学领域有部分学者对人类学研究方法的运用做过一定的研究，积累了丰富的研究经验，这也为区域教育研究方法的创新提供了一定的基础。具体说来，就是在区域教育研究过程中，采取批判民族志的方法论进行研究，英国学者萨利·芬德罗（Sally Findlow）就积极主张在比较教育学和区域教育研究中采取这种方法论。

（三）研究团体的创建

所谓研究团体实际上是学者的联合体。根据日本学者马越彻教授的定义，区域研究所涉及的不仅仅是区域的某一个方面，如政治、经济或文化的某个侧面，而是系统的、整体的、全方位的教育研究。在有关区域研究的方法方面，莫尔曼、贝雷迪与马越彻等学者都赞同跨学科、跨领域的研究方法。这就要求从事区域研究的研究人员不仅要掌握教育领域的知识，还要掌握其他几门社会科学的知识与研究方法。在语言方面，许多区域研究人员也提出要能掌握多门语言，以深入了解区域的教育实践。但研究人员通常都在某个领域有精深且较高的造诣，由于时间与精力的限制，大部分研究人员都无法在较短时间内掌握多门语言与多门学科的知识与研究方法。

在这种情况下，有学者提出，在人文社会科学研究日益复杂化的今天，建立综合性、跨学科的研究机构，采取合作研究，已经成为时代的必然，在比较教育学领域，建立“聚焦团

① 郑先武. 区域研究的新路径：“新区域主义方法”述评[J]. 国际观察，2004(4)：66.

体”(focus group)已经成为一种标准化的研究实践。[①] 所以,创建这样一种跨学科、跨领域、多维视角的学者联合体对开展区域教育研究具有重大的作用,同时也是区域教育研究未来的发展趋势之一。

① John N. Hawkins, Val D. Rust . Shifting Perspectives on Comparative Research: a view from the USA[J]. Comparative Education,2001(4):501 - 506.

第六章

国际教育

在教育的国际化日益走向纵深的今天,国际教育在引领各国的教育改革与教育发展时所起的作用日趋加大。因此,准确而全面地把握国际教育的内涵、基本内容、组织机构、发展趋势等,对比较教育学习者来说,具有重大意义。

第一节 国际教育思潮

现阶段学术界对国际教育思潮的定义没有太大分歧。首先,国际教育思潮中的国际是一个具有双重含义的话语。既可指教育思潮的影响范围巨大,达到国际的范畴,也可指教育思潮的参与主体国际化,如各种国际组织的参与推动。而教育思潮则是指某个时期流传较广、影响较大的教育思想倾向,由于政治、经济、科学文化等各方面的原因,某种教育思想或理论在人们思想上引起广泛的共鸣,并得以普遍流行。[①] 本书所指的国际教育思潮指主要由国际(教育)组织参与并推动,在国际社会产生较大影响且流传较广的教育思想倾向。

从国际教育思潮发展的走向来看,教育民主的理念贯穿整个20世纪教育发展过程的始终。从20世纪初教育民主化观点的初现,到20世纪末得到大力弘扬,期间涌现的各种教育思潮,如终身教育思潮、全民教育思潮、全纳教育思潮等,都与之密切相关。无论国际组织的章程、协议、宣言,还是各国制定的法律、政策、措施,均反映出这种民主化的倾向。因此,可以说,教育民主是引领20世纪教育思潮走向的重要观念,同时影响和贯穿21世纪的教育思想和实践。

一、终身教育思潮

终身教育的思想和实践古已有之,在人类历史的各个时期均有所体现。但终身教育作为一种思潮出现,则是比较晚近的事情。它最早形成于20世纪60年代,以法国成人教育家保罗·朗格朗1970年出版《终身教育引论》为标志。随后,终身教育思潮逐步成为世界范围内的主流教育思潮,对世界教育乃至整个人类社会都产生了深远的影响,并促使世界教育改革和发展进入一个崭新的时代。

---

① 顾明远.教育大辞典(增订合编本(上))[M].上海:上海教育出版社,1998:776.

(一)终身教育思潮产生的背景

终身教育理论的奠基者保罗·朗格朗认为终身教育的形成和产生是多方面因素共同作用的结果。具体来讲,终身教育的形成主要受以下因素的影响:社会变迁加速使得社会对人的要求逐渐提升;人口的不断增长需要通过教育有效地解决人口和资源之间的矛盾;科学知识和技术的进步要适应不断变化的政治结构;信息的增多需要人们提高处理、选择信息和理解信息的能力;工作效率提升带来人们需合理的安排闲暇时间等。保罗·朗格朗是从复杂性视角对终身教育形成与产生的背景作出的解释。

而库姆斯则更多从意义角度对终身教育的背景进行分析。他在《对现代教育的挑战》中提出终身教育产生的原因有三:[①]一是出于确保每个人的职业转换的需要,使失业者的就业成为可能;二是有助于获得在各个领域保持高度的生产率所必需的新的知识和技术,以使以往曾受过良好训练的人不会落后于科学技术的进步;三是有助于丰富日益增多的闲暇时间的文化生活,充实和改善个人的生活。

日本教育家森隆夫则把终身教育的形成原因归结为社会经济发展的要求和人的要求两方面。[②] 他认为经济的要求从根本上说是要提高社会生产率和劳动质量,而人的要求在于认识要以人生的完善、发展、愉悦和幸福为目的。经济需求满足人类的物质性需要,人的需求则更多地满足人类的精神性和文化性的需要。

日本生涯教育学会的学者们把产生终身教育的原因总结归纳为以下三点:[③](1)新时期社会的、职业的、家庭日常生活的急剧变化,导致人们必须更新知识观念,以获得新的适应能力;(2)人们对现实生活及自我实现的要求不断高涨;(3)人们要求对传统学校教育甚至教育体系进行根本变革,从而希望产生一种全新的教育理念。

(二)终身教育思潮的主要内容

1. 终身教育的内涵

关于终身教育的概念,在不同的研究者和不同机构的报告中,其具体表述存在一定的差异,至今尚无定论。当今比较有影响的终身教育概念主要有以下几种:

保罗·朗格朗曾提出,终身教育所意味的不是一个具体的实体,而是泛指某种思想或原则,或者说是指某种一系列的关注及研究方法。他在 1965 年向联合国教科文组织提交的报告——《论终身教育》中对终身教育做了描述性的说明,他认为教育并非终止于儿童期和青年期,它应当伴随人的一生而持续的进行。而且教育应当借助这种方式,满足个人及社会的永恒要求。而在 1970 年出版的《终身教育引论》序言中,朗格朗对终身教育又作了进一步说明,他指出,"教育和训练的过程并不随学校学习的结束而结束,而是应该贯穿于生命的全过程。这是使每个人在个性的各方面——身体的、智力的、情感的、社会交往的方面,总之,在创造性方面—最充分地利用其禀赋和能力的必不可少的条件。"[④]虽然就当时而言,终身教育还没有形成席卷全球的思潮,但保罗·朗格朗对终身教育理念的发展所作

---

① 顾明远,孟繁华. 国际教育新理念[M]. 海口:海南出版社,2006:9.
② 顾明远,孟繁华. 国际教育新理念[M]. 海口:海南出版社,2006:9.
③ 吴遵民. 现代国际终身教育论[M]. 北京:中国人民大学出版社,2007:9 - 10.
④ 顾明远,孟繁华. 国际教育新理念[M]. 海口:海南出版社,2006:17.

的贡献不可磨灭,为其后继者们提供了理念上的指导。

保罗·朗格朗的继任者埃托雷·捷尔比,从1972年起就任联合国教科文组织终身教育部门的负责人,他把终身教育从理念的提出向实践推进。他认为,“终身教育应该是学校教育和学校毕业以后教育及训练的统合;它不仅是正规教育和非正规教育之间关系的发展,而且也是个人(包括儿童、青年、成人)通过社区生活实现最大限度文化及教育方面的目的,而构成的以教育政策为中心的要素。”[①]埃托雷·捷尔比则主要是致力于把终身教育理念实践化、具体化与可操作化。他提出需以终身教育为理念指导,搭建起学校教育与学校后教育、正规教育与非正规教育之间沟通的桥梁。

随后,曾为联合国教科文组织教育研究所专任研究员的R·H·戴维(R.H. Dave)则在埃托雷·捷尔比的基础之上,进一步发展了终身教育理念。他认为,“终身教育应该是个人或诸集团为了自身生活水准的提高,而通过每个人的一生所经历的一种人性的、社会的、职业的过程。这是在人生的各种阶段及生活领域,以带来启发及向上为目的,并包括全部的‘正规的’(Formal)、‘非正规的’(non-formal)及‘不正规’(informal)学习在内的,一种综合统一的理念。”[②]戴维对终身教育理念发展所作的贡献在于,他不仅认同须沟通正规教育、非正规教育与不正规教育之间的桥梁,而且还提出须把终身教育看作是个人、集体生活的一个组成部分。

而森隆夫则从更加系统的角度对终身教育进行了论述,他认为终身教育概念的建立应从制度、内容、方法三个方面加以考虑。第一,教育权的终身保障——教育不随学校学习的结束而终结;第二,对现代学问的追求——终身教育提倡的学习内容应不以个人的职业或专业为限,广泛的教养教育、德育、体育以及一切现代学问等都应包括在必须学习之列;第三,不成为未来的文盲——现在世界上仍有近8亿文盲,但是未来关于文盲的概念将不再局限于不识字,而是在于你是否掌握了自我学习的方法。[③]

从以上论述可以看出,终身教育概念具有两个本质性特征,一是终身教育是贯穿人生始终的一种教育形态,具有时间上的延展性;二是终身教育并非单一或纯粹的教育形态,它更多是一种教育理论和教育观念,是包容所有现存的教育形态在内的教育过程,具有极大的包容性。

2.终身教育思潮的主要观点

终身教育思想不仅从生命的长度维度强调人不断受教育、不断学习的重要性,而且从生命的广度和深度强调教育发生在生活的各个场所(家庭、学校、社会等)。同时,教育也为了生命潜能的充分发展(包括身体的、认知的、情感的、技能的等方面的发展)。

(1)保罗·朗格朗的思想

保罗·朗格朗是世界上最早对终身教育理论进行论证的学者。他关于终身教育的思想极其丰富,在其代表作《终身教育引论》(1970年)中,他从终身教育的意义、教育策略、作用、目标等角度对终身教育进行了全面的论述。

朗格朗认为终身教育有四个方面的意义:第一,终身教育满足人生各个阶段的需要;第

---

① 吴遵民.现代国际终身教育论[M].北京:中国人民大学出版社,2007:21.

② 吴遵民.现代国际终身教育论[M].北京:中国人民大学出版社,2007:21.

③ 吴遵民.现代国际终身教育论[M].北京:中国人民大学出版社,2007:22-23.

二,终身教育有利于人的个性的发展;第三,终身教育使成人教育活动放在了更加突出的地位;第四,终身教育将影响学校教育的思想和实践。在终身教育策略方面,朗格朗认为,任何人都不可能提供终身教育的标准提案,因为各国固有的社会结构、传统、各种条件都不尽相同。因此,终身教育的战略主要注重面向成人的教育、面向儿童和青少年的教育以及扫盲教育三个方面。对于终身教育的作用,朗格朗认为终身教育主要对于促进人自身的发展具有主要的功能和作用。具体表现在:第一,确定能够帮助一个人在其一生中不断学习和得到训练的结构和方法;第二,通过各种自我教育的形式,向每一个人提供最高、最真实程度上完成自我发展的目标和工具;同时,终身教育还具有社会性的功能和作用。终身教育的出现,使家庭、学校和社会之间具有了联系的纽带,这对于创建教育化的社会,提高社会整体的文化教育水平具有重要作用。

朗格朗认为终身教育的目的是为了适应作为肉体的、智力的、情感的、性别的、社会的,以及精神存在的个人的各个方面和各种范围的需要。这种目的定位实质是要求无论作为个体的人,还是作为社会的人的全方位发展。

(2)戴夫的思想

曾任联合国教科文组织汉堡教育研究所研究员的德国学者戴夫根据世界各国对于终身教育的探讨,于 1975 年将终身教育理论概括为以下 20 条:①

"终身教育"这个概念是以"生活"、"终身"、"教育"三个基本术语为基础的。这些术语的含义和对它们的解释基本上决定了终身教育的范围和含义。

教育并非在正规学校教育结束时便告结束,它是一个终身的过程。

终身教育不限于成人教育,它包括所有阶段的教育(学前、初等、中等及其他教育阶段)。

终身教育既包括正规教育,也包括非正规教育。

家庭在终身教育过程的初期起着非常决定性的作用。

社会在终身教育体系中也起着重要作用,这种作用从儿童与之接触时就开始了。

中小学、大学和培训中心之类的教育机构固然是重要的,但它们不过是终身教育机构的一种。它们不再享有教育的垄断权,也不再能够脱离其他社会教育机构而独立存在。

终身教育从纵的方面寻求教育的连续性和一贯性。

终身教育从横的方面寻求教育的整合。

终身教育与英才教育相反,它具有普遍性,主张教育的民主化。

终身教育的特征是:在学习的内容、手段、技术和时间方面,既有灵活性,又有多样性。

终身教育对教育进行深入探讨,它促使人们能够适应新的变化,自行变更学习内容和学习技术。

终身教育为受教育者提供各种可供选择的教育方式和方法。

终身教育有两个领域,即普通教育与专业教育。这两者不是孤立的,而是相互联系、相互作用的。

终身教育有助于提高个人或社会的适应能力和革新能力。

---

① 顾明远,孟繁华.国际教育新理念[M].海口:海南出版社,2006:23-24.

终身教育发挥矫正的功能,克服现代教育制度的缺点。

终身教育的最终目标是维持、改善生活的质量。

实施终身教育的三个主要前提条件是:提供适当机会、增进学习动机、提高学习能力。

终身教育是把所有教育加以组织化的一种原则。

在付诸实施方面,终身教育提供一切教育的全部体系。

(3)《教育——财富蕴藏其中》的观点

在《教育——财富蕴藏其中》中,认为终身教育有四个支柱,即学会认知(Learn to know)、学会做事(Learn to do)、学会共同生活(Learn to live together)和学会生存(Learn to be)。报告认为,“根据对未来的展望,仅从数量上满足对教育的那种无止境的需求(不断加重课程负担),既不可能,也不合适。每个人在人生之初积累知识,尔后就可无限期的加以利用,这实际上已经不够了。他必须有能力在自己一生中抓住和利用各种机会,去更新、深化和进一步充实最初获得的知识,使自己适应不断变革的世界。”①

(4)终身学习思想

终身学习的概念,实际上是在整合终身教育和学习化社会两个概念的基础上提出来的,它涵盖了终身教育和学习化社会的基本思想。由此出发,终身学习的概念应该包含三个方面的内涵和外延:第一,终身学习必须以学习化社会为前提,即必须为人们的终身学习提供学习条件和机会;第二,这种学习不是终极性学习方式,而应该是终身性的学习方式,是持续人一生的学习方式;第三,终身学习还要求必须打破某种教育机构垄断教育的局面,必须实现社会处处是教育、社会无处无教育的学习化情景。

终身学习是与终身教育有必然联系且相辅相成的概念。20世纪60年代末70年代初,终身教育刚兴起时,终身学习(Lifelong Learning)也同时出现在终身教育的著作中,只是到第四次国际成人教育大会强调学习权时,终身学习才更为流行,并有替代终身教育之势。

“终身学习”的理论涵盖各种相互冲突的观念。如对社会与社会变革之性质的看法,对与教育体制相关的诸多问题的认识以及对实施终身教育体制的诸多设想等,人们对这些方面认识虽然存在诸多分歧,但对“终身学习”若干原则的看法又普遍一致。

因此,“终身学习”是一种非制度化、非专有化的教育形式。它赞同现今社会中一切形式的学习,对出现在临时或常规学习设施中的所有学习形式均予以认可。它包含正规学习与不正规学习,也包含非正规学习。

(三)终身教育思潮的影响

终身教育、终身学习和学习化社会作为一种重要的国际性教育理念和教育思潮,一方面对教育理论的丰富和完善必定会产生重要的影响和推动作用;另一方面,这些宏观的理念、思潮不仅是理论层面的趋势,而更多已逐步走向现实,逐步向实践层面转化。终身教育、终身学习和学习化社会所带来的冲击广泛而深远,既对传统教育理论有巨大的冲击,同时也对世界各国教育实践构成严峻的挑战并带来发展的动力。

终身教育已为不同国家所接受,而且正从一种教育思潮变为越来越广的社会实践。终身教育思想的提出对当代人类社会的发展,特别是教育改革和发展有着重要的理论价值和

---

① 国际21世纪教育委员会.教育-财富蕴藏其中[M].北京:教育科学出版社,1996:75.

实践意义:不仅促进成人教育的发展,而且促进学校教育的变革,不但促进学校以外教育形式的发展,还进一步促进教育与生产劳动、社会生活的有机结合。① 因此,从以上观点出发,终身教育的影响主要包含以下几点:第一,引起学校教育的改革,包括学校功能的转变,实现教育机会均等及教育内容的改变;第二,促进学习化社会的形成和发展;②第三,促进人自身的发展与完善。

总之,终身教育思想打破了传统教育在时间和空间上的限制,提出人终身受教育的权利应当得到尊重和保障。这既是人对教育的需求,同时也是人对自身发展的要求。在时间上,终身教育反对20岁前学习,20岁后工作的传统观念,主张教育是贯穿人的一生的过程。在空间上,终身教育反对将教育的过程仅仅压缩于学校,主张教育的过程要扩展到整个社会。终身教育将教育联系到社会的各方面,并将持续学习推及每个人的各个人生阶段。③尽管目前因条件限制而不能充分满足人们的教育需求,但是,教育必将朝着这个方向发展。事实证明,终身教育已不再是乌托邦式的幻想,而是一种以一系列强化这种教育需要的变革为标志的、在复杂教育环境中日趋形成的教育现实。对于终身教育思潮的影响,查尔斯·赫梅尔在《今日的教育为了明日的世界》中做出了高度的评价,他甚至认为终身教育思潮所带来的作用可以与哥白尼“日心说”所带来的作用相媲美,“可以与哥白尼学说带来的革命相媲美的终身教育概念的发展,是教育史上最惊人的事件之一。” ④

二、全民教育思潮

全民教育(Education for All)是在20世纪末兴起的重要国际教育思潮。1990年3月,由联合国教科文组织、儿童基金会、开发计划署和世界银行联合发起在泰国宗滴恩召开“世界全民教育大会”,大会通过了《世界全民教育宣言》和《满足基本学习需要的行动纲领》两个划时代文件,正式提出全民教育的概念。这两份纲领性文件提出积极消除性别、民族和地区差异,普及儿童基础教育、成人扫盲教育的目标、措施及具体计划,指出国际社会有义务消除妨碍一些国家实现全民教育目标的障碍,并采取措施以解除最贫困国家的债务负担。

全民教育是国际社会在全球范围内提出的新概念,其最终目标是要满足全体儿童、青年和成人的基本学习需要,中期目标是在2000年前:(1)扩大幼儿的看护和发展活动,尤其要针对贫困儿童、处境不利儿童和残疾儿童的看护和发展活动;(2)普及并完成初等教育;(3)将成人文盲率减少至1990年水平的一半,并特别重视妇女扫盲以明显减少男女文盲率之间的差异。

(一)全民教育思潮产生的背景

20世纪90年代,国际社会面临许多重大问题,《全民教育宣言》指出,这个世界正面临

---

① 黄志成.西方教育思想的轨迹-国际教育思潮的发展[M].北京:中国人民大学出版社,2008:508-510.

② 卓挺亚.当代世界教育思潮及教育改革动态[M].上海:南海出版公司,2003:71-73.

③ 黄志成.从终身教育、全民教育到全纳教育——国际教育思潮发展趋势探析[J].河北师范大学学报(教育科学版),2003(2):28.

④ 查尔斯.赫梅尔.今日的教育为了明日的世界[M].北京:中国对外翻译出版公司,1983:22.

着令人生畏的问题:明显加重的债务负担、经济停滞和衰退的威胁、人口的迅速增长、国家之间及各国内部日益扩大的经济差距、战争、侵占、内乱、暴力犯罪、本可预防的无数儿童的夭亡以及普遍的环境退化。这一系列问题限制了为满足基本学习需要所作的努力,而相当一部分人基础教育的缺乏又阻碍了各社会权力有目的地解决这些问题,从而导致基础教育在20世纪80年代的许多最不发达国家的明显倒退。在其他国家里,经济的增长使资助教育的扩展成为可能。但即使如此,仍有许许多多的人处于贫困之中,未受过教育或仍为文盲。在整个80年代,某些工业化国家政府削减开支也造成教育状况的恶化。在这种大的社会背景的影响下,全民教育思想逐渐成型,尔后其影响逐渐增大,最终形成蔚为壮观的全民教育思潮。

有关全民教育思潮产生的背景,各教育学者看法不一。有学者认为,虽然教育在现代社会中的地位和作用日益凸现,如实现社会平等,帮助个人与社会走出危机、摆脱贫困、实现繁荣,解决全球性问题等,但是,从世界各国教育发展的状况来看,教育中仍存在很多问题,如均等教育机会的保证、教育公平的保障、教育效率的提升等问题。[①] 在这种背景下,教育中仍存在的问题为人们开始探求新的教育思想与教育理念提供了动力机制,而教育以往所取得的成就又为新的教育思想与教育理念的形成提供了实现的路径机制。也有学者认为,全民教育思潮的产生决不是单一因素的影响,而是从个人到社会或国家再到世界这三个层面综合影响的结果。从个人发展层面看,全民教育既是使每个社会成员享有受教育的权利和机会,实现社会平等的根本保证,又是使个人获得生存发展能力的基本手段;从社会或国家层面看,全民教育既是社会经济进步的必然结果,又是社会和国家走出危机、摆脱贫困、实现繁荣的必然选择;从世界发展层面看,全民教育是促进世界文明和共同繁荣的需要。在当今时代,一国教育的落后不只是一国自己的事情,其教育落后的恶果具有漫延性。[②]

还有学者提出,从社会背景来看,20世纪90年代解决日益紧迫的(如人口问题、环境问题、可持续发展问题、贫困问题、债务问题等)社会问题需要发展全民教育;从教育发展状况看,世界教育发展的不平衡让国际教育界以至国际社会意识到让所有人接受最起码的基础教育——全民教育的迫切性;从个人发展的内在要求看,全民教育的使命是让每个社会成员都享有受教育的权利和机会,它是实现社会平等的根本保证,又是个人获得生存发展能力的基本手段;从社会进步和国家发展的要求来看,全民教育既是社会经济进步带来的必然结果,亦是社会和国家走出危机、摆脱贫困、实现繁荣的必然选择;从教育民主化角度来看,教育民主化就是使全体社会成员有机会不受限制地受教育,即人人有受教育的权利,在教育机会面前人人平等,而争取教育民主化的最重要的努力方式或最重要的一项工作就是实现教育机会均等;从教育普及化角度来看,只有实现了教育的普及化,人们才有可能享有全民平等的教育机会。[③] 总的来说,有关全民教育思潮的产生背景,虽然学者们的看法不完全一致,但都是从尊重教育发展的规律出发,从教育发展本身的规律以及社会对教育发

---

① 顾明远,孟繁华.国际教育新理念[M].海口:海南出版社,2006:39-42.

② 眭依凡.关于全民教育的背景讨论和内涵分析[J/OL].www.zje.net.cn/_zjeres/jiaoylw/lib/3/306/zjeres_jiaoylw_306_10019.htm,2008-07-10/2011-11-10.

③ 黄志成.西方教育思想的轨迹-国际教育思潮纵览[M].北京:中国人民大学出版社,2008:513-516.

展的需求出发所作的阐述。

（二）全民教育思潮的主要内容

全民教育从产生到影响范围的增大经历了一个发展的过程，在这个过程中其理念、目标等内容也在不断地发展，最终其涉及的范围非常广泛，涵盖儿童早期护理与教育、初等教育、成人扫盲教育、技能培训等各方面。总的来说，全民教育思潮所包含的内容也经历了发展两部曲。第一部曲是1990年的《世界全民教育宣言》；第二部曲是2000年的《达喀尔行动纲领》。

《世界全民教育宣言》指出，全民教育的目标是要满足所有人（包括儿童、青年和成人）的基本学习需要。具体来说，其内容主要包括：①

（1）扩大儿童早期护理与发展活动，包括家庭与社区的参与，尤其要针对贫穷儿童、处境不利儿童和残疾儿童的看护和活动发展；

（2）到2000年普及和完成初等教育（或任何被认为是“基础”的更高层次的教育）；

（3）提高学习成绩，使商定的适当年龄组的百分比（如14岁年龄组的80%）达到或超过规定的必要学习成绩的水平；

（4）降低成年人文盲率（各国自定适当的年龄组），例如到2000年减少至1990年水平的一半，要特别重视妇女扫盲予以明显地减少男女文盲率之间的差异；

（5）扩大提供基础教育和青年及成人所需要的其他必须技能的培训，并根据行为变化及对健康、对就业、对生产力的影响来评估计划的有效性；

（6）通过包括新闻媒介、现代或传统的其他交流形式以及社会行动在内的所有教育渠道，使个人和家庭更多地获得更好的生活和合理的可持续发展所需要的知识、技能和价值观念，并根据行为变化来评估其有效性。

2000年4月，世界教育论坛在塞内加尔的达喀尔召开，与会国家达164个，会议通过了《达喀尔行动纲领》。纲领指出，全民教育除要满足所有人的基本学习需要外，还要求学生掌握21世纪国际教育委员会提出的教育的四大支柱。在全民教育的内容上，除基本的学习手段外，还强调生活技能的学习；同时更强调教育质量，实施全民教育不仅要让所有人都接受教育，而且是接受更高质量的教育。达喀尔会议最终形成全民教育的六大目标，这些目标体现了全民教育的最新理念：②

（1）扩大和提高综合性幼儿保育和教育，特别是对最易受伤害和处境不利的儿童的保育和教育；

（2）保证到2015年，所有儿童，尤其是女童、困境中的儿童和少数民族儿童，能够享受高质量的免费初等义务教育；

（3）保证所有青年和成人的学习需求通过平等参与适当的学习和生活技能方案得到满足；

（4）到2015年，成人尤其是妇女的识字率能提高到50%，所有成人能接受基础教育和继续教育；

---

① 赵中建.教育的使命——面向二十一世纪的教育宣言和行动纲领[M].北京：教育科学出版社，1996：26.

② 联合国教科文组织.全民教育全球监测报告（摘要）[R].2006.

(5)到2005年消除初等教育和中等教育中的两性差异,到2015年实现教育中的两性平等,重点保证女童能够完全而平等地接受(并能完成)高质量的基础教育;

(6)提高教育质量的方方面面,保证各种教育的优质化,使人人都能取得社会承认的和可量度的学习成果,特别是在读写、算术和基本生活技能方面的学习成果。

这六大目标明确指出未来社会应关注教育的六个方面:幼儿保育教育;普及义务教育;青年继续教育;成人扫盲教育;两性平等教育;学校优质教育。这六大目标及未来教育的关注点,揭示了全民教育的真实内涵,体现了全民教育的崭新理念。

总的来说,所谓全民教育就是教育对象的全民化,亦即教育必须向所有人开放,人人都有接受教育的权利且必须接受一定程度的教育。其目标如同《世界全民教育宣言》指出的,就是满足全民的基本教育需求,即向人民提供知识、技术、价值观和人生观,以满足他们能自尊地生活,不断学习,改善自己的生活,并为国家发展作出贡献的要求。概言之,全民教育包含教育的民主化和普及化。

(1)教育的民主化

所谓教育的民主化,其实质就是国家必须从政治上或法律上,保证全体社会成员不论其地位、种族、性别都有机会不受限制地受到教育。这一表述实际上包含了两层含义,即人人有受教育的权利和在教育机会面前人人平等。争取教育民主化的最重要努力方式是实现教育机会均等。

(2)教育的普及化

教育普及化可以说是教育民主化的基本保证,没有教育的普及就根本不可能有教育机会均等。如果说教育民主化是为保证每个社会公民及其子女都有受教育权利的政治理想的话,那么教育普及化则是保证人们真正享有这一权利的现实基础。只有实现了教育普及,人人才有可能享有平等的教育机会。也只有人人都获得了应有的教育,才能说这个社会已经迈向了平等的道路,因为教育机会均等是社会平等的最基本判衡标准。

(三)全民教育思潮的影响

1990年世界全民教育大会之后,全民教育的思想开始逐渐走上国际舞台,世界各国在先后发布的《全民教育宣言》和《达喀尔纲领》的引导下,加深了对全民教育思潮的认识的同时,也采取了相应的措施来保证全民教育实践的顺利进行。全民教育理念被传播及实践被予以实施的同时,不仅使全民教育的理念得以广泛传播,实现了教育思潮自身的使命,同时其实践价值也通过推动世界教育发展,如促进儿童保护、保证妇女受教育权、提升国家整体的人力资源水平等方面,得到了实现。

因此,全民教育的影响是全方位的,在教育的各个方面都打下了烙印。全民教育的思想已成为各国教育改革和发展过程中的重要指导思想。当今,全民教育已成为当代最具影响力的教育思潮之一,它不仅主导当前国际教育改革和努力的方向,也代表21世纪教育发展和进步的趋势,是世界教育最宏大的目标之一。但全民教育目标的实现还存在着许多困难,如其任务之艰巨、道路之漫长等,对此还要有清醒的认识及相应的努力。

三、全纳教育思潮

与终身教育思潮、全民教育思潮一样,全纳教育思潮作为一种新兴的教育思潮,其产生与发展有其特定的时代背景,其主要内容和代表观点对世界教育的发展产生了一定影响。但与终身教育思潮、全民教育思潮不一样的是,全纳教育所追寻的教育平等与教育民主所针对的人群较为特殊一些。

(一)全纳教育思潮产生的背景

全纳教育作为一种国际教育思潮,兴起于20世纪90年代,是20世纪末期重要的国际教育思潮。全纳教育的兴起和发展跟国际组织的大力推动有密切关系,其中两次国际教育大会所起的作用更大、更直接。一次是1990年在泰国宗滴恩召开的"世界全民教育大会"。这次会议提出,教育是人的基本权利;教育对于个人和社会进步极为重要;必须普及基础教育和促进教育平等。另一次是1994年在西班牙召开的"世界特殊教育大会",会议再次强调每个人都有接受教育的基本权利;提出每个人都有独特的特性、兴趣、能力、和学习需要;学校要接纳全体儿童并满足他们的特殊需要,并首次正式提出"全纳教育"这一概念。

但实际上在此之前,许多国家已经开始实施具有全纳教育意义的教育改革,如英国的"一体化教育",美国的"回归主流教育",中国的"随班就读教育"以及其他一些国家的"特殊需要教育"等。这些重大教育改革都为全纳教育的兴起和发展打下了必要的基础。可见,全纳教育在20世纪90年代中期受到国际教育界的热切关注并不偶然。它与国际社会争取民主平等、维护人权尊严等社会运动及教育民主化潮流有密切联系。

(二)全纳教育思潮的主要内容

1. 全纳教育的定义

根据1994年召开的"世界特殊教育大会"上通过的《萨拉曼卡宣言》,全纳教育必须遵循5条原则:每个儿童都有受教育的基本权利;每个儿童都有其独特的特性、兴趣、能力和学习需要;教育要考虑到儿童的不同特性和差异;有特殊需求的学生应该有机会进入普通学校学习;全纳学校是反对歧视,创建人人受欢迎的社区,建立全纳社会和实现全民教育的最有效途径。从以上五个原则出发,全纳教育可以被认为是这样一种持续的教育过程,即接纳所有学生,反对歧视排斥,促进积极参与,注重集体合作,满足不同需求。[①]

全纳教育、特殊教育、普通教育这几个概念都是国际教育中几个重要概念,相互间既有一定的区别,但同时又有一定的联系。

(1)全纳教育与特殊教育

人们一提到全纳教育,往往就认为是特殊教育方面的问题,这主要是因为全纳教育的兴起与发展确实与特殊教育的发展有很大关系。

从特殊教育的发展来看,特殊教育经历了三个阶段。第一阶段可以说是医学模式占主导,注重诊断和治疗。第二阶段是心理学模式占主导,注重测试和分类。这两种模式是特殊教育的传统模式,其主要特征是由专家对残疾人进行诊断,然后开出处方,给学生分类,最后将残疾者分门别类送进与外界隔离的各类特殊教育学校。第三阶段是以社会学模式占主导,主张每个儿童都有平等的受教育权利。反对将残疾儿童安置在具有隔离性质的特殊学校,使他们终日生活在残疾人这个狭小的圈子里,不利于残疾儿童身心等方面的发展。

---

① 黄志成.西方教育思想的轨迹——国际教育思潮纵览[M].北京:中国人民大学出版社,2008:547.

在这一阶段,特殊教育的形式发生了巨大变化,产生了回归“主流学校”进行“一体化”教育的运动。

应该说,全纳教育思想发端于特殊教育,但又超越了特殊教育。全纳教育不仅关注残疾学生,而且关注所有学生。全纳教育不仅关注由残疾引起的排斥,而且关注由其他原因引起的排斥,比如由宗教、伦理、种族、性别、语言、教育、智力等。全纳教育关注所有被排斥、被边缘化的权益,包括除残疾学习者之外的其他被排斥群体,他们处于社会、经济或文化的不利地位,而且继续被排斥,甚至这些群体的问题还没有被完全意识到。这些群体包括女童和妇女、街头流浪儿童和童工、难民、孤儿(不仅指那些父母死于艾滋病的孤儿)、语言或种族属于少数民族的人、市民暴动和冲突地区的人以及宗教、社会、文化和种族的少数群体等。实施全纳教育不仅是特殊教育的变革问题,而且是普通教育的变革问题。

根据全纳教育的思想,特殊教育必须要进行改革,特殊学校应逐渐减少,甚至可以走向消亡。确实,近年来国外许多国家的特殊学校在大幅度减少,大量的残疾学生都已纳入普通学校。这已成为国际教育发展的一种趋势。

(2)全纳教育与普通教育

全纳教育主要面向有特殊需求的学生,如身体或心理发展不同于普通学生的学生,如处境不利的学生等。而普通教育则面向身体或心理发展处于一般范围的学生。根据全纳教育的观点,为实现全纳的目标,应取消特殊学校,使具有特殊需求的学生进入普通学校,这就使得普通学校面临巨大的挑战。因此全纳教育不仅仅是特殊教育领域的问题,它涉及到整个普通教育的改革。但在现行的教育体制中,仍然存在着普通学校和特殊学校。按照全纳教育的思想,这种状况必须改变,我们的学校应该成为全纳学校。这种全纳学校,为实现所有儿童具有平等的受教育机会和所有儿童全面参与学习活动提供制度上的保障和有利的环境条件。

如何实现全纳教育与普通教育的转换呢?首先,全纳教育要求教育观念的转变。全纳教育是一种全新的理念,它不仅涉及到教育的理论和方法,更涉及到整个社会对人之价值的重新认识和评定,涉及到对有特殊需求之人的态度和看法,涉及到社会的公正和平等以及人权问题。全纳教育以新的观念来看待每一个人的价值和能力。全纳教育注重人平等受教育的权利,注重满足所有人(包括有特殊需要的儿童)的不同教育需求,注重人人参与,注重依靠集体的力量和相互合作来解决个体的问题。

其次,全纳教育要求课程与教学的改革。全纳学校要求接纳所有的儿童,包括残疾儿童和天才儿童、街头流浪儿童和童工、偏远地区的儿童或游牧人的儿童、语言或种族、文化方面属少数民族的儿童以及来自其他不利处境或边缘地区的儿童。全纳学校的课程和教学的宗旨是课程和教学应该适应儿童的需要,而不是儿童去适应课程和教学的需要。

2. 全纳教育的主要思想

通常,人们似乎认为全纳教育就是有关特殊教育的问题,或是有关残疾人教育的问题,甚至有许多学者也坚持只在残疾人教育范畴下谈论全纳教育。事实上,全纳教育并不只是残疾人的教育,也不仅仅是有特殊需求儿童的教育。从残疾人教育的较狭隘概念起,发展为后来的特殊需求学生教育,再发展到全纳教育的概念,每种概念的提出都在原有的基础上得到深化,这值得深入探究。

促使特殊教育范畴发生重大改变的转折来自于英国1978年的《沃诺克报告》。该报告首先对特殊教育的范畴进行批判，认为特殊教育局限于特殊学校教育是狭隘的。特殊教育应该涉及普通教育。普通教育内部存在大量的学生在其整个学习生涯或某个时间阶段都存在学习困难。所有学生的个人教育需要是一个连续体，而特殊教育又是整个教育体系的一个内在组成部分。在这种认识前提下，《沃诺克报告》把特殊教育看成是一种提供各种形式的额外帮助，这样的概念就宽泛得多。①

全纳教育的出发点是相信教育是所有人的基本权利，也是维系社会正义的基础。其核心是忠实地把教育看作是个人和社会发展的基本要素。全纳教育最终期望的目的是创造一个公正和民主的社会，解决的是所有人怎样共同生活在一起的问题。

全纳教育主张人人都有平等的受教育权，即不仅要有平等的入学机会，而且要做到平等地对待每一位儿童，满足他们的不同需要。教育公平在这里被赋予新的含义，即教育起点公平、教育过程公平、教育结果公平。

全纳教育要求普通学校要接纳所有的儿童。这就要求全纳学校的课程是灵活的，教学应该是多样的。课程的灵活性是指提供各种课程机会以适应不同能力和兴趣的儿童。教学的多样性是指在教学目标的框架中，根据不同的学习对象，设计出多种可供选择的教学方案，并运用不同的教学方法，以适应儿童不同的学习速度和学习方式。

全纳教育视人与人之间的差异为一种正常现象，不能把残疾儿童与普通儿童之间的差异看作是障碍的缺陷，差异中隐含着发展的潜能和优势。不仅残疾儿童群体与普通儿童群体之间存在差异，残疾儿童群体内部和普通儿童群体内部的个体之间也存在差异，每个儿童都具有独特的品质、能力、兴趣和需要。在承认差异的同时，全纳教育更重视个体之间的共性，这种共性是所有人都具有的最起码的尊重、价值和权利。

全纳教育主张根据社会模式的教育理念来理解儿童的特殊学习困难，认为有学习困难是学习中的正常情况，并不表明儿童一定有什么问题。学习困难并不只由儿童的缺陷或不能造成，而是主客观因素相互作用的结果，尤其与教师的教育教学方式有关。

关注所有儿童的教育需求、关注集体和合作是全纳教育的主导价值取向。全纳教育要把所有儿童都接纳到普通学校中接受公共教育，但由于儿童的各种需要不同，因此全纳教育更注重教育的集体功能，主张通过合作来解决问题。

(三)全纳教育思潮的影响

全纳教育思潮已深入世界教育实践，对教育的民主化和教育满足不同学生群体的需要等方面产生了不可估量的影响。

首先，从教育理念发展来看，作为一种新兴、随后逐渐发展完善并对世界教育的发展产生过重大影响的教育思潮，其在发展过程中的种种表现就是其证明自身的过程，也是教育理念自身发展的过程。其次，作为一种新兴但影响逐渐增大的教育思潮，其在教育实践领域所产生的影响主要集中在个人、社会及国家、国际教育发展与改革的层面。对个人而言，全纳教育起到了更新个人教育理念作用的同时，也在一定程度上保障了所有人的受教育权，拓宽了个人接受优质、多样化和个性化教育的途径。对社会及国家而言，全纳教育的理

---

① 黄志成.西方教育思想的轨迹——国际教育思潮纵览[M].北京:中国人民大学出版社,2008:54.

念对促进社会平等与民主,国家内各团体的融合等起到了一定的促进作用,因为全纳教育的本质是融合与合作,因此,在社会及国家层面的全纳教育所起到的主要作用是促进社会与国家内部各群体之间的相互交往、相互理解与合作,这种相互交往与合作对社会民主化的推进与国家凝聚力的形成具有重要作用。再次,对国际教育发展与改革而言,全纳教育思潮的产生与发展并不是某一个国家倡导的产物,而是在国际组织的倡导下,各国共同努力推进的产物,在这种共同作用力的影响下,全纳教育在全球范围内,在国际教育舞台上的出现,起到了促使国际教育领域教育思潮与教育实践的进一步发展的作用。

纵观国际教育思潮发展的走向,教育民主的理念始终贯穿整个 20 世纪教育发展的全过程。从 20 世纪初教育民主的提出,到 20 世纪末教育民主的大力弘扬,其中涌现出的各种教育思潮,在很大程度上都与教育民主思想相关。因此,可以说引领 20 世纪教育思潮走向乃是教育民主观念。而且教育民主观念也会影响和贯穿 21 世纪的教育思想和实践。

从国际教育思潮发展趋势来看,贯穿终身教育、全民教育和全纳教育的重要思想是教育必须从培养少数精英转向普及大众;教育必须为所有人提供均等的机会;教育必须走向民主化。终身教育、全民教育、全纳教育这三大思潮,不仅指明了国际教育发展的趋势,而且也指出了适应这一发展趋势应采取的具体策略,即教育必须提供优质、多样和个性化的服务。优质的(Excellent)教育并非单方面追求学生个人学业成绩的优异,而更是强调依靠集体的力量、依靠合作来解决个体的问题,尊重每一个学生的积极参与,最大可能地发展他们的才能。多样化(Diverse)教育主张面对各种不同需求的学生,不应实施死板划一的教育。未来的教育必须提供与每个学生需求相适应的多样化的教育。个性化(Personalized)教育关注学生的个性特征,关注学生的学习兴趣、动机和心理发展。

第二节　国际教育组织

虽然二战之前早有关于国际组织的萌芽。比较教育之父的朱利安也曾明确提出组建一个国际性的组织以收集各国教育资料,为各国进行教育研究、掌握世界教育发展现状提供材料。但是,国际组织的真正发展是在二战之后。这主要与各国追求和平与发展的理念以及国际化、全球化的推进有一定的关系。随着全球化与国际化的发展,各种国际教育组织相继诞生,各自都有其发展历程、组织结构、经费来源,并具有相应的职能。

一、国际教育组织的定义与分类

要研究、了解国际教育组织,必先了解国际组织的产生和发展的历程及国际组织的类型。国际组织出现于 19 世纪,它是近代国际社会国际关系发展的产物,其基础源于古代社会国家间的民间交往。国际组织的形成是个从国家间的民间交往到正式的政府间交往,从民间国际团体的活动到政府间的国际会议,最后建立国际组织的过程。而国际组织的成长也经历了从专门性国际组织到普遍性国际组织两个阶段。其中,20 世纪的国际组织有惊人的发展速度。根据国际组织年鉴的统计,全世界各种国际组织有 2.8 万个,其中政府间国际组织有 4000 多个,非政府间组织有 2.3 万个。在这 2 万多个国际组织中,90% 是在第二次世界大战结束后发展起来的。国际组织的广泛建立,是人类社会的一大创举,也是人类社会的文明成果。因为它是国际社会各类矛盾的调节器,也是政治、经济、文化、科学技术的协调机制。

（一）国际组织的定义及分类

狭义的国际组织是指国际政府间组织,即两个以上主权国家的政府为了特定目的,以一定的协议形式建立的跨国机构。而广义的国际组织则包含政府间组织和非政府间组织,即两个政府、团体或个人基于特定的非赢利的目的,以一定形式建立起来的跨国机构。①

国际组织的分类多种多样,有的学者从功能的角度进行分类,有的学者从参与主体的角度进行分类。根据不同的分类标准,对国际组织有不同的分类。

1. 根据国际组织的宗旨、职权范围等进行分类。

叶宗奎、王杏芳在《国际组织概论》②一书中指出,从宗旨和职权范围来说,国际组织可区分为一般性国际组织和专门性国际组织。前者的宗旨、活动领域和职权范围比较广泛,涉及政治、经济、社会、文化等各方面,诸如联合国（United Nations,简称 UN）、东南亚国家联盟（Association of Southeast Asian Nations,简称 ASEAN）等。后者一般只具有专业技术职能,主要进行科技、文化、教育、卫生等专业技术性活动,如联合国教科文组织（United Nations of Educational Scientific and Cultural Organization,简称 UNESCO）、国际劳工组织、国际电信联盟、国际货币基金组织等。

原联合国教科文组织总干事松浦晃一郎于 2000 年 5 月 4 日在瑞士日内瓦举行的“瑞士论坛”上发表的演讲把国际组织分为以下几个类型:第一,处理政治和军事问题的,比如联合国,特别是安全理事会;第二,涉及贸易、经济和金融领域的,如世界贸易组织、国际货币基金会和世界银行;第三,力图以中、长期形式改变社会或态度的深层结构的组织。”联合国教科文组织属于第三类。

2. 根据国际组织主体的性质进行分类。

根据国际组织主体的性质进行分类,国际组织可以分为两大类:政府间的国际组织与非政府间的国际组织。前者是由若干主权国家的政府为达到一定的目的而设立的,如联合国就是当今世界上规模最大的政府间国际组织。后者由不同国家的个人和民间团体等组成的国际机构,如国际劳工组织、国际红十字会、大赦国际等组织。

3. 根据国际组织的活动范围进行分类。

根据国际组织的活动范围进行分类,国际组织可分为全球性国际组织与区域性国际组织两大类。全球性国际组织是指其活动范围不局限于某个国家、某个区域的国际组织。如联合国的活动范围广泛,几乎覆盖全球所有国家。比较教育领域内的世界比较教育学会理事会也属于此类国际组织,其活动范围不局限于某个或某几个国家。而区域性国际组织的活动范围则相对较小而且相对集中,局限于某几个国家或某个区域。如欧洲联盟、北大西洋公约组织、经济合作与发展组织等。

总的来说,国际组织的分类并不局限于以上几种,而且国际组织的类型也并不单一,有

① 张民选. 国际组织与教育发展[M]. 上海:上海教育出版社,2010:21.
② 叶宗奎,王杏芳. 国际组织概论[M]. 北京:中国人民大学出版社,2001:48.

时会出现重合的现象，如联合国教科文组织既属于政府间的国际组织，又属于全球性的国际组织，还可属于与联合国有关的国际组织。

(二)国际教育组织的定义及分类

国际教育组织是国际组织的重要组成部分，是国际教育的重要组织、协调和管理机构。他们担负着国际教育的教学、科研和管理的重任，并广泛开展国际教育交流与合作，为国际教育的发展提供全方位的服务。

国际教育组织的分类维度也较为多样化。有学者认为，国际教育组织可以从形式与结构两方面进行分类。[①] 从形式上看，国际(教育)组织包括和教育相关的国际集团组织、联合国的各种国际(教育)机构、国际教育研究机构(如国际教育局、国际教育规划研究所、世界学前教育组织、世界比较教育委员会、国际成人教育理事会、国际文凭组织、教育研究与革新中心、文化合作委员会、国际教育成就评价学会、国际教育发展委员会、区域性教育组织如亚太地区文化和社会中心、欧洲高等教育中心、拉丁美洲教育传播研究所等)、国际学校组织(如国际学校教育协会、欧洲国际学校协会等)等。从结构上看，它分为双边组织、多边组织和单个独立实体组织。也有学者根据国际教育组织在国际教育中的地位和作用，把国际教育组织分为四大类[②]一是协调国际教育领域中众多参与机构、主导国际教育发展方向的中枢机构，如联合国教科文组织；二是国际教育的情报、科研和规划机构，如日内瓦国际教育局、汉堡国际教育研究所、巴黎的教育规划研究所；三是国际教育的分支独立机构，如儿童基金会、欧洲文化财团教育研究所等；四是国际教育的学校组织，如国际学校联合会、欧洲国际学校协会等。还有学者把国际教育组织分为两类，即专门性的国际教育组织与非专门性的国际教育组织。[③] 专门性的国际教育组织是由政府教育官员、教育学者、大学和中小学教育等教育工作者组成，主要为教育事业的发展而服务，具有特定教育功能的国际组织。如国际教育成就评价协会、国际教育规划研究所、国际教育局等。非专门性的国际教育组织是指活动范围远远超出教育领域，教育事业只是它们活动的一个组成部分的国际教育组织。如国际地球之友(Friends of the Earth International，简称 FOEI)、联合国儿童基金会、世界银行等。

二、联合国教科文组织

联合国教科文组织是联合国的一个分支机构，该组织对世界范围内的教育、科学与文化的发展具有重大作用，在促使世界各国教育发展方面做出了重要的贡献。

(一)组织的诞生

联合国教育、科学及文化组织简称联合国教科文组织，其英文全称为 United Nations of Educational, Scientific and Cultural Organization，UNESCO。该组织成立于 1945 年。1945 年 11 月 16 日 37 个国家于伦敦签署的《联合国教育、科学及文化组织组织法》标志着联合国教科文组织的正式组建，该组织法阐明了联合国教科文组织创建的基本精神：既然战争起

---

① 朱旭东，黄晓红. 国际(教育)组织的价值取向研究[J]. 国际观察，2000(5)：49.

② 徐辉. 国际教育初探——比较教育的新进展[M]. 成都：四川教育出版社，2005：108.

③ 张民选. 国际组织与教育发展[M]. 上海：上海教育出版社，2010：54－61.

源于人的心灵,那就有必要在人的心灵里筑起一道保卫和平的堡垒。同年12月,该组织成为联合国的专门下属机构。目前教科文组织已有190个成员国和6个非成员国。

联合国教科文组织第一次大会于1946年11月在法国巴黎召开,三十多个国家的代表参加了此次会议。会上选举了理事会,设置了总务、计划、财务等委员会,大会选举了英国科学家朱利安·赫胥黎(Julian Huxley,1887－1975)为联合国教科文组织的首任总干事。此次大会的召开为联合国教科文组织的发展奠定了良好的基础。

(二)组织的架构与经费

联合国教科文组织主要由中央机关、地区性机构和研究机构组成。中央机关主要负责联合国教科文组织的日常事务,地区性机构主要负责世界不同地区的联合国教科文组织事务,研究机构主要负责教科文组织的研究性相关事务。

中央机关主要有三个,分别是联合国教科文组织大会、执行局和秘书处。大会由成员国代表组成,每个成员国的代表数控制在5人及5人以内,投票选举时按一国一票的原则进行投票。大会每两年召开一次会议,其工作语言是阿拉伯语、汉语、英语、法语、俄语、西班牙语。大会的主要职责是制定教科文组织的相关政策与方针,选举执行局委员,任命总干事等。执行局由来自不同国家的委员组成,共58名。委员由联合国教科文组织大会选举产生,选举的同时也考虑委员的多样性与地区平衡性。委员任期四年,执行局主席由委员选举产生,届期两年。执行局主要负责大会召开的准备及监督大会决议的实施情况。秘书处主要负责教科文组织的日常行政事务,由总干事负责领导。总干事任期为六年,可以连任,经由大会选举产生。自2001年之后,总干事的任期改为四年。从1945年至今,联合国教科文组织共经历了九任总干事,分别为:赫胥黎(1946－1949)、博德(Torres Bodet,1949－1953)、伊万斯(Luther Evans,1953－1958)、韦罗内塞(Vittorino Veronese,1958－1961)、马厄(René Maheu,1962－1974)、姆博(Amadou－Mahtar M'Bow,1974－1987)、马约尔(Federico Mayer,1987－1999)、松浦晃一郎(1999－2009)、博科娃(2009－)。

地区性机构包含52个性质不同的地区办事机构。[①]主要可以分为以下四种类型:(1)联络处(Liaison Office)。共有两个,分别设在纽约和日内瓦,负责协调联合国教科文组织的下属机构,并与重要国际非政府组织代表进行沟通。(2)地区局(Regional Bureau)。共有11个,其中7个负责处理教科文组织在本地区的包含教育、科学、文化等在内的相关事务。另有4个为地区教育局(Regional Bureau for Education),专门负责联合国教科文组织的地区教育工作,这4个地区教育局分别设在泰国曼谷、黎巴嫩贝鲁特、塞内加尔达喀尔和智利圣地亚哥。(3)中心办事处。共有29个,每个中心办事处负责若干个国家的教育、科学、文化等事务。如“联合国教科文组织北京办事处”负责中国、蒙古、日本、韩国和朝鲜五国的相关事务。(4)国家办事处。一共有20个,各负责一个国家的教科文组织事务。

联合国教科文组织下属的研究机构有11个,其中8个是教育研究与培训机构,2个是科学研究机构,还有一个是以国际教育统计为主要职能的教科文组织统计研究所。这八个教育研究与培训机构分别是:国际教育局、教育研究所(德国汉堡)、国际教育规划研究所(法国巴黎)、欧洲高等教育中心、拉美及加勒比地区高等教育中心、教育信息技术研究所、

① 张民选.国际组织与教育发展[M].上海:上海教育出版社,2010:93－94.

国际非洲能力建设研究所、国际职业技术教育培训中心。

教科文组织的经费收入分为正常预算和预算外经费两个部分。正常预算是由教科文组织大会提出,上报联合国,由联合国总部根据各会员国的经济发达程度进行分摊。其中美国、英国、法国、中国、德国等国承担的预算比例较大,分别为25%、7%、5%、5%和4%。[①]预算外经费主要有:联合国及其他组织的拨款、世界银行等的拨款、各国政府及欧盟的捐款、私人基金捐款等。在经费支出方面,2004－2005年教育经费为21585.4万美元,占教科文组织总预算的25.3%。[②]

(三)组织的主要职能

教科文组织的主要职能可归纳为五个方面:新思想与新理念的推广者;信息交换所;标准制定者;成员国之间的智能开发者;国际合作的促进者。

在思想与理念推广方面,联合国教科文组织通过积极发表宣言,制定行动纲领,举办国际会议,发布研究报告来普及新思想与新理念。如全民教育理念、终身教育理念的推广等。在信息交换方面,教科文组织主要是通过定期发布教育报告、出版相关刊物等来实现教育信息的交换。如教科文组织每两年发布一次《世界教育报告》(World Education Report),以此给各国及相关人员提供全面了解世界教育发展情况的资料。此外,近年来,联合国教科文组织为促进全民教育的发展,每年都发布《全民教育全球监测报告》,各年的主题都不同,如2003－2004年度报告的主题为“性别与全民教育跃向平等”,2005年的主题为“如何提高教育质量”,2006年的主题为“扫盲至关重要”,2007年的主题为“幼儿保育和教育”。在标准的制定方面,主要分为四类准则和标准:国际公约、教育建议、教育分类和各分支领域标准。[③] 国际公约必须得到大会三分之二及以上的赞成票才能确立,已确立的公约有《职业技术教育公约》、《反教育歧视公约》、《保护世界文化遗产和自然遗产公约》、《亚太地区承认高等教育学历、文凭和学位的地区公约》等。教育建议则只需要获得大会简单多数票通过即可,比较著名的建议有《关于教师地位的建议》、《关于改进中等教育的目标、结构、内容和方法》等。教育分类则主要为教科文组织制定的新、旧《国际教育标准分类》。此外,教科文组织还通过组织培训、提供远程教育课程、组织专家团队等方式帮助其成员国开发教育潜力提升教育的效力。教科文组织也一直致力于国际间的教育合作,如通过开展教育项目、提供人力和资金援助等方式以促进国际间的教育合作。

此外,教科文组织还积极制定中长期发展规划与目标。如新世纪发展目标是:到2005年在中小学教育阶段消除性别差异,帮助各国实现可持续发展的国家战略;到2015年使发展中国家生活在及其贫困状况下的人口减少一半,在所有国家普及初等教育,扭转目前环境资源大量流失的趋势。中期战略计划(2002～2007)是:消除极端贫困(指日收入不足1美元)与饥饿;实现普及小学教育;促进性别平等、增强妇女权利;减少儿童死亡率——五岁以下减少三分之二;提高女性健康——女性死亡率减少四分之三;与艾滋病、疟疾和其他疾病作斗争;确保环境的可持续性;发展全球发展性合作伙伴关系。

---

① Jones. 2005:51. 转引自张民选. 国际组织与教育发展[M]. 上海:上海教育出版社,2010:95.

② 张民选. 国际组织与教育发展[M]. 上海:上海教育出版社,2010:97.

③ 张民选. 国际组织与教育发展[M]. 上海:上海教育出版社,2010:103－106.

(四)组织的出版物

联合国教科文组织在其行使职责过程中,出版了大量书籍,对国际教育的发展起到了巨大的推动作用。

1.《教育——财富蕴藏其中》

这是国际21世纪教育委员会提交给联合国教科文组织的报告,是其三年间在世界范围广泛咨询和分析过程的成果。该委员会在本报告中提出:支撑教育的四个支柱是学会认知,学会做事,学会共同生活,学会生存。在这四个支柱的基础上,所有社会都应迈向一个必然的理想王国,在这个"王国"里,每个人身上像宝库一样被埋藏的才能都会得到充分开发而不致被埋没。在其最后的章节中,强烈呼吁在国家和国际范围内增加用于教育的资源投入,同时呼吁可加强教育领域的国际合作,而联合国教科文组织在这种国际合作中将起关键的作用。

2.《学会生存——教育世界的今天和明天》

联合国教科文组织于1970年12月授权成立国际教育发展委员会,委任法国前总理和教育部长富尔为委员会主席,《学会生存》是教育发展委员会委员从多学科多方位视野研究世界教育发展问题所撰写的报告。本书自始至终贯穿一条主线:教育应该扩展到人的整个一生。在当今社会里谁也不能再一劳永逸地获取知识,而需要终身学习或终身教育去建立一个不断演变的知识体系,即"学会生存"。

3.《教育的使命——面向二十一世纪的教育宣言和行动纲领》

该书主要汇编了联合国教科文组织在20世纪90年代所召开的重大国际会议的背景及达成的行动纲领或计划。主要涵盖以下会议材料:世界全民教育大会(1990年);世界儿童首脑会议(1990年);联合国环境与发展大会(1992年);九个人口大国全民教育首脑会议(1993);世界特殊需要教育大会(1994年);国际人口与发展大会(1994年);第四十四届国际教育大会(1994年);社会发展问题世界首脑会议(1995年);第四次世界妇女大会(1995年)。以上这些会议及形成的决议、纲领和宣言提出了一系列的教育理念,对21世纪的教育产生了不可估量的影响。这些会议提到了"全民教育"及与其相关的一些思想和观点如"全纳性教育"、"全纳性学校"、"环境教育"、"人口教育"、"和平文化"、"可持续发展"等,具有极为重要的意义。

除了以上这些主要出版物之外,联合国教科文组织还出版了《终身教育引论》、《世界扫盲实验计划文件汇编》(*Documents from the Experimental World Literacy Programme*)、《扫盲计划评估:实用指南》(*The Evaluation of Literacy: A Practical Guide, by Roger Couvert*)、《80年代开端的联合国教科文组织》(*UNESCO on the Threshold of the 80's*)、《国际教育与大学》(*International Education and the University*)等,还发布了一系列报告、宣言和文件。

(五)组织的下属机构

联合国教科文组织共有八大下属机构。按照时间排列,它们分别是:国际教育局、教育研究所、国际教育规划研究所、欧洲高等教育中心、拉美及加勒比地区高等教育中心、教育信息技术研究所、国际非洲能力建设研究所和国际职业技术教育培训中心。[1] 另外，教科文组织还另设以国际教育统计为主要职能的联合国教科文组织统计研究所。

1. 国际教育规划研究所

国际教育规划研究所（International Institute for Education Planning, IIEP）于1963年创建于法国巴黎，后于1992年在阿根廷布宜诺斯艾利斯创建分研究所。

该所的治理与监督机构是研究所理事会，由12名理事组成。其中5名由联合国、世界银行、世界粮农组织、世界卫生组织和国际劳工组织相关负责人提名指派，任期3年，可连任一次。另外7人中，有4人分别从亚洲、非洲、拉丁美洲和中东阿拉伯地区选出，任期4年，可连任，另有3人在全球范围内选举产生，任期4年，可以连任。理事长通常从理事会成员中产生，任期5年，可连任一次。该所所长由理事会提名，联合国教科文组织总干事任命。自1963年至今，该所已经历八任所长，按照时间次序为：Philip H. Coombs、Raymond Poignant、Hans N. Weiler、Michel Debeauvais、Sylvain Lourie、Jacques Hallak、Gudmund Herns、Mark Bray。研究所设所长办公室、教育培训部、现场研究活动部等11个部门，实施研究所与部两级的扁平化管理体制。[2] 该所虽然是联合文教科文组织的下属机构，但自创立之初，就拥有一定的自治权，以保证其学术权力免受行政权力的干预而损害学术自由的原则。

该所最初的资金来源于法国政府和世界银行。法国政府主要为该所提供永久性办公场所，世界银行则直接提供启动资金。现阶段，该所的资金来源主要有三种：一是国际组织的捐助资金，如联合国教科文组织、世界银行等；二是非政府组织的捐助资金，如洛克菲勒基金会等；三是项目收入，如某些组织委托的研究项目或培训项目。

该所的主要职能是为联合国教科文组织及其成员国提供教育规划咨询服务。此外，该研究所还培养了大批从事教育规划事业的教育工作人员，有力地促进了教育规划这一分支学科的形成。经过四十多年的发展，该所已经逐渐形成了教育培训、研究开发、技术协作、知识传播和网络协作等五大职能。[3] 教育培训主要是面向各国教育行政与教育规划的工作人员，形式有长期与短期、正式与非正式、面授与函授等多种形式，目的在于提高各国教育工作人员的素质。其中"高级培训课程"已达到硕士学位水平，参加培训的人员可以撰写相关的硕士学位论文，通过答辩后即可获得硕士学位。研究开发是该所的一项主要职能，研究的主题根据当前国际教育发展的情况而有所不同。技术协作是指该所给有需要的成员国提供教育规划所需的相关技术，如数据统计与分析、教育发展规划的制定等。知识传播主要体现在出版系列丛书方面，如出版"教育规划基础"、"教育论坛"等系列丛书。网络协作是指该所与其他国际组织、成员国进行广泛联系，建立紧密的协作关系。

2. 国际教育局

国际教育局（International Bureau of Education, IBE）于1925年建于瑞士日内瓦，其历史比联合国还要长。该局最初由瑞士日内瓦大学卢梭教育学院与欧洲各国部分教育学家和心理学家联合创办，属非政府教育研究机构。1929年瑞士教育部、日内瓦州政府、波兰政府教育部、厄瓜多尔政府与卢梭教育学院的代表共同签署了《国际教育局章程》，使国际教

---

① 张民选. 国际组织与教育发展[M]. 上海：上海教育出版社，2010：128.

② 张民选. 国际组织与教育发展[M]. 上海：上海教育出版社，2010：137.

③ 张民选. 国际组织与教育发展[M]. 上海：上海教育出版社，2010：140－148.

育局从一个非政府的教育研究机构正式转变成政府组织。1969 年 1 月 1 日,国际教育局正式并入联合国教科文组织,使国际教育局成为联合国教科文组织的一个组成部分。

国际教育局的最高决策机构是理事会,理事会由 28 位当然理事和 6 位常务理事组成,其中 28 位当然理事来自国际教育局的 28 个会员国,任期 4 年,可连任一次,常务理事从 28 位当然理事中选举产生,常务理事主要负责经常性的监督与指导。国际教育局的局长需经过专家推荐、国际竞选和理事会推荐等几个步骤,最终由联合国教科文组织总干事任命。国际教育局的首任局长是皮埃尔·博福特(Pierre Bovet)博士,第二任局长是瑞士著名心理学家皮亚杰。现任局长是委内瑞拉籍比较教育和教育社会学专家克雷蒙提娜·阿瑟多(Clementina Acedo)博士。

1925 年该局的启动资金为洛克菲勒基金会的 5000 美元捐款和卢梭学院的 12 万瑞士法郎捐款。而现阶段,该局资金来源主要为联合国教科文组织的拨款、各会员国政府的资金赞助和其他组织的资金赞助等。因国际教育局具有非政府组织性质的传统,其运行原则也具有相对独立的自治权。如该局的财政事务完全自理,拥有自己独立的董事会。

该局职能主要有以下几方面:组织国际教育大会、改革发展建议书、收集与统计资料、出版文献、开展课程研究等。国际教育大会旨在为各国的教育部长提供一个共同交流的平台,为各国解决本国面临的教育问题提供可借鉴的经验。第一届国际教育大会于 1934 年召开,1934 – 1969 年间除两次世界大战期间中断过之外,基本都坚持一年召开一次。1969 年并入联合国教科文组织后改为两年一次,后又于 1996 年改为四年一次。改革发展建议书是国际教育局通过国际教育大会发布给各国政府的参考文件,该建议书每次所侧重的主题会根据当前教育发展的热点进行调整。在出版的文献方面,有《国际教育年鉴》、《教育展望》(季刊)、《教育文献和信息》等,此外,国际教育局还设立专门的在线文献资料中心,可以通过该中心搜索相关的教育资料。

3. 统计研究所

1999 年 11 月,联合国教科文组织在加拿大的蒙特利尔正式组建统计研究所(UNESCO Institute for Statistics, UIS)。

统计研究所的最高决策机构是理事会,由 12 人组成,其中 6 人由联合国教科文组织总干事任命,6 人由联合国教科文组织大会竞选产生。理事会成员任期 4 年,主席任期 2 年。我国中央教育科学研究所的孟鸿伟博士曾为理事会成员,现任代表是上海市教育科学研究院的陈国良研究员。所长由理事会提名,联合国教科文组织总干事任命。① 统计所的资金来源主要有:教科文组织及其成员国政府的资金、其他组织的捐助、出版物收入等。

统计所的建所宗旨很明确,主要为满足联合国教科文组织各成员国对教育、科学等领域的发展情况提高统计数据及相关信息。因此,其职能主要是广泛收集和发布各国的教育数据、发布全球教育发展情况报告。

三、联合国儿童基金会

联合国儿童基金会自二战之后成立,随着基金会的发展,其职能由二战后的紧急救助

---

① 张民选. 国际组织与教育发展[M]. 上海:上海教育出版社,2010:157.

开始拓展到儿童健康、教育与发展方面的事务,该基金会对世界儿童健康、教育与发展做出了许多贡献。

(一)基金会的成立

联合国儿童基金会(United Nations International Children's Emergency Fund, UNICEF)又简称"儿童基金会"或"儿基会",1953 年成为联合国的正式组织,是联合国下属组织中专门致力于儿童健康、教育与发展的组织。该基金会活动范围广泛,全球共有八个地区办事处,意大利佛罗伦萨设有研究中心,丹麦哥本哈根有一个物资配运中心,总部位于美国纽约,东京和布鲁塞尔设有办公室。在创建之初并不是联合国的永久常设机构,而是从一个临时性的机构逐渐演变而来。

二战结束之后,波兰人卢德威克·拉齐曼(Ludwik Rajchman)在同盟国为救助战争难民而创建的"救济与重建管理局"的最后一次会议上提出,战争结束之后,救济的重点应该从战时的难民救助转向拯救儿童。他的建议获得了与会代表的支持,会议决定立即成立"国际儿童紧急救助基金会"。因此,卢德威克·拉齐曼成为联合国儿童基金会的倡导者。1946 年 12 月 11 日,"联合国国际儿童紧急救济基金会"在联合国大会上正式批准建立。但该基金会此时还是联合国的一个临时性机构。1953 年,联合国大会专题讨论了"联合国国际儿童紧急救济基金会"的未来发展问题,同年 10 月,该基金会被批准成为联合国的一个永久性常设机构,改名为"联合国儿童基金会",仍保留其英文简称"UNICEF"。这标志着联合国儿童基金会从一个临时性机构转变为联合国下属的永久性组织机构。

(二)基金会的架构与经费

联合国儿童基金会的最高决策机构是执行理事会,该理事会由来自五大地区、不同类型国家的 36 位代表组成。其中非洲 8 位代表、亚洲 7 位代表、拉丁美洲和加勒比地区 5 位代表、东欧 4 位代表、西欧及其他发达国家共 12 位代表。理事会成员每三年选举一次。执行理事会的成员在每年第一次会议上选出当年的执行局,执行局由主席 1 位和副主席 4 位组成,共 5 人,分别来自 5 大地区。此外,联合国儿童基金会还设执行主任,负责儿童基金会的日常行政事务和年度报告的撰写。

创立之初,该基金会的资金来源于"联合国善后救济总署"(United Nations Relief and Rehabilitation Administration, UNRRA)的战后剩余资金。经历了冷战时期和经济萧条时期的洗礼之后,儿基会的资金来源基本上稳定下来。据儿基会 2007 年年度报告,2006 年的收入为 27.81 亿美元,主要由以下四个部分组成:政府捐款、私人和非政府组织捐款、国际组织捐款及其他,各部分占总收入的比例分别为 58.1%、28.7%、6.4%、6.8%。[①] 在经费支出方面,儿基会的经费主要流向撒哈拉沙漠以南非洲地区,主要用于儿童成长与儿童教育事业。从经费支出的地区来看,2005 年,撒哈拉沙漠以南非洲的支出占 51.9%、中东欧洲占 3.8%、亚洲占 30.7%、拉美及加勒比地区占 4.8%、中东与北非占 7%、跨地区援助占 2.8%;从经费支出的类别来看,2005 ~ 2006 年,儿童生存与健康成长支出占 51%、基础教育与女童平等支出占 21.3%、艾滋病防治与儿童支出占 5.5%、儿童保护支出占 10.2%、政策

① UNICEF. Annual Report of the Executive Director[R]. 2007:39.

研究及伙伴合作支出占11.0%、其他占1.1%。①

(三)基金会的职能

儿基会的运行原则与职能呈现出不断完善的趋势,从仅限于欧洲地区的儿童完善扩大到全世界儿童,从仅限于保证儿童生存与健康完善扩大到包含儿童生存、健康、教育、免受侵害等几个方面。其法律效力也在不断提升,从临时性机构转型为联合国永久性机构,《儿童权利宣言》的发布和《儿童权利公约》的签署,使儿基会的工作开始具备一定的法律效力。

儿基会创建的初衷是为受第二次世界大战影响的欧洲儿童提供紧急援助。因此,此时期儿基会的主要职能在于为欧洲儿童提供食品、衣物、住所与药品。随后,儿基会的活动范围开始扩大到亚洲的部分国家和地区。1953 年儿基会成为联合国的永久性下属机构之后,其活动范围开始逐渐延伸到全世界。1954 年,儿基会第一任执行主席毛里斯·佩特开展了一个小型的、实验性的"学校健康服务项目",通过该项目,儿基会开始认识到,教育不仅能增进儿童健康,还能促进儿童的发展。基于该理念,联合国于 1959 年 11 月 20 日通过了联合国大会第 1386 号决议,即《儿童权利宣言》(*Declaration of the Rights of the Child*)。《儿童权利宣言》包含十大原则,其宗旨在于确保儿童不仅享有生存与发展的权利,还享有接受教育的权利。因此,儿基会与儿童教育事业正式联系起来,儿基会开始成为一个致力于儿童健康与儿童发展的国际组织。

1989 年 11 月 20 日,《儿童权利公约》(*Convention on the Rights of the Child*)在联合国大会上获得了一致通过。1990 年 1 月 26 日起,公约开始开放,各国可以进行签署,经过签署后的公约于当年 9 月 2 日开始生效。该公约的签署使其拥有国际法律约束力,把儿童权利保障提升到国际层面,使各国对儿童权利保障有更加深刻的认识。该公约把儿童权利分为四大类,分别为儿童的生存权、受保护权、发展权与参与权。各项权利所包含的内容如下:②生存权:包含儿童有生存的权利,有权接受可以达到的最高标准的医疗保健服务。受保护权:包括保护儿童免受歧视、剥削、酷刑、虐待或者忽视照料,失去家庭的儿童和难民儿童有权获得基本生活保障。发展权:包括儿童有权接受正规和非正规教育,有权享受促进其身体、心理、精神、道德和社会发展的生活条件。参与权:包括儿童有参与社会生活的权利,有权对影响他们的一切事项发表自己的意见。

在女童教育方面,儿基会于上个世纪 90 年代提出"改善女童教育,促进男女平等"的发展理念。本世纪初,儿基会于 2002 年发表了题为《女童教育发展战略》的发展报告,提出到 2015 年实现"男女平等,普及女童初等和中等教育"的目标以及 18 项发展女童教育、提高女童初等教育质量的具体建议。2003 年,儿基会又在《女童教育发展战略》报告的基础上,发表题为《加速女童教育发展》的报告,提出要首先重点援助部分国家和地区的女童教育,如阿富汗、孟加拉、贝宁等国家和地区。此外,儿基会还致力于优先保障女童教育的发展资金,其总支出中的 10% 主要用于女童教育事业。

---

① UNICEF. Annual Report of the Executive Director[R]. 2007:40.

② 张民选. 国际组织与教育发展[M]. 上海:上海教育出版社,2010:168.

四、世界银行

世界银行在世界教育发展中做出了巨大的贡献，主要表现在对世界教育事业发展的支援方面。

（一）世界银行的诞生

20 世纪 40 年代，为了稳定战后世界经济格局，44 个国家的 700 多名代表于 1944 年 7 月 1 日，在美国新罕布什尔州布雷顿森林召开国际货币金融会议，讨论建立国际货币基金组织（International Monetary Fund，IMF）和国际复兴开发银行（International Bank for Reconstruction and Development，即狭义的世界银行）的事宜，此次会议即为“布雷顿森林会议”。次年，即 1945 年，国际货币基金组织和国际复兴开发银行得以建立。随后，随着银行业务的拓展，国际货币基金组织和国际复兴开发银行已经无法满足业务需求，联合国在国际复兴开发银行的基础上于上世纪 50－80 年代期间先后成立一系列的金融机构，如国际开发协会（International Development Association，IDA，1960 年）、国际金融公司（International Finance Corporation，IFC，1956 年）、解决投资争端的国际中心（International Center for Settlement of Investment Disputes，ICSID，1965 年）和多边投资担保机构（Multinational Investment Guarantee Agency，MIGA，1988 年），最终组建成为世界银行集团。

因此，世界银行（World Bank）的含义有以下三种，一是单指国际复兴开发银行；二是指国际复兴开发银行和国际开发协会；三是指世界银行集团，包含国际复兴开发银行、国际开发协会、国际金融公司、解决投资争端的国际中心和多边投资担保机构。在教育领域，一般所指的世界银行的含义是第一种或第二种，因为这两个机构与教育事业的发展关系最为紧密。

（二）组织架构与经费

世界银行的最高权力机构是理事会，由会员国各选派一名理事和一名副理事共两名理事组成。世界银行的成员国数目大约为 185 个。因此，其理事会的成员有约 370 人。理事和副理事的任期为 5 年，可以连任。理事会一年举行一次会议。理事会主要负责处理世界银行重大项目和会员批准等事宜。

负责日常事务处理的机构是执行董事会。执行董事会由 24 名执行董事组成，其中 5 人来自美国、日本、英国、德国和法国，其余 19 人按地区进行选举。我国具有单独推选一名执行董事的权利。执行董事会主要负责世界银行新政策的审核、发展战略等事宜。

行政管理机构由行长、若干副行长、局长、处长和一定数量的工作人员组成。按照默认的规定，行长一般是美国人，由美国国会提名，经执行董事会选举产生。世界银行中负责教育投资事务的部门现为“教育局”（Education Sector），隶属于世界银行下属的“全球人力资源开发”网络。[①]

世界银行的资金来源主要由会员国股金、捐款形式的信托基金和业务收入三个部分组成。其支出主要是通过两种方式实现，一是普通商业贷款，又称硬贷款或世界银行贷款。

---

① 张民选．国际组织与教育发展［M］．上海：上海教育出版社，2010：196．

其贷款期限约为 20－30 年左右，贷款利率一般比市场利率低。二是长期无息贷款，又称软贷款或国际开发协会信贷。主要贷款给贫困国家，用于社会发展、消除贫困、灾后重建、医疗卫生、公共工程等领域。根据 2007 年世界银行的年度报告，该行 2007 年贷款中贷往非洲、南亚、拉美地区的贷款占总贷款额的比例分别为 24%、23% 和 18%。而教育领域所获的贷款占总贷款的 8.1%。[①]

（三）主要职能

世界银行从创建之初的致力于战后经济重建逐渐扩展到致力于全球范围内的减贫事业，继而又拓展到发展的各个领域，如卫生、通讯、供水，后于 20 世纪 60 年代又拓展到教育领域。这种变迁体现了世界银行职能的不断发展与不断完善。

世界银行在创建之初的宗旨是战后各国经济重建和稳定世界经济格局。随着各国经济的逐渐稳定，世界银行的宗旨在上个世纪 60 年代逐渐演变，开始致力于全球范围内的发展事业。如为不发达国家提供资金、技术等方面的支持等。

而国家的发展离不开教育事业的发展，因此，自上个世纪 60 年代开始，世界银行开始对教育事业进行支援。在 1963～1994 年的 30 年间，世界银行通过 500 多个教育项目，提供总额为 192 亿美元的教育发展资金，贷款国家遍及全球 100 多个国家，且这些教育项目多为基础教育项目。这使世界银行成为许多发展中国家发展教育最重要的国外资金来源，[②]也使世界银行成为国际上教育援助的重要国际组织。

五、经济合作与发展组织

经济合作与发展组织最近几年影响较大的项目是国际学生评估项目，该项目至今已进行了四次测验，芬兰在前三次测验中都名列前茅，而我国上海地区的 15 岁中学生在第四次测验中综合成绩名列前茅，这在世界范围内引起较大反响。

（一）组织的成立

经济合作与发展组织（Organization for Economic Cooperation and Development，简称 OECD）于 1961 年成立，总部位于法国巴黎。其前身是于 1947 年创立的“欧洲经济合作组织”（Organization for European Economic Cooperation）。申请加入该组织需三个条件分别：履行民主、实行市场经济和尊重人权，因此，该组织的意识形态较为强烈。该组织目前有 30 个成员国，涵盖欧洲部分国家、北美、澳洲的澳大利亚和新西兰以及南美的墨西哥、亚洲的日本等国。

与世界银行一样，经合组织也并不是专门致力于教育发展的国际组织。根据 1960 年 12 月 14 日签订的《经济合作与发展组织公约》，经合组织的宗旨有三条，一是使各成员国达到最高的经济持续增长，提供就业机会，提升生活水平，同时，保持金融稳定，促进世界经济发展；二是在经济发展过程中，促使各成员国和非成员国实现合理的经济扩张；三是遵守国际义务，在多边与平等的基础上，促进世界贸易的扩展。[③] 这一系列宗旨都表明经合组织

---

① 张民选. 国际组织与教育发展[M]. 上海：上海教育出版社，2010：199－200.

② World Bank[R]. 1995：145.

③ OECD[R]. 2006：1.

在成立之初并没有把教育事业的发展作为其工作重点，但是，经过几十年的发展，经合组织逐渐提高了对教育事业的重视力度，不仅关注成员国教育事业的发展，而且也关注世界教育的发展。

在苏联的冲击以及人力资本理论的影响下，经合组织于1968年建立第一个教育机构，当时为“教育研究与革新中心”。两年后，经合组织决定建立“经合组织教育委员会”，这表明经合组织开始认识到教育事业的发展对促进整个国家发展中的重要性。几经变迁，历经石油危机和教育过剩论影响，经合组织于2000年6月成立独立的教育司（Directorate of Education）。

（二）组织的架构与经费

经合组织的最高决策机构是理事会，理事会由成员国各派一名代表组成，其中欧盟各国为一体，故欧盟只派一名代表，该理事会的代表为永久任期。理事会设秘书处，由一名秘书长和四名副秘书长组成，秘书长兼任理事会主席。经合组织现有包含教育司在内的12个业务司局与中心。教育司主要负责经合组织的教育事务，有司长和副司长各一人。下设教育委员会办公室、教育统计处、教育研究与改革中心、教育管理及基建处、非成员国教育处、教育与训练政策处和后勤保障处等。教育司的现任司长为芭芭拉·伊斯琴格（Barbara Ischinger），副司长为伯纳德·胡贡尼尔（Bernard Hugonnier）。

经合组织的资金来源为成员国根据一定的经济计算公式，按比例捐助，各国的比例不一。如2006年度，日本捐助的预算占总预算的17.467%，美国占14.975%，德国为9.383%，英国为7.206%，法国为6.716%等。①

（三）主要职能

经合组织的教育职能主要包括教育统计、国际教育成就测评、高等教育发展研究和教师政策研究。在教育统计方面，自成立之日起，经合组织就重视教育数据的统计工作，其教育统计成就主要反映在《教育概览》和《教育政策分析》之中。国际教育成就测评方面，主要包含两个项目，一个是国际学生评估项目，另一个是国际成人素养调查。国际学生评估项目启动于1997年，以义务教育阶段15岁的学生为测评对象，旨在测评学生的阅读素养、科学素养和数学素养，但每次的测评所侧重的素养不同。评估每三年进行一次，迄今为止，已经进行了四次测评，时间分别为2000、2003、2006和2009年，其中前三次测验中芬兰的15岁中学生连续获得第一名的成绩，而我国上海地区的15岁中学生在第四次测验中取得综合第一的成绩。国际成人素养调查（International Adult Literacy Survey，IALS）的理念与测评方式与PISA相似。该调查主要在于测评16－65岁的成人怎样运用信息，怎样在社会和经济生活中发挥作用。该调查每两年进行一次，第一次于1994年进行。在高等教育发展研究方面，经合组织比较关注大众化背景下高等教育的管理与跨国高等教育的问题。在高等教育管理方面，经合组织组成项目组考察了八个国家的高等教育机构，并最终形成一份有关高等教育管理的报告，名为《濒于边缘：确保高等教育的可持续未来》（On the Edge：Securing a Sustainable Future for Higher Education）。在跨国高等教育方面，经合组织在2005

① OECD[R].2006:9.

年 12 月与联合国教科文组织一起制定了《跨境高等教育质量指导》(Guidelines on Quality Provision in Cross - border Higher Education)。在教师政策研究方面,经合组织非常重视教师的数量和质量。为了深入研究教师政策问题,经合组织于 2002 - 2004 年间对 25 个国家的教师政策进行研究,最终于 2005 年形成一份影响较大的报告,报告题为《教师事业:招聘、留住和发展有效教师》。

六、国际教育成就评价协会

国际教育成就协会近年影响较大的项目是公民教育研究项目,该项目规模大、涉及的国家多、时间长,在世界范围的公民教育研究领域产生了较大影响。

(一)协会的成立

国际教育成就评价协会(The International Association for the Evaluation of Educational A-chievement,简称 IEA)于 1959 年在荷兰首都阿姆斯特丹成立,在成立之初属民间组织。1961 年 4 月 17 日在联合国教科文组织设在汉堡的教育科学研究所作为国际教育成就评价项目(International Project on the Evaluation of Educational Attainment)启动。于 1967 年在比利时登记注册,从教育科学研究所中独立出来,成为合法实体,并保持其非官方、非营利性的机构性质,总部仍在阿姆斯特丹。该协会的目的是希望通过对不同国家的教育政策和教育实践进行比较研究,以对不同教育体制下的教育政策和教育实践有深入的理解。[①] 现阶段,该协会成员数目已突破 50 个,遍及全球各主要国家。我国自 1984 年加入该协会,中国香港地区早于 1979 年就已加入该组织,并建立了国际教育成就评价协会香港分会。

(二)协会的架构与经费

纽约州立大学奥尔巴尼分校的教授博维斯(Alan C. Purves)曾说,该组织的运行更像是一个学者的集体,而非一个简单的组织,而正因为它是学者的集体,所以它生存下来了而且享受成功。[②] 因此,国际教育成就评价协会在实质上是一个致力于教育事业发展的带有学术性质的机构。协会的最高决策机构是大会,由其成员机构的代表组成,主席和常务委员会任期 3 年,由大会选举产生,并作为协会的当然理事会。协会常设秘书处,负责协会的行政事务与日常运作事宜,所有的数据事务都由数据处理中心负责处理。此外,在成员规定方面,根据国际教育成就评价协会的章程,其成员主要由机构组成,且每个国家只有一个机构参加。但是,这一规定给协会的发展带来一些困难。因为有些国家有多种教育系统,如比利时有法语教育系统和佛兰芒语教育系统;英格兰和苏格兰的教育系统也富有各自的特色。所以,针对该问题,国际教育成就评价协会于 1967 年发布决议,规定每个国家可以有两个机构参加。

其经费主要来源于美国联邦教育局、福特基金会、斯宾塞基金会、瑞典银行等机构,斯宾塞基金会设置了一系列的研究员津贴,用于提升研究人员的待遇。此外,该组织的会员还需缴纳一定的项目参与费,以公民教育研究项目为例,国际参与费是四年中每年 3 万美

---

① 马文琴. IEA 跨国公民教育研究分析及启示[J]. 外国教育研究,2009(8):45.

② Alan C. Purves, The Evolution of the IEA: A memoir[J]. Comparative Education Review, Vol. 31, No.1 February, 1987:10.

元或总共 12 万美元。①

（三）主要研究项目

国际教育成就评价协会自成立以来开展了不少国际性跨国研究，项目总数已超过 20 个，涵盖数学、科学、阅读、语言、信息、公民教育等学科范畴。主要有 1964 年的首次数学成就研究；1967－1975 年间的自然科学、文学、阅读理解、作为外语的法语和英语、德育等六个科目的研究和 1968－1973 年第一次公民教育研究等；80 年代末的第二次国际数学成就研究和第二次国际自然科学成就研究等；90 年代实行的第三次国际数学成就研究以及第三次国际自然科学成就研究和第二次公民教育研究等；21 世纪头十年的第三次公民教育研究等。

公民教育研究项目是迄今为止国际上规模最大且最为科学的公民教育研究。国际教育成就评价协会共进行了三次公民教育研究。第一次为 1968－1973 年，德国、美国等 10 个国家参与此次研究，大约有 3 万名学生、5000 余名教师和 1300 余名校长及相关负责人参与了调查项目。第二次公民教育研究项目总的持续时间为 1994－2002 年，并由两个阶段的调查组成。第一阶段时间为 1996－1997 年，有 24 个国家参与了调查。第二阶段为 1999－2000 年，有来自 28 各国家和地区的 9 万名 14 岁学生与来自 16 个国家的 5 万余名 17－19 岁学生参与了调查，此次调查的内容涵盖学生的公民知识、公民态度与公民行为等方面。我国的香港特别行政区参与了此次调查。第三次公民教育研究项目时间为 2006－2009 年。此次研究以八年级的学生为主要对象。

综上所述，国际教育组织对战后国际教育思潮的发展，对各国教育事业的发展都起到了一定的推动作用，为各国的教育改革乃至世界范围内的教育改革事业都做出了一定的贡献。纵观各主要国际教育组织的发展历史、组织架构与经费来源、运行原则与职能，它们的发展都有其不同的特点，都因历史传统、运行理念、领导人物的决策等的不同而各有差异。

第三节　国际教育援助

国际教育援助是跨国教育的重要组成部分。尤其是在美苏争霸时期，带有强烈政治意识形态的跨国教育援助是当时跨国教育的主要特色。自上个世纪七八十年代以来，随着美苏争霸的逐渐终结，国际教育援助开始出现转向，由以往的政治利益导向逐渐走向多重利益导向，其中的政治意识形态色彩虽然仍存在，但已不占主导地位。具体来说，国际教育援助是国际间援助方对受援方在教育领域所提供的贷款、无偿赠款及专业技术资源的一种援助形式，以帮助这些国家和地区改善教育，并最终促进生产、经济、卫生和公共福利的改善。②

① 韩芳，李维喆. 国际教育成就评价协会与公民教育研究[J]. 西安电子科技大学学报（社会科学版），2007(4)：151.

② 赵玉池，陈时见. 国际教育援助及其对世界教育发展的影响[J]. 比较教育研究，2010(10)：49.

一、国际教育援助的发展历程

有关国际教育援助的发展阶段，大致可以划分为以下五个阶段。一般而言，二战之前的教育援助还不算现代意义上的教育援助，但这里把二战以前的教育援助独立出来，作为国际教育援助的萌芽阶段。

（一）萌芽阶段——二战以前

现代意义上的国际教育援助产生于二战之后，但是有部分学者认为二战之前的教育援助可以算作是现代意义上国际教育援助的早期形式。如有学者指出，"早在1929年，英国为了对所属殖民地进行援助，就制定了《殖民地开发方案》（Colonial Development Act），开始了对殖民地经济开发和社会福祉提升的对外援助。当然以殖民地为对象的对外援助，严格地说并非双边援助的原型，但从援助制度的发端来说，应该是从20年代的英国开始的。"① 此外，"教会组织、基金会等非政府机构已经在开展一些援助活动，主要的形式包括：无偿资金的赠予、直接建立各级学校、传教士以及教育专家的派遣，相对而言，政府的援助就要小得多，主要是接收发展中国家的官派留学生和自费留学生。"②

因此，二战之前是国际教育援助的萌芽阶段，该阶段的教育援助主体是各殖民国家，且援助的方式并不是国与国之间的双边教育援助，而是带有浓厚宗主国殖民色彩与宗教团体意识形态色彩的教育援助，援助的目的带有本国政治、经济与宗教利益色彩。

（二）兴起阶段——二战结束至20世纪60年代

二战结束之后，国际教育援助开始正式兴起。这一时期的教育援助主体已经呈现出多样化的态势，如民族主权国家，国际组织和非政府组织等。美国政府旨在帮助欧洲国家经济复兴的1947年"马歇尔计划"拉开了国际援助的序幕，而1949年制定的"第四点计划"作为"马歇尔计划"的补充，把亚非拉地区的不发达落后国家也纳入到援助的范围中。正如M·S·艾迪塞肖（M·S·Adiseshiah）所指出的一样，"现在该是把工业化国家的国际教育重建转向那些很少或几乎没有教育基础设施的发展中国家的时候了，把人人享受的教育权利转变为具体的行动计划。"③ 国际组织如联合国教科文组织、世界银行等也在积极投身于国际教育援助事业。世界银行于1960年组建国际开发协会（International Development Association），1962年正式开始教育援助事业。其标志性事件是1962年世界银行批准国际开发协会给突尼西亚共和国500万美元，帮助六所中等学校的建设和设备供给，设计容量为4000名学生，其中半数学生住读，还包括一所培训职业技术教育教师的师范学院。④

随着民族国家的大量涌现，现代意义上的国际教育援助开始兴起。国际教育援助主体开始多样化，除欧美等老牌发达资本主义国家外，还有各种国际组织、非政府组织。援助的

---

① 袁本涛. 发展教育论[M]. 南京：江苏教育出版社，2005：454.

② 袁本涛. 发展教育论[M]. 南京：江苏教育出版社，2005：468.

③ M. S. Adiseshiah, From International Aid to International Cooperation: some Thoughts in Retrospect . in Leo Ferning and James Dowen, eds. Twenty – Five Years of Educational Practice and Theory: 1955 – 1979[C]. Boston: Martinus Nijhoff Publishers, 1980:93.

④ Phillip W. Jones, World Bank financing of Education :Lending, Learning and Development[M]. London: Routledge, 1992:51.

方式主要是直接的资金援助。援助的阶段主要集中在较高阶段的教育，如高等教育、职业技术教育等。援助的目的由以往赤裸裸的殖民意识形态开始蜕变为隐含的政治、经济等目的。

（三）调整阶段——20 世纪 70 ~ 80 年代

20 世纪 70 ~ 80 年代是国际教育援助的调整时期。该时期的社会背景主要有政治上的美苏冷战、经济上的石油危机与经济危机。此外，随着援助方与受援方对国际教育援助认识的不断加深，人们对国际教育援助的认识逐渐走向理性援助。世界银行于 1969 年发布"皮尔森报告"，对自二战以来的国际援助进行反思。其他国际组织也纷纷反思以往的国际援助。由此，在 70 年代，国际援助界提出了"人类基本需求"的发展战略，提出将援助的重点转移到跟人类生活切实相关的基础教育、卫生、饮水等领域，加强对弱势群体的扶贫工作。[①] 政治上美苏两大阵营的冷战，在一定程度上提升了国际教育援助的力度，但这种援助主要是美苏争霸的产物，带有明显的政治色彩。80 年代的重大事件是"华盛顿共识"成为国际援助的主要指导思想。所谓"华盛顿共识"在实质上是新自由主义的思想，其目的在于加强市场的作用，减少政府对经济发展的干预，实现"大市场小政府"的经济发展管理模式。在该共识的影响下，各主要发达欧美国家、国际组织纷纷缩小国际教育援助的力度。世界银行此时提出"结构调整计划"，其他组织机构纷纷响应，这在一定程度上影响了受援国的教育发展计划。在这种背景下，亚非拉等受援国开始调整本国的教育发展战略，缩减教育开支，控制教育发展的规模。

该阶段国际教育援助的发展经历了一个比较动荡的时期。从援助的力度来说，受政治、经济等各方面的影响，国际教育援助的力度从 70 年代大力援助走向 80 年代的援助缩减。从援助的教育阶段来说，开始从以往注重较高阶段的教育援助走向重视较低阶段的教育援助。从援助的理念上来说，开始从以往只重视经济增长的理念转向注重社会整体协调发展，注重教育的公平性，如女童教育、处境不利儿童的教育等。

（四）全面发展阶段——20 世纪 90 年代至今

1990 年联合国儿童基金会、世界银行等国际组织在泰国宗迪恩召开"世界全民教育大会"，会议发布了《世界全民教育宣言》和《满足基本学习需求的行动纲领》。这两份文件提出"积极消除性别、民族和地区差异，普及儿童基础教育、成人扫盲教育的目标、措施及具体计划，指出国际社会有义务消除妨碍一些国家实现全民教育目标的障碍，并采取措施来解除最贫困国家的债务负担。"[②]次年，世界银行发布政策报告，指出初等教育的回报率要高于初等后教育的回报率。这使 90 年代初期的国际教育援助侧重于基础教育的发展。1992 年，联合国开发计划署发布了《人类发展报告》，从人类发展的角度对国际教育援助产生了重大影响，标志着国际教育援助理念开始从注重社会发展转向注重人的全面发展。21 世纪的到来，随着全球化进程的加快，知识型经济的兴起使各国增加了对受过高等教育人才的需求。面对这种形势，世界银行和联合国教科文组织的特别工作小组于 2000 年发表报告，指出高等教育对经济社会发展具有重要的作用。因此，这又使国际教育援助开始注重

---

① 赵玉池. 国际教育援助研究[D]. 重庆：西南大学教育学院，2010：52.

② 赵中建. 教育的使命—面向二十一世纪的教育宣言和行动纲领[M]. 北京：教育科学出版社，1996：10－11.

高等教育。此外,非政府组织在20世纪90年代以来为国际教育援助的发展也做出了巨大的贡献。如2006年,休利特和盖茨基金会为提高发展中国家中小学教育质量,共提供了6000万美元的系列补助金。2007年迪拜地区的个人和企业与联合国儿童基金会建立了合作伙伴关系,为促进发展中国家中小学教育的发展筹集了将近10亿美元。

该阶段的国际教育援助体现以下几个特点:在援助的教育阶段方面,从注重较低阶段的教育走向基础教育与高等教育并重;援助的主体更加多元,除欧美等传统发达国家的组织外,亚洲国家的组织也逐渐走上了国际教育援助的舞台,呈现出多边组织、双边组织以及非政府组织教育援助并存的局面;援助理念从注重社会的综合发展,转向注重人的发展。

二、国际教育援助的主要类型

有关援助的类型,我国学者从不同的维度对援助进行了不同的分类。有学者把援助分为官方发展援助、其他政府间援助和非政府援助三种形式。也有学者按照资金来源分类,分为双边援助和多边援助;按照援助的内容和形式分类,分为财政援助和技术援助。还有学者从援助资金投入的种类,将国际教育援助分为金融贷款型、无偿援助型、技术援助型和政策合作型等类别。① 这里根据资金的来源情况,把国际教育援助划分为多边教育援助、双边教育援助和非政府组织教育援助这三大教育援助类型。

(一)多边教育援助

多边援助(multilateral aid)是指多边国际机构,如世界银行、联合国机构、区域性开发银行和石油输出国组织等多边机构,利用多边国际成员国捐款、认缴股本、优惠贷款及在国际资本市场借款或业务受益等,按照他们制定的援助计划向发展中国家或地区提供的援助。② 多边教育援助机构产生于二战结束不久,20世纪60年代在人力资本理论的影响下,为教育的发展发挥了重要的作用,实现了教育援助的规范化运行。虽然其发展在70年代受经济危机、政治危机的影响而受到的一定的影响,但是,90年代几场重大国际教育会议的召开使多边教育援助机构又恢复了以往的繁荣局面。多边教育援助机构因其组成成分的多样化和各成员国之间的相互制约能够在一定程度上保证教育援助决策的科学性与相对独立性。

(二)双边教育援助

双边援助(bilateral aid)是指两个国家或地区之间通过签订发展援助协议或经济技术合作协议,由援助国以直接提供无偿或有偿款项、技术、设备、物资等方式,帮助受援国发展经济或渡过暂时困难而进行的援助活动。③ 援助国通常是老牌发达资本主义国家,现阶段也有部分亚洲国家也加入援助国的行列,如中国、中东地区的国家等。双边教育援助的主体为两个,即援助国与受援国。这种教育援助是以主权国家或地区为单位的,不同于多边教育援助的主体构成数量。因此,双边教育援助需要协调的主要是援助国与受援国之间的

---

① 赵玉池.国际教育援助研究[D].重庆:西南大学教育学院,2010:8-9.

② 潘忠.联合国开发计划署援助与中国的发展——一个国际多边发展援助案例的研究[D].北京:中国人民大学,2006:15.

③ 同上.

利益关系问题。一方面援助国在援助时要符合本国的援助政策;另一方面,受援国在接受援助时要能满足本国的教育需求。此外,双边教育援助来源的资金是国际教育援助资金的最大组成部分。

(三)非政府组织教育援助

非政府组织主要指各种慈善基金会、志愿者组织、商业机构、大学及其他一些私人机构等。①因此,非政府组织主要包含二战前的教会组织、二战后的各种私人基金会,如美国的洛克菲勒基金、卡耐基基金、福特基金等,以及各类大学。二战前的教会组织对萌芽阶段的国际教育援助做出了较大的贡献,随着二战之后双边教育援助及多边教育援助的兴起,教会组织的影响力逐渐降低。非政府组织对国际教育援助的发展做出了巨大的贡献,如1950~1972年间,福特基金会共提供42亿美元的援助,1973年流向发展中国家的教育援助金额为1,480万美元。1973年洛克菲勒基金会的教育援助金额为1,330万美元。② 非政府组织的国际教育援助因其第三方独立组织的性质,容易获得受援国政府的信赖。可在一定程度上避免多边教育援助组织的多边利益纷争与双边教育援助过程中可能会产生的政治侵略等问题。因此,作为独立第三方的非政府组织在国际教育援助中发挥着无可替代的作用。

三、国际教育援助的基本走向

现代意义上的国际教育援助自二战以来已发展了半个多世纪,在这期间,国际教育援助也出现了许多问题,如援助潜在的政治倾向、隐含的经济利益、援助规划的系统性、援助资金运用的有效性以及援助项目的后续性效果等。针对这些问题,国际教育援助也不断进行调整,并呈现出新的发展趋势。

(一)注重提升援助规划的科学性与系统性

从援助的资金来源来看,国际教育援助可分为多边教育援助、双边教育援助与非政府组织教育援助。这些援助主体之间若缺乏必要的沟通,就容易导致援助力量的分散,难以整合各方力量集中于某一领域的教育建设,因此也难以提升教育资源的有效性,影响援助规划的科学性与系统性。如许多援助主体在制定援助规划时没有深入受援国进行考察,导致援助带有一定的主观臆断性,不仅浪费了援助资源,也没有达到援助的既定目标。因此,在援助规划开始之时,各方团体(如援助国团体之间、援助国与受援国等)之间应加强沟通,这有这利于提升援助规划的科学性与系统性。此外,在援助结束时,各方主体需要对援助进行必要的反思,总结援助的优点以及存在问题,针对援助所存在的问题进行深入研究,从而为提升未来教育援助规划的科学性与系统性积累宝贵的经验。

(二)重视援助过程中第三方机构的参与

教育援助项目所潜在的政治倾向与经济利益等问题一直困扰着国际教育援助的有效

---

① Nancy Parkinson. Educational Aid and National Development: An International Comparison of the Past and Recommendations for the Future[M]. London: Macmillan, 1976:11.

② H. M, Phillips. Educational Cooperation Between Development and Developing Countries[M]. New York: Praeger Publishers, 1976:96,99.

进行。问题的根源产生于援助国与受援国两方在国际教育援助中的利益张力。第三方机构主要由大学、私人基金以及私人公司等机构组成,这些机构具有第三方机构的独立性质,并具有丰富的教育援助经验,所以在教育援助方面的建议具有一定的专业性与权威性。随着国际教育援助的广泛开展以及受援国自身利益的觉醒,第三方机构在协调援助国与受援国之间的关系中起着越来越重要的作用。因此,引入第三方机构全程参与援助过程能够在一定程度上减少援助国与受援国双方之间的直接利益冲突与摩擦,也能起到协调二者之间关系的目的。

(三)注重援助效果的可持续性

现阶段国际教育援助主要通过转换援助方式来实现援助效果的可持续性。主要表现为从注重项目援助走向注重部门援助与计划援助。项目援助是最为传统与常见的国际教育援助方式。这种援助以单一教育项目为援助的主要方式。其优点在于项目实施简单,项目持续的时间较短,项目见效快。但缺点也很明显,即随着项目的结束,该项目的后续影响也就随之消失,很难实现项目效果的可持续发展。因此,针对此问题,国际教育援助界提出部门援助与计划援助的方式来克服传统项目援助所带来的问题。

部门援助与计划援助大致于 20 世纪 80 年兴起,部门援助指从部门这个整体出发实行教育援助,以克服以往单一项目的不连贯性与不可持续性。如以往在援助时,若建设一所小学,则援助方可能不会考虑小学建设的最佳地点与周围的配套教育与社会设施问题。部门援助则能在一定程度上克服这种单一、零碎式思维方式,从部门整体的角度来考虑教育援助的实施。计划援助则强调从受援国政策变革、制度建设以及教育规划能力提升的角度来进行援助。这种援助方式强调援助的计划性与受援国自身能力的提升。相比而言,这两种援助项目的目的“不是进行局部的修修补补,而是推动全面的改革。”①重点在于从全面、系统且可持续的角度实施国际教育援助。因此,其影响范围与援助的规模也更大,范围也更加广泛,援助的效果更加具有可持续性,也更加注重受援方自身能力的提升。

第四节 国际教育的发展趋势

纵观国际教育发展的历程,无论其教育实体表现形式如何,其实质上所反映的是人们对教育民主化与教育普及化的国际性追求,反映了各国人民希望通过教育领域的民主化与普及化的实施以达到促进世界和平共处、繁荣发展的共同愿望。这种愿望是美好的。但是,正如人们对美好生活的追求永远都没有止境一样,人们对美好教育的追求也从未停止。

一、国际教育面临的挑战

虽然国际教育在 20 世纪以来,尤其二战结束之后,取得了重大的成果,特别是在 20 世纪七八十年代以来,随着国际国内政治、经济局势的迅速变化以及社会发展进程的不断加

① 周弘,张浚,张敏.外援在中国[M].北京:社会科学文献出版社,2007:50.

速，世界各国都相应地进行了不同程度的教育改革。就区域范围而言，各国的教育改革取得了很大进展，但就全球范围而言仍然存在不少问题。

（一）人本主义视野下的教育公平问题

20 世纪 60 年代以来的世界性教育改革浪潮开始后，教育公平就成为“全世界所有国家和所有与教育问题有关的人最关心的问题”①，也是当前国际教育发展与改革中所面临的最突出的问题。教育公平是社会公平价值在教育领域内的延伸和体现，没有教育公平就实现不了社会公平。教育公平主要指每个人出生以后在教育权利和机会上的平等，是用正义原则对教育资源分配过程和分配结果的价值判断，主要包括教育民主化和教育全民化两个方面的内容。对教育公平的理解不能简单化，不能把教育公平与教育平等等同起来。教育公平是一种质的特性，是一种对资源分配过程和结果的价值判断；教育平等是一种量的特性，是一种对资源分配结果和状态的客观描述，只回答资源分配的结果是否有差别，并不能判断这种分配结果是否合理；平等并不意味着公平，公平也不完全等同于平等，教育公平涵盖教育平等，但比后者有更宽泛、更丰富的内涵和外延。② 教育不公平现象从学校产生之日起就已经存在，第二次世界大战之后，各国的政治民主化在一定程度上推动了教育民主化的发展，很多国家采取多项措施积极推进教育全民化，试图消除教育中的不公平现象，但从实际效果来看，收效不大。进入新世纪以来，人本主义运动再掀新潮，从世界范围以人本主义的观点分析，宏观层次的教育不公平问题主要包括南北之间的教育不公平、城乡之间的教育不公平和性别之间的教育不公平等几个方面，这些教育公平问题与新世纪人本主义的精神是相违背的。

南北之间的教育不公平问题主要是指发达国家和发展中国家在教育发展上的不公平现象。世界人口的 75% 生活在发展中国家，但是他们却只享有 16% 的世界财富，其中 10 亿人生活在赤贫之中。③发达国家民众的受教育程度相对较高，然而在发展中国家普及义务教育都很成问题。而且从各国受教育的梯形结构来看，随着教育层次的上升，二者之间的差距愈加明显，越到高层次教育，不公平现象就越严重。从就学率指标来看，在初等教育阶段，二者之间的差距只有 10% 左右，在中等教育阶段，发达国家比发展中国家高出一倍多；在高等教育阶段，发达国家要比发展中国家高出近五倍的差距。④ 从学习需求是否能够得以满足这一角度分析，南北差距将更加明显。据 1990 年的数据统计显示，发达国家文盲人口数为 0.32 亿，而发展中国家的文盲人口总数却达到了 9.17 亿，其中文盲率最高的地区是非洲（62%），其次是亚洲（44%）和拉丁美洲（17%），而且相对集中于印度、中国、巴西、埃及、伊朗、苏丹等文盲总数在一千万以上的 10 个发展中国家。从教育经费投入一项看，世界教育经费的分配在发达国家和发展中国家存在着严重的不平衡现象。1986 年世界教育经费为 7930.6 亿美元，其中发达国家占 87%，发展中国家占 13%；同年世界学生总数为 9.219 亿人，其中发达国家占 24.3%，发展中国家占 75.8%。⑤ 也就是说发展中国家

① 查尔斯·赫梅尔. 今日的教育为了明日的世界[M]. 北京：中国对外翻译出版公司，1983：68.
② 褚宏启. 教育公平的原则及其政策含义[J]. 教育研究，2008(1)：10.
③ 国际 21 世纪教育委员会. 教育——财富蕴藏其中[M]. 北京：教育科学出版社，1996：56.
④ 吴文侃，杨汉清. 比较教育学[M]. 北京：人民教育出版社，1999：654.
⑤ 眭依凡. 全民教育：2000 年的挑战和对策[J]. 比较教育研究，1996(1)：8－9.

用13%的教育经费培养了75.8%的学生,而发达国家却用83%的经费培养着24.3%的学生;发达国家生均教育经费每年近2000美元,而发展中国家最低的东亚地区每年仅为50美元。就初等教育阶段的南北发展来看,差距更加明显。2000年世界教育论坛发布的《达喀尔行动纲领》,提出了到2015年要实现针对所有儿童普及免费的初等教育的目标。但是时隔六年之后反观这项计划的实施效果却不容乐观,据2006年世界全民教育检测报告显示,192个成员国中,实现目标的只有47个,125个成员国未达到目标,另外还有20个成员国完全不能达到。

城乡之间的教育不公平问题主要是指城市化和经济化水平较高的地区民众受教育的程度明显高于欠发达的农村和边远地区。这种不公平既包括宏观上的不同区域之间的不公平,即经济发达地区和经济欠发达地区之间的不公平,也包括微观上同一地区之内的不公平,即城市和农村之间、不同社会阶层之间的不公平。造成这种不公平的根本原因是国家用于教育的公共投资不足,捉襟见肘的教育经费远远无法满足社会的需要,而在有限的教育经费投入中,还存在着城乡和区域之间配置上的不合理。以中国为例,2002年全年全社会各项教育投资是5800多亿元,仅占当年GDP总值的3.41%,其中用在城市的占77%,而城市人口占总人口的比例还不到40%;相反,占总人口60%以上的农村人口只获得了23%的教育投资,即便在农村城镇中小学和边远贫困地区中小学以及重点与非重点学校之间的差距也很明显。[①] 始于20世纪90年代的瑞典教育自由化改革,极大地改变了该国的教育行政管理体制,贫富不均的财政资助和问题丛生的均衡发展,使得在教育公平程度发展比较高的瑞典也陷入了教育公平问题的困境。[②] 在印度和巴基斯坦,农村文盲占了全国文盲总数的80%以上。教育资源分配的这种不公平取向,对于经济相对欠发达地区和农村边远贫困地区的学生产生了很不利的影响,人为地加大了城乡之间的教育发展差距。

性别之间的教育不公平问题主要是指女童及妇女的入学率和受教育程度与男性相比存在严重的不公平现象。受文化和传统的影响,女童和妇女的教育问题一直没有得到有效解决,特别是在广大的发展中国家表现的尤为突出,女性的受教育程度和入学率远远低于男性,在高等教育领域性别不公平的现象更为严重。1990年的数据显示,全球9.48亿文盲中,男性文盲为3.46亿占文盲总数的36.5%,而女性文盲为6.02亿占文盲总数的63.5%;1亿没有机会入学的儿童中女童就有6000万。[③]1995年的《世界教育报告》显示,全球成人文盲总数的三分之二是妇女,全球1.45亿失学儿童中女童占58.6%;在高等教育阶段(18－23岁),发达国家男女生入学率分别为40.8%和42.7%,而在南亚这一数据则为12.4%和6.6%,撒哈拉以南的非洲地区更是9.7%和4.9%。[④]《2010年全民教育全球监测报告》显示,虽然西亚和南亚等地区实施了许多有助于女童入学的政策,入学的性别差距得以缩小,女童占失学儿童的比例已经从1999年的58%下降到54%,女性成人脱盲人数的增长也快于男性,但是教育中的性别不公平现象依然非常严重。在撒哈拉以南的非洲地区,约

---

① 徐金兰.是谁让我们丧失了“教育公平”[J].文教资料,2005(16):120.

② 杨春燚,薛二勇.福利国家教育改革中的教育公平发展困境——基于瑞典的政策实践[J].外国中小学教育,2008(12):1.

③ 眭依凡.全民教育:2000年的挑战和对策[J].比较教育研究,1996(1):7.

④ 国际21世纪教育委员会.教育——财富蕴藏其中[M].北京:教育科学出版社,1996:62－63.

有1200万女童从未进过校门；在也门，将近80%的女童无法入学，而男童的这一比率则为36%；全球约7.59亿目不识丁的成人文盲中，其中妇女占三分之二。①所以，教育中的性别不公平问题仍是当代世界教育改革面临的一大问题。

目前，各国的国情和教育发展情况千差万别，所以解决教育公平问题的方法策略和制定教育公平的目标也各不相同。具体而言，发达国家应该将教育过程和结果的公平作为自己的目标，努力实现弱势群体的公平、加快普及高等教育、满足不同教育需求和提高教育质量，在此基础上援助发展中国家的教育事业，促进全球教育公平发展；发展中国家则应把入学机会的公平作为其教育公平的目标，教育改革的重点应落实到普及初等教育、减少辍学率、扫除文盲、缩小教育（区域、贫富、男女）差别。在新世纪人本主义运动浪潮的推动下，教育公平问题日益成为摆在世界各国教育改革面前的难题，只有在以人为本理念的指导下，才能真正地促进全球教育的公平发展，进而促进社会的公平发展。

（二）国际竞争环境下的教育质量问题

教育质量是教育满足个体和社会显现的和潜在的教育需要能力的特性，其衡量标准应包括：学生的素质是否得以全面而和谐地发展，教育培养的各级各类人才在数量、质量和结构等方面是否符合当前社会物质文明和精神文明建设的要求。②当今世界国际竞争日趋激烈，突出表现为人才的竞争，归根结底就是各国教育质量的竞争。例如，美国曾于1983年发表了一份针对国际竞争日益激烈背景下提高教育质量的著名报告——《国家在危机中：教育改革势在必行》。该报告开篇就指出："我们的国家处于险境，我国一度在商业、工业、科学和技术上的创造发明方面毫无异议地处于领先地位，现在正在被各国的竞争者赶上。……我们社会的教育基础目前正被一股日益增长的平庸潮流所侵蚀，这股潮流威胁着我们人民和国家的未来。……其他一些国家正在赶上和超过我们的教育成就。"③该报告最后指出："若想维持和改进我们在世界市场上尚有的一点竞争力，我们必须致力于我们的教育制度改革，当我们正在进入信息时代时，学习是取得成功的必不可少的投资。"④因此，如何提高教育质量，激发民族创新精神，培养创新人才，就成为当代教育改革所面临的巨大挑战。

为了克服教育质量的危机，充分发挥教育的作用，世界各国纷纷针对自身存在的教育问题推行教育改革，将教育质量的提高作为其教育改革的中心目标，以提高教育质量为中心，高度重视教育质量的提高是贯穿20世纪教育改革与发展的重要特征。纵观二战以后世界教育变革与发展的历程，可以发现，70年代以前各国为了提高国民素质，积极致力于普及义务教育，注重数量上的发展；七八十年代随着义务教育的普及和高等教育大众化的实现，教育的质量问题日益凸显，世界教育发展转向数量与质量并重；90年代以后，优质教

① 董建红.2010年全民教育全球监测报告[EB/OL]. http://world.jyb.cn/gjgc/201002/t20100209_340178.html, 2010-02-9/2011-11-3.

② 王敏.教育质量的内涵及衡量标准新探[J].东北师大学报（哲学社会科学版），2000(2):20.

③ 瞿葆奎主编.马骥雄选编.教育学文集·美国教育改革[M].北京：人民教育出版社，1990:588.

④ 教育发展与政策研究中心.发达国家教育改革的动向和趋势（第1集）[M].北京：北京人民教育出版社，1986:1-3.

育、卓越教育成为各国教育共同追求的目标，教育质量就成为各国教育改革面临的共同问题。①

能否促进学生个性全面发展是衡量教育质量的一个重要维度。培养学生个性全面发展是大工业社会生产对教育提出的必然要求，在知识经济占主导地位的今天，这种要求更是与日俱增，同时也是教育对人的发展需要的满足。教育活动自身的性质决定了学生的素质能否得到全面和谐的发展。只有不断美化教育活动，人的发展才能日趋完善，形成完美的个性。但是，僵化的教育体制、陈旧的教育思想以及传统的社会偏见，严重制约了学生素质的全面发展和个性充分发展，进而阻碍了教育自身质量的提高。这种负面影响主要体现在片面追求智育的倾向，社会舆论、学校和家庭教育在教育评价观上过分强调教育的终结性评价，忽视对学生的过程性评价。例如，东亚国家在教育评价体系方面，普遍采用单一的终结性评价，用标准化的测试考查学生掌握的内容，这种测试侧重于记忆，局限于书本，根本无法全面考察学生的全面素质，不利于学生创造性的发挥，严重阻碍学生的个性发展；在教育质量观方面，偏重于知识和技能方面的准则，相对忽视过程、方法以及情感、态度、价值观方面的获得，严重背离了教育的宗旨，不利于培养适应竞争日益激烈的现代社会的高素质人才。我们不能仅仅以学生认知发展的结果来衡量教育质量的高低。因为人的个性全面发展包括认知、情感、价值观等多方面的内容，单一的考虑认知发展的评价是毫无意义的。因此，应当把学生全面而富有个性的发展，作为衡量教育质量的维度标准，这才能实现教育育人的根本宗旨，也只有这样才能真正提高教育质量，培养出能够增强国家竞争力的个体。

教育所培养的各级各类人才在数量、质量、结构等方面是否符合当前社会发展的需要是衡量教育质量的另一个重要维度。这也是教育对社会发展需要的满足。国家的发展、社会的进步需要通过人来完成，而能够胜任建设国家、服务社会职责的人的培养，又主要依靠一定的教育予以完成。因此，教育培养的人才是否符合社会的需要将直接影响到社会的进步和国家的竞争力。人才的培养不仅要在数量上达到一定的规模，在质量和规模上也应当符合社会发展的需要。英国学者克莱尔·伯斯塔尔曾说过："要成为有文化的人绝不仅仅意味着能够阅读和书写，掌握文化知识是有效地参与国家生活的条件和关键所在。身为文盲，或者只能掌握基本的读写能力，那就要被社会拒之门外，成为受排斥和被剥夺了权利的人……"。② 全民教育的推进，在一定程度上解决了教育在数量上的社会满足，但是是否真正地满足了教育在质量上的社会满足，仍是值得商榷的。很多数据表明，我们为贫困阶层的儿童提供了教育，但是这些教育远远未达到它们应有的效果，大量的功能性文盲和贫困儿童学业失败就是有力的证明。教育在结构上的社会满足也不容乐观。"高教育，低就业"现象一直是困扰各国政府的一个普遍问题，"毕业即失业"的现象相当严重。究其原因，就在于教育培养的人才与劳动力市场所需求的人才之间存在很大程度上的不协调，即结构性的失业，社会需要的某方面人才教育没有培养，教育培养的某方面人才远远超过社会的需求等。

---

① 朱国仁. 新世纪国际教育改革发展动向及启示[J]. 清华大学教育研究，2010(3)：37.

② 克莱尔·伯斯塔尔. 不断变化的欧洲环境中的文化知识水平问题[J]. 教育展望(中文版)，1992(2)：9.

在国际竞争日趋激烈的今天，要使国家在国际竞争中立于不败之地，就要在提升教育质量、孕育民族创新精神方面做足功夫。具体而言，就是要采取措施积极促进教育转型，通过扩大教育规模、改变过于注重教育分流选拔功能的传统做法，特别是改变注重分数的倾向，突出培养学生的自立性和创新精神，从而达到缓解激烈的入学竞争和提高办学质量的目的。① 提高教育质量的关键以来，一方面要以促进学生个性全面发展为本，一方面要满足社会发展的需要，这是新世纪国际教育改革面临的严峻挑战。

（三）全球一体语境下的教育共生问题

全球一体化已经成为当今世界发展最显著的特征之一，是一种不可抗拒和不可逆转的客观趋势，也是任何国家都无法回避的客观事实。随着全球一体化的持续推进，世界各国的教育事业也不可避免地被卷入到这一进程中，随之而来的必然是一个不以人的意志为转移的教育国际化的大发展。半个多世纪以来，教育国际化对世界各国教育发展起到了很大的推动作用，有利于教育资源在全球范围内的优化配置，有利于全面的国际交流与合作，也有利于促进世界教育的共同繁荣。但是，教育国际化也是一把“双刃剑”，在促进国际交流与合作，加快经济增长，提高全民综合素质的同时，也给世界教育的发展带来了很多挑战，单一与多样、国际化与本土化、特殊和普遍等矛盾和悖论都并存于教育国际化进程当中。“人类活动的国际化、全球化和一体化的发展趋势和当今世界的各种现实状态之间本身就存在着极大的矛盾，正是这些矛盾，影响和制约了国际教育矛盾的演变和发展。”②

在教育不断走向国际化的进程当中，由于各种历史和现实的多方面原因，发达国家往往处于主导地位，而发展中国家则处于不利地位，极易造成国际教育与合作中的对抗与冲突。对于发达国家而言，教育国际化是他们通过影响发展中国家教育现代化进程，使现存不平等的世界秩序固定化的过程；对发展中国家而言，教育国际化更多是引进西方发达国家教育经验和教育模式的过程。因此，发展中国家注定在教育国际化的过程中扮演的是一个被动者的角色。1998 年 6 月，欧洲第二届社会科学大会上，联合国教科文组织总干事马约尔教授曾明确指出：“在全球化的进程中，少数人是全球化人者，多数人则是被全球化者。”③由于各自在教育国际化发展中的目的不同，所以造成当今世界普遍开展的国际教育合作背后都隐藏着许多对抗和冲突。正如联合国教科文组织所指出的那样，“当前国际上教育合作方面的援助，正如一切国际援助一样，正处于危机之中，这可以从目前国际援助在全世界正面临着种种障碍的情况中看出来：世界上一些最发达国家的国民生产总值用于援助的百分比正在减少；许多发展中国家现在也发觉自己已处于困境；当前援助国与受援助国之间互相开火，双方提出了许多猛烈的批评。援助国攻击受援国浪费与无能，而受援国又抱怨援助国企图在援助的外衣下夺取政治上、军事上和商业上的利益，并把外国模式强加在它们身上。”④国际教育合作中的各国地位的不平等，已经严重阻碍了教育国际化的进一步发展，隐藏在世界教育合作背后的各种冲突和矛盾，正在慢慢地腐蚀着国际教育大厦的根基。

① 冯增俊．当代国际教育发展［M］．上海：华东师范大学出版社，2002：3．

② 徐辉．国际教育初探——比较教育的新进展［M］．成都：四川教育出版社，2005：297－303．

③ 王一兵．高等教育大众化、国际化、网络化和法人化［M］．昆明：云南大学出版社，2002：179．

④ 联合国教科文组织．学会生存——教育世界的今天和明天［M］．北京：教育科学出版社，1996：279－280．

而在教育国际化发展的过程之中,许多国家也正面临着本国或本民族的教育和文化传统重重危机的境遇。毋庸讳言,由于发达国家和发展中国家在经济发展上的不平衡和学术交流上的不平等,在国际教育交流的过程中,确实潜藏着外来文化的单向扩张和本土文化的渐趋萎缩,甚至文化殖民主义的倾向和危机。① 总体而言,教育国际化的进程中存在国际化和民族化、本土化的矛盾和冲突;存在着文化霸权与文化多元化的尖锐矛盾;存在着维护民族传统、国家主权、民族经济的发展和社会稳定的难题;存在着教育趋同和文明殊异的分野。因此,在这一背景下,如何处理教育国际化所带来的文化趋同、教育趋同现象,如何解决伴随文化输出中的文化霸权主义,如何保护各国的文化传统、教育传统是我们迫在眉睫需要考虑的问题。只有这些问题得到恰当地处理,全球一体语境下各国的教育事业才能得以共生共荣。这些问题如不能很好地解决,必然会阻碍教育国际化的顺利开展。

总而言之,在经济全球化日益加速的今天,各国在文化和教育领域应相互尊重、相互理解、取长补短、共同发展,在此基础上进一步扩大交流和合作的空间。国际教育改革要努力克服教育国际化带来的诸多矛盾和挑战,积极发挥教育国际化对世界教育发展的促进作用。而这一理想达成的关键就在于各国国际理解教育的推进,国际理解教育在捍卫世界和平、遏制文化之间的彼此冲突、克服异化的国际教育内在弊端和促进各国教育的共生共荣方面发挥着重大作用。

(四)知识经济背景下的教育创新问题

伴随着知识经济的迅速崛起,知识经济已成为当今世界一种全新的生产方式和新型的、极富生命力的经济形态。它给整个社会带来的必定是全方位的、深刻的和系统的变革。知识经济的发展不再是依靠传统的资本、资源的大量投入,而是以知识、信息以及高科技人才为主要生产要素,以知识创新为基础和灵魂。而这一切都要深深地扎根于教育的基础之上,均离不开教育的支撑。教育是知识生产、积累、使用的主要手段,也是经济发展转向知识依赖的根本途径,更是知识向经济过程融合的桥梁和纽带。同时,通过教育培养优秀的科技人才,为知识创新提供必要的人力资源。总之,教育是知识创新、传播和应用的主要基地,也是培育创新精神和创造能力的摇篮。教育在培育民族创新精神和培养创造性人才方面发挥着重要作用。那么,在知识经济背景下,教育创新问题自然被提上各国教育改革的议程。

然而,反观当前的教育改革现状,不难发现,教育创新体系仍不完善,教育在知识创新和人才培养方面的作用没有完全显现出来。首先,创新是教育本质要义的理念尚未树立。教育最根本的方向就是要使受教育者能够在已有的各种现实规定性中奋起追求新的自我、新的世界,使得一切文化知识、社会规范等等的接纳在他们身上得以产生生成性的变化,转化为创造的潜力。② 但是,一直以来我们固守着教育的本质就是传承文化的工具这样一种理念,认为教育就是把人类已经创造出来的文化传递给下一代,而没有认识到教育创造文化、生产知识的要义。这种被时代限制了的认识视野,对当前开展创新教育具有极大的负面作用。其次,创新的教育理念就是要培养具有创新精神和创造能力的人,但是这绝不仅

---

① 陈时见.当代世界教育改革[M].重庆:重庆出版社,2006:63.

② 朱小曼.创新教育的哲学思考[J].教育理论与实践,2000(3):19.

仅是进行一些创新思维或创新方法的训练,而是要根据当代知识创新的特征,形成和具备当代知识生产者的一些基本素质。而当前存在于教育中的大量实际情形是,学生质疑问难的积极性未能得到很好地保护,学生获取知识和信息的能力未能得到有效地培养,学生独立思考问题、分析问题、解决问题的能力未能得到恰当地锻炼。大量的考试中仍然存在着形式主义、教条主义和机械刻板的倾向,学生还是疲命于死记硬背和题海战术的模式中。最后,学生的想象力、感受力和勇于突破常规创造性地表达自我能力的培养未能在当前的教育环境中体现出来。爱因斯坦曾经指出,想象或猜测在科学发现过程中并不是可有可无的,审美和激情也并不仅仅是科学发现的副产品,它们都是科学发现的一些必要条件。但是,知识创新的这些必要条件在当前的教育现实中还未予以足够的重视,特别是在一些注重应试教育的国家,学生这方面的能力更是难以得到充分的培养。

知识经济时代的到来,呼唤知识创新的时代精神和创新型人才的培养。这既是当今国际教育发展的机遇,也是世界教育改革不得不面对的严峻挑战。因此,各国的教育改革,要紧紧围绕知识经济的特征,充分体现知识创新能力的培养。当前,全球知识经济的进一步发展对人才培养和知识创新提出了异常艰巨的任务,我们必须勇敢地承担起这样的历史使命,发挥教育在知识创新和知识经济发展中应有的作用。

二、国际教育发展的基本走向

目前,就全球范围而言,虽然国际教育改革与发展存在着不少问题,但回首各国教育发展的历程,我们仍然可以看到各国在教育改革中所作出的努力,并能总结出一些有益的教育经验。这些经验也可以为今后国际教育的改革与发展提供强有力的基础和借鉴。

(一)重视教育立法

纵观国际教育改革不难发现,高度重视教育立法的保障和促进作用,强调依法治教并推动教育的法制化建设已是教育改革的重要探索和教育发展的一条重要经验,也是教育改革与发展的重要特征。近年来,世界各国为了保障和促进教育事业发展,加强对教育的宏观调控和管理,提高国家教育行政管理的效率,纷纷开展教育立法,将教育立法视为对教育进行宏观控制和管理的最重要手段之一,注意加快和加强教育法制建设。

世界许多发达国家开展的教育改革总是与教育立法紧密联系在一起的,十分重视教育改革与发展的法制化。例如,在二战以后,美国都是通过教育立法来保障教育改革开展的。1958 年,美国为了应对前苏联人造卫星上天的压力,通过了《国防教育法》,揭开了战后美国重大教育改革的序幕。自此,美国不断制定各项教育法律法规推动教育改革。1965 年,为了加强对中小学教育的控制,美国政府颁布了《初等和中等教育法》。在高等教育方面,1963 年和 1965 年,美国政府先后颁布了《职业教育法》和《高等教育设备法》。在职业教育方面,美国于 1963 年颁布了《职业教育法》,并于 1968 年颁布了《职业教育修正案》,促进了职业教育理论与实践的巨大变革。联邦政府还于 1974 年颁布了《生计教育法》,对战后学科结构运动和生计教育运动的开展起了很大的推动作用。而美国高质量教育委员会于 1983 年发表的《国家处在危险中——教育改革势在必行》的报告又一次揭开了 80 年代以来美国教育改革的序幕。美国政府先后于 1991 年、1993 年、1997 年和 2001 年颁布了《美国 2000 年:教育战略》、《2000 年目标:美国教育法》、《1997 年重建美国学校伙伴关系法》

和《不让一个孩子落后法》,以此来规范和推动新时期美国教育改革与发展的进程。在苏联解体后,俄罗斯的教育改革开始了根本性的变革,从1991年起,仅联邦一级就颁布有关教育的法规条例250个左右①,其中起着关键性和基础性的法律有:全俄教育工作者代表会议于1991年通过的俄罗斯独立后第一个教育改革文件——《变革时期俄罗斯教育的稳定和发展纲要》,提出了实施学校改革的主要方向及支撑工作进展的若干技术问题。1992年《俄罗斯联邦教育法》的颁布为将学校私有化以及将市场机制引进教育提供了法律依据。1993年《俄罗斯普通学校基础教学计划》的颁布加快了俄罗斯教育多样化改革的步伐。在1996年修订后的《俄罗斯联邦教育法》成为俄罗斯后来进行教育改革的重要依据。在英国,为了顺利进行教育改革也先后颁布了《1980年教育法》、《1988年教育改革法》和《1993年教育法》等 。

许多发展中国家也纷纷加强教育立法工作,保证各级各类教育依法有效开展,从而使教育改革与发展逐步走向规范化和法制化。例如,南非新政府自1994年成立以来,在《南非共和国宪法》的基础上制定了一系列教育法律法规,如《国家教育政策法案》(1996),规定了教育部长在政策、立法和监督方面的职责,以及国家与省教育部门的关系,并确立了合作治理的原则;《南非学校法案》(1996),旨在促进学校教育体制,让所有适龄儿童都能接受义务教育、保证教学质量和实行民主管理;《高等教育法》(1998),规定了全国统一的高教规划体制,它与《高等教育白皮书》、《全国高等教育计划》为高教部门的变革奠定了基础;《继续教育与培训法案》(1998),确立了发展全国协调的继续教育与培训体制的基础;《教育工作者就业法 》(1998),旨在规范教育工作者在专业、思想品德和职业道德方面的责任与能力;《成人基本教育与培训法》(2000),对拨款建立公、私立成人教育中心,以及对公立中心的管理和成人基本教育与培训的质量保证机制作了规定;《高等教育修正法》(2002),根据新情况对《高等教育法》作了修订,并就高校合并涉及工人与学生等的问题作出了规定。哥伦比亚自20世纪90年代以来也制定了一系列政策法规,以促进本国教育的健康快速发展。其中塞萨尔.加维利亚政府于1990年颁发了《科学和技术法》,又先后于1992年、1994年制定了《1991～1994年教育开放计划》和《教育基本法》。在高等教育方面,其总统埃内斯托·桑佩尔于1996年以第00895号法令形式宣布成立“全国高等教育发展委员会”,并就高等教育质量、民主化和资金筹措等问题进行研究。另外,巴西也于1996年颁布了新的《教育方针与基础法》,将教育明确划分为基本教育(以前称学前教育)、初等与中等教育、职业教育和高等教育,并对每个层次的教育改革规定了明确的操作措施和规范标准,以利于动员各级政府和各类学校开展教育改革,提高教育质量。由此可见,重视教育立法,加强教育的法制化建设已成为当今世界各国推动教育改革与发展的重要环节。

（二）强调优先发展

高度重视教育对国家的作用并大力推动教育的发展和提高已成为世界教育发展的重要特征与经验。近年来,随着科学技术的高速发展,知识经济的迅速崛起以及国际竞争的日趋激烈,世界各国为了实现国家和社会的发展目标,纷纷将教育视作立国、兴国和强国的战略选择,进而将教育置于优先发展的战略位置,不断增加国家对教育的投入。即便是战

---

① 张慧霄.从教育立法看俄罗斯教育改革进程[J].西伯利亚研究,2001(4):46.

后才取得独立的发展中国家，也首先致力于建设民族化的教育，并为实现教育现代化而努力，竭力使教育走上为本国经济发展和社会进步服务的道路。

在美、加、日等发达国家，教育改革和发展一直以来都受到各国政府的高度重视。尤其是20世纪中后期以来，各国基于对教育功能的新认识，开始把推动教育改革和发展作为国家发展的战略重点，并制定了一系列政策和有效措施大规模地增加对教育的投入。在美国，二战以来，联邦政府加强了对教育的宏观调控，不仅通过制定《国防教育法》等一系列重要的教育法令直接介入教育改革，而且还通过大力增拨教育经费，确立了其在资助和影响教育改革上的不可替代的地位和作用。90年代以来，美国又把发展教育事业、加大教育投入力度以及建设高质量教育作为迎接21世纪的基本国策。美国总统克林顿1997年连任后，在首次国情咨文中提出，"本届政府的首要任务，是要使全体美国人受到世界上最好的教育。"为此，他对全美教育提出了三大任务：一要使全美8岁儿童学会读写，12岁少年联机上网受到多媒体网络化教育；二要使全美18岁青年能上大学，普及大学二年教育；促使美国每个公民能够学习，受到终身教育。① 为了实现这三大任务，联邦政府连续几个财政年度增拨教育经费，并要求各州各地方政府也要增拨教育费用。而在新时期奥巴马就任美国总统以来，更加突出了国家在发展教育中的责任和作用。为应对金融危机，2009年他提出把经济刺激计划中的数百亿美元用于对教育的额外支持。在2010年度，联邦政府的教育预算达到1278亿美元，大大超过上年度的462亿美元。为此，美国经济学家保罗·克鲁克曼曾提醒，"美国教育的崛起很大程度上是公共教育的崛起"，"教育成就了美国的伟大，忽视教育则会使美国衰弱"。② 而加拿大总理克雷蒂安近年来也多次就教育问题专门发表讲话，强调发展教育科技的意义。他指出，一支受过高等教育、掌握先进技术的劳动大军是加拿大在下个世纪保持繁荣的唯一可靠保证。为此，加拿大政府必须从战略高度出发，制订长期规划，采取多种形式加大投资，加快发展高等教育，并推动其科技发展及产学研合作水平。加拿大的公共教育经费达到国民生产总值的7.3%是世界上最高的；加拿大高等教育的毛入学率（按照教科文组织的统计占102.9%）和每10万人口中大学生的人数也是世界上最高的。而在日本，教育经费的投入以法律为保障，持续而有效，教育投资比重一直位于世界前列。在最近10年，日本的教育经费在整个国家预算中一直占有8.3%～9.1%的比例。③

为了抓住机遇追赶发达国家，发展中国家也纷纷把教育置于优先发展的领域。例如，巴西政府于1996年根据第14号宪法修正案和新的《教育方针与基础法》创立了"发展基础教育和提高教师待遇基金"，由联邦政府、各州与各市政府从财政中拨出150亿雷亚尔（当时雷亚尔与美元几乎等值），按各校学生人数将一部分资金分发到每所公立中学和小学。而其在2007颁布的被称为历史上最全面、最具革命性的《全民教育发展计划》中特别强调，把教育特别是基础教育作为政府优先发展的领域，不断加大对其投入并升级为国家行为。印度在2008年发布的"十一五"教育发展规划中明确提出，把教育放在"最高度优先发展"的地位，并决定把公共教育经费占GDP的比重提高到6％（2006年是3.2％）。在中

---

① 周满生. 当前国际教育改革的若干动向和趋势[J]. 比较教育研究，1996(6)：17.

② 朱国仁. 新世纪国际教育改革发展动向及启示[J]. 清华大学教育研究，2010(6)：37.

③ 黎又嘉. 日本教育投资及其来源结构研究[J]. 法制与经济，2008(10)：126.

国,教育优先发展战略早在1992年就被提上日程,在近年来的教育会议和教育改革文件中又多次被重申并强调要不断对其增加投入,切实改进教育质量。在新颁布的《国家中长期教育改革和发展规划纲要(2010—2020)》中还明确提出,“要健全以政府为主、多渠道筹集教育经费的体制,大幅度增加教育投入,把教育作为财政支出重点领域予以优先保障,并进一步提高国家财政性教育经费支出占国内生产总值比例,在2012年达到4%。”而即将迈入发达国家行列的韩国更加凸显了对教育的重视,具体包括:在2001年将教育与人力资源部升格为副总理级;2007年又将原直属于总统领导的国家人力资源委员会办公室设在该部,并更名为国家人力资源本部,以增强其统筹协调权力;在2006年颁布的《人力资源开发第二个基本计划(2006—2010)》中明确提出,“将韩国建设成一个以人力资源和知识增长驱动的名列世界前10名的国家”,并加大教育改革和发展的力度。

而一些国际组织和区域教育联盟不仅纷纷要求增加教育投入,而且对教育优先发展赋予了新的内涵。其中联合国教科文组织先后多次举办国际性教育大会,发布多项教育文件,重点阐述了教育在当代和未来社会中所起的作用。世界银行在2005年发布的《教育领域战略更新》中强调,“应将教育纳入国家发展前景和用教育构建知识经济。”而欧盟教育委员会于2000年和2001年确定的教育发展战略目标和制定的《教育和培训体系的未来具体目标》中指出,教育对欧洲成为世界上最具竞争力和活力的知识经济体以及保证经济可持续增长具有重要作用,并要求加大教育培训的投资。由此可以看出,加大教育投入,强调优先发展已经成为当今世界各国推动教育发展和提高的共同举措。

（三）追求优质教育

以提高教育质量为中心,追求优质教育无疑成为近年来国际教育发展与变革的重要特征。早在上世纪70年代以前主要是数量优先,之后随着义务教育的普及,高等教育大众化的实现,教育质量问题日益凸显。为了应对教育质量危机,充分发挥教育作用,世界各国纷纷将教育质量的提高作为中心议题,针对自身教育存在的问题进行了大量改革并取得了显著成效。

从引领世界潮流的美国自80年代以来的教育改革历程可窥见一斑。美国国家教育优异委员会针对美国学校教育的失误和教育质量严重下降的弊端于1983年发表了著名的报告——《国家在危机中:教育改革势在必行》。该报告一经出台,立即引起了美国朝野的震惊,并兴起了一场轰轰烈烈地旨在追求整个教育优异的教育改革运动。具体表现在:美国促进科学协会于1985年聘请几百名著名科学家、教授和教师开始研究制定《2061计划》,旨在规划美国中小学教育体制的设想和步骤。1989年布什政府签发了《美国2000年教育战略》,提出了美国教育改革的4项教育战略和6项国家教育目标。随后,克林顿当选美国总统后,颁布了《2000年目标:美国教育法》,并在国情咨文报告中,呼吁要确保美国人享有全世界最好的教育。于2001年上任的G. W. 布什总统针对新时期美国教育质量仍然未得到根本好转的状况颁布了《不让一个孩子掉队法案》,并于2006年通过了《美国竞争力计划:创新引领世界》,旨在进一步提升美国教育的国际竞争力。奥巴马上台后,承诺在继承《不让一个孩子掉队法案》的同时,还对此进行修改,增加教育经费,调整薄弱学校,提高考试质量和学术标准,力争为每一个美国人提供世界一流的教育。

同美国一样,世界其他许多国家也纷纷进行了旨在提高教育质量的改革。例如,英国政府先后发表了《高等教育未来》白皮书(2003)、《提高期望:16 岁之后的继续教育和培训白皮书》(2007)、《儿童计划:创造更美好的未来》(2007)、《2020 愿景:2020 年教与学评议组的报告》(2007)等教育改革方案,把提供世界一流教育作为远景规划的战略目标之一,并强调通过提供世界一流教育的方式,实现每个儿童的充分发展,是政府的核心目的所在。其首相布朗于 2008 年向议会提交的《2009 年教育与技能议案》目标之一,就是促进学校达到卓越水平,以保证每一所学校都成为优秀学校。俄罗斯先后发布了《有质量的教育规划》(2006)、《2020 年前的俄罗斯教育:服务于知识经济的教育模式》(2008)等,强调提高教育水平和质量的重要性,并提出了一些具体的措施和要求。其总统梅德韦杰夫在国情咨文中还强调,俄罗斯已经从教育优势地位跌落,这已构成影响国家整体竞争力提高的最大威胁,并提出将尽快批准通过俄罗斯教育总体发展战略。法国人民运动联盟也于 2006 年公布了《教育协定》,提出把发展优质教育作为重点目标之一。其总统萨科奇指出,为了实现优质的目标,教育的使命是尽可能使更多的学生享受高质量的教育。

国际社会在提高教育质量的意识方面也在不断增强,一些有影响力的国际组织正在为此进行不懈的努力。例如,9 个人口较大的发展中国家的教育部长于 2001 年共同发表了旨在“追求有质量的全民教育”的《北京宣言》,把提供优质教育和提高教育质量纳入全民教育内涵,突显了重视教育质量的意识。联合国教科文组织于 2003 年在巴黎召开的教育部长圆桌会议,要求把提高教育质量放在优先地位,提出任何不考虑质量的教育都不能作为追求的目标,该组织发表的 2005 年全民教育全球监测报告的名称则为《全民教育:必须注重教育质量》,2009 年报告则进一步强调了质量在实现教育公平中的重大作用以及政府、国际组织在提高教育质量、实现教育公平中所承担的责任。由此可以看出,在教育规模达到一定程度的同时,教育质量提高与国家竞争力提升更为相关,因而以质取胜成为世界各国教育改革与发展的战略选择。

(四)注重教育信息化

面对在全球范围内兴起的信息革命浪潮,世界各国都非常重视信息技术对人类社会生活和教育产生的重大影响,重视信息技术在教育领域中的广泛运用,并积极地采取诸如加大教育信息基础设施建设,加强教学软件资源的开发和应用,实施网络教学,普及信息技术课程,培训教师等一系列措施,加大教育信息化建设力度,加速发展信息化教育,从而为新世纪培养一流人才,抢占教育国际化新的制高点。

发达国家以其雄厚的经济实力使得各级教育机构基本上实现了计算机辅助教学并能保证学生使用计算机,从而先行推动并实现了教育的信息化。例如,美国为了全面推进基础教育信息化进程,在 1996 年就提出了《教育技术规划》,规定到 2000 年,全美国的每间教室和每个图书馆都将连上信息高速公路;建议国会通过立法措施使美国从小学到大学都实现“人、机、路、网”成片连接;鼓励、组织和支持使用新技术对学生进行革新教育的教师,让每个孩子都能在“21 世纪教师”网络服务。该教育技术规划极大地改变了基础教育领域内教与学的方式、手段和过程。英国也是非常重视学生信息通信技术教育的国家,它把学生的信息通信技术教育作为整个国家教育改革的重要内容。1998 年英国以立法的形式规定所有中小学信息技术课程由原来的选修课改为必修课;2000 年执行新的国家课程以后,将原来的信息技术课程(Information Technology)改为信息通信技术课程(Information and Communication Technology,简称 ICT),旨在为学生有能力参与快速变化的世界生活作准备。英国政府除了重视中小学信息教育课程外,还重视教师的信息通信技术培训,实施 NOF 资金计划,大力投资于教师的信息通信技术培训,把教师信息通信技术培训作为整个教育信息化系统的重要组成部分。而日本则立足于信息社会对人才培养的要求,把培养学生的"生存能力",特别是把作为其重要要素的正确选择、加工、处理信息的能力和自主思考的能力确定为 21 世纪教育的发展方向。为此,日本政府于 1999 年提出了"教育的信息化工程"报告;文部省于 2000 年进一步提出了"信息化教育立国工程报告";紧接着在 2001 年实施 e - Japan战略,加快推进教育信息化的进程。2008 年的《教育振兴基本计划》再次提出,要继续加强学校的信息化建设,力争到2010 年校内区域网络 LAN 装备率达到 100 %,教学电脑每台覆盖 3.6 名学生,超高速互联网连接率 100 %,教师每人 1 台电脑,所有教师可以利用信息和通信技术进行教学指导。

对于发展中国家而言,虽然教育信息化进程相对缓慢和滞后,但通过自身的努力以及国际社会的援助,也取得了一些积极的成果。例如,经济欠发达的印度在信息化浪潮中找到了用武之地,它拥有发展中国家规模最庞大的工程技术队伍并成为当今世界上信息技术产业比较发达的国家。在教育的信息化过程中,它虽然在硬件方面落后于发达国家,但在普及信息技术知识、培养信息技术人才、教学中应用信息技术手段等方面制定了适宜的措施并取得了显著的成果。如印度早在 1984 年就实施了"学校计算机扫盲与学习"项目;2000 年颁布了针对中小学的《学校信息技术课程指南和大纲》;印度联邦教育部长在 2008 年还透露,他们正在开发一种面向大学生售价 10 美元的笔记本电脑以及低成本、低耗能的互联网接入设备,以便在高等学校普及电脑和免费使用网络。而在中国,特别是在 90 年代以后,随着网络技术的迅速普及,人们越来越关注信息技术对社会发展和教育领域的影响,教育部于 2001 年正式把"教育信息化"写入了《全国教育事业第十个五年计划》,并将其列为全国教育事业十五计划的战略要点,又于 2004 年在《2003—2007 年教育振兴行动计划》中明确提出实施"教育信息化建设工程"。巴西在 2007 年公布的《综合性教育发展计划》中也明确提出,到 2010 年所有的公立学校实现电子信息化,广泛建立计算机实验室,通过远程教育加强中等教育和职业教育等。这一计划得到了联合国教科文组织的支持,南非、乌拉圭等国对此也做出了积极地响应。由此看来,引入信息技术,促进教育信息化进程已成为世界各国教育改革和发展取得成功的重要途径和宝贵经验。

(五)推动教育国际化

随着经济全球化的日益加剧和信息技术的广泛开展,对人才需求和人才培养的国际化要求空前提高。为了提升本国竞争力,更好地应对全球化挑战,世界各国都在积极调整教育改革和发展战略,通过扩大教育的国际交流与合作,成立国际教育组织,突出人才培养目标的国际化,重视外语和信息教育,加强国际理解教育以及发展海外留学生教育等来不断推动教育的国际化进程。教育国际化也因此成为当今世界教育发展与变革最显著的特征之一。

北美、西欧、澳大利亚等发达国家和地区率先起步,积极推动着教育国际化的进程。美国自 20 世纪 50 年代开始就强调,由于经济日益国际化,培养具有"全球意识"的美国人是保持美国在国际竞争中的优势和巩固"美国第一"地位的关键。因此,教育要着力为实现培养“全球意识”的美国人这一教育目标服务。此后,美国在颁布的一系列法案,如《国防教育法》(1958)、《国际教育法》(1966)、《2000 年目标:美国教育法》(1994)等中就提出所有学生都要了解关于本国和世界其他地区在多元文化传统方面的知识;要大幅度提高掌握和使用多种语言的学生的比例,鼓励加强国际领域的教学和研究活动。而丹麦自 20 世纪 90 年代以来教育改革的重点就是不断促进和发展教育的国际化,使丹麦人具有更高的国际合作的意识和能力。丹麦教育国际化的行动计划主要包括:加强大中小学生以及教师的国际流动性;加强 IT 技术在教育国际合作中的使用;增加公共机构参与教育国际合作与竞争的机会;参与国际合作论坛,尤其是教育制度的国际比较论坛,对教育国际化改革进行追踪调查和评估。① 澳大利亚教育部长于 1992 年阐述新政策时,提出将重点放在国际化上,认为国际教育是澳大利亚国际关系的重要组成部分,它有利于拓展国际间文化、经济和社会交往,促进相互了解,同时充实本国的教育和培训体系及社会体制。此后,澳大利亚与亚洲大学加强了教学与科研合作,并实施了互惠的师生交换政策。澳政府还拨出资金支持“大学面向国外流动计划”。为协调和推动高等教育国际化,澳大利亚政府于 1994 年成立了澳大利亚国际教育基金会(AIEF)。2000 年,澳大利亚在第七届全国课程大会上,提出了一个全新的课程概念“全球化课程”,其目的是增进各民族和各国人民的相互认识与理解。澳大利亚霍华德政府紧接着又于 2001 年初公布了“创新计划”,以此来确立大学及大学国际化的重要作用。如今澳大利亚已是仅次于美国和英国的世界第三大高等教育服务出口国,其国际学生从 1994 年开始每年递增 15%。

拉美、非洲、亚洲的不少发展中国家积极参与,掀起了教育国际化的新高潮。墨西哥在其宪法中体现了既要了解世界,同时也要发展自己的思想。其中宪法第 3 条规定了指导墨西哥教育的基本准则,即在独立和公正的原则下,要加强国际团结的意识;教育应该是民族的,为人类和睦相处做贡献。为了提高教育质量,墨西哥在教学内容和方法提出要增加那些能同化和重建价值的内容,更适当、准确地掌握和使用现代文化的不同语言和思维方式以及行为方式。在学习世界文化的同时,墨西哥教育也强调重视教育的民族性和多样性,主张对青少年进行热爱祖国和民族文化的教育。② 埃及作为一个具有古老文明的国家,在面对现代化和国际化的浪潮时,实施了积极的国际理解教育,具体内容包括:人权与民主教育,宽容与和平教育,即在不同的教育阶段,根据学生的理解能力,在课程中渗透了人权、民主、和平和宽容的观念。埃及的国际理解教育作为一种观念渗透到历史、地理、宗教、哲学、公民、社会研究等各种相关课程中,向学生灌输尊重其他民族的文化与历史的观点,并指出世界的整体性。③ 而我国在 1983 年由邓小平提出了教育要面向现代化、面向世界、面向未来的构想,可以说这是中国教育面向国际的先声。1985 年的《中共中央关于教育体制改革的决定》指出,教育必须“面向现代化、面向世界、面向未来,为 90 年代以至下世纪初叶我国经济和社会的发展,大规模地准备新的能够坚持社会主义方向的各级各类人才”。1993 年中共中央、国务院批发的《中国教育改革和发展纲要》第 14 条指出,进一步扩大教育对外开放,加强国际教育交流与合作,大胆吸收和借鉴世界各国发展和管理教育的成功经验。

---

① 武学超. 丹麦全力推进教育国际化[J]. 科教文汇,2005(11):53.

② 黄志成,彭海民. 墨西哥教育现代化进程[J]. 外国教育资料. 1999,(1):15.

③ 王素,袁桂林. 埃及教育[M]. 长春:吉林教育出版社,2000:277.

1995 年公布的《中华人民共和国教育法》中也明确规定,“国家鼓励开展教育对外交流与合作”,从而从法律意义上确立了教育国际化的地位。从 1980 - 1996 年,我国先后接受了来自 160 多个国家和地区的 21 万名外国留学生,其中 1996 年一年就达到 4.1 万余人。从留学生人数的迅猛增长中可以看出,几乎世界上所有重要国家都被卷入了国际留学生大市场,教育国际化的发展速度大大加快,规模也迅速扩大。①

而各种国际组织在全球范围内的协调努力也有力地推动了教育国际化的发展。其中如国际教育局(IBE)、国际劳工组织(ILO)、经济合作与发展组织(OECD)、国际货币基金组织(IMF)、世界银行(IMRB)、东南亚教育部长组织(SEAMEO)、东加勒比国家组织(OECO)等具有影响力的国际组织,特别是联合国教科文组织(UNESCO)所开展的各种形式的国际活动,为国际间的教育交流与合作搭建了平台,对教育国际化起了桥梁和导向作用。自从 1972 年联合国教科文组织发表了影响深远的报告《学会生存》以来,教育问题一直是联合国及许多专门组织所关注的重大问题之一。联合国教科文组织、世界银行等组织于 1990 年召开的“世界全民教育大会”及其《世界全民教育宣言》,1992 年联合国环境与发展大会的《21 世纪议程——促进教育、公众知识和培训》的行动计划,1993 年 9 个人口大国全民教育首脑会议的《行动纲领》,1994 年《第 44 届国际教育大会宣言》以及 1995 年第四届妇女大会的《行动纲领——妇女的教育和培训》等,都是推动教育向国际化方向发展的重要里程碑。由此可见,这些国际性的教育组织和机构,在促进世界各国的教育交流与合作方面发挥了重要作用并成为教育国际交流的重要力量。

---

① 郑确辉. 教育全球化发展的新动向概述[J]. 教育理论与实践,2004(2):15.